플라톤의 『향연』 입문

플라톤의『향연』입문

토마스 L. 쿡시 지음 | 김영균 옮김

서광사

이 책은 Thomas L. Cooksey의 *Plato's 'Symposium'* (Bloomsbury Publishing Plc., 2010)을 완역한 것이다.

플라톤의 『향연』 입문

토마스 L. 쿡시 지음
김영균 옮김

펴낸이 | 김신혁, 이숙
펴낸곳 | 도서출판 서광사
출판등록일 | 1977. 6. 30.
출판등록번호 | 제 406-2006-000010호

(10881) 경기도 파주시 회동길 77-12 (문발동)
Tel: (031) 955-4331 | Fax: (031) 955-4336
E-mail: phil6161@chol.com
http://www.seokwangsa.co.kr | http://www.seokwangsa.kr

제1판 제1쇄 펴낸날 · 2013년 8월 30일
제1판 제2쇄 펴낸날 · 2016년 8월 30일

ISBN 978-89-306-0633-2 93160

옮긴이의 말

플라톤의 대화편들은 우리의 사유를 끊임없이 자극하는 원천이다. 그의 작품들은 서양 문화에 지대한 영향을 미쳤으며, 현재까지도 그 영향력은 지속되고 있다. 그렇지만 우리나라에 플라톤의 대화편들이 제대로 소개된 것은 그리 오래되지 않았다. 성균관대학교 명예 교수이신 박종현 선생님이 플라톤의 『국가』에 대한 원전 역주서를 내놓은 1997년을 중요한 기점으로 잡는다면, 제대로 된 우리말 번역서가 나온 것은 20년이 채 되지 않는다. 그 뒤, 플라톤 전집을 지속적으로 번역하고 있는 정암학당 연구자들의 노력과 박종현 선생님의 후속적인 작업 덕분에 현재 상당수의 역주서가 출간되었다.

필자는 평소 플라톤의 대화편들에 대한 원전 역주서와 더불어 이 작품들을 이해하는 데 도움이 되는 좋은 안내서들 또한 많이 출간되어야 한다고 생각했다. 그렇지만 우리나라에는 아직 플라톤의 대화편들에 대한 좋은 안내서가 드문 형편이다. 역자가 약 1년 전에 플라톤의 『향연』 입문서 번역 요청을 선뜻 받아들인 것은 이런 사정에서였다.

『향연』은 플라톤의 대화편들 가운데 가장 널리 알려진 작품 중의 하나이며 철학, 문학, 예술 그리고 신학에 이르기까지 서양 문화 전반에 걸쳐 광범위한 영향을 미쳤다. 이 작품은 비극 경연대회에서 우승한 시인 아가톤을 축하하기 위해 벌어신 항연에 참석한 사람들이 에로스(사랑)를 찬양하는 이야기를 담고 있다. 소크라테스를 비롯한 여러 등장인물들은 각자의 관점에서 에로스를 찬양하는데, 이 이야기들은 에로스의 본성과 가치를 여러 측면에서 보여 주고 있다. 플라톤은 이러한 이야기들을 정교한 서술 방식으로 아름답게 펼쳐 보이고 있기 때문에, 『향연』은 문학적으로도 매우 뛰어난 작품으로 평가받고 있다.

플라톤의 『향연』 입문서를 쓴 토마스 L. 쿡시는 미국 대학의 영문학 및 철학 교수이다. 그의 주요 저서에 『철학적 문학의 걸작들』이 포함되어 있는 것으로 보아서, 그는 철학적 성향이 두드러진 문학 작품에 관심이 많은 학자로 생각된다. 이런 학문적 이력을 볼 때, 그가 플라톤의 대화편들 가운데 가장 문학적인 특성이 두드러진 『향연』에 대한 안내서를 쓴 것은 적합해 보인다. 사실, 이 입문서는 『향연』이 지니고 있는 철학적 의미에 대해서도 깊이 있게 설명하고 있지만, 특히 문학적인 특성에 대한 설명은 다른 입문서들과는 비교되지 않을 정도로 매우 탁월하다. 이 책은 사랑에 대한 이야기들의 서술 방식이 철학적 내용에 미치는 문제, 에로스에 대한 찬양 이야기들의 상호연관성, '사랑의 사다리' 로 알려져 있는 에로스의 상승 여행 등에 대해 깊이 있는 설명을 하고 있을 뿐만 아니라, 『향연』의 수용과 영향에 대해서도 매우 풍부한 설명을 제공하고 있다.

사실 이 입문서를 번역하는 것은 그리 쉽지 않은 일이었다. 그 이유는 무엇보다도 저자가 이 책에서 고대부터 현대에 이르기까지 대단히 많은 문헌들을 인용하고 있고, 그 내용들을 매우 함축적으로 표현하고 있기 때문이다. 역자는 오역을 피하기 위해서 이 책에서 인용하고 있는 참고문헌을 가능한 한 일일이 찾아서 확인했다. 그 과정에서 정확하지 못한 인용을 다수 발견했고, 이 번역본에서 바로 잡았음을 밝혀 둔다.

끝으로, 이 책을 번역하는 데 도움을 주신 분들께 감사의 마음을 전하고 싶다. 우선 이 책에 나오는 많은 문학 작품들, 특히 시 번역을 하는 데 도움을 주신 같은 학교 영문과 김영식 교수님께 감사를 드린다. 그리고 오랜 기간 철학 양서 출판을 통해 한국의 인문학 발전에 크게 기여하고 계시는 서광사의 김신혁 사장님과 이숙 부사장님께 철학을 공부하는 한 사람으로서 이 자리를 빌어 감사의 말씀을 드리고 싶다. 그리고 꼼꼼하게 교정을 보는 수고를 마다하지 않은 편집부 직원분들의 노고에도 감사드린다.

2013년 7월

김영균

차례

1장 전후맥락

사랑하는 이여, 쇠락한 선술집으로 오라

그리고 영혼의 즐거움을 경험하라.

영혼 중의 영혼인 연인과의

이러한 친밀한 대화 말고

어떤 행복이 있을 수 있는가?

Jalāl al–Din Rūmī(2000, 49쪽)

가장 깊은 통찰은 사랑에서만 솟아난다.

Friedrich Nietzsche(Friedländer, 1958, 50쪽)

심포시아(*symposia*)는 고대 그리스 세계에서 술잔치를 가리키는 말이었다. 명사 '헤 심포시아'(*hē symposia*)는 글자 그대로는 '함께 마시기'를 의미하고, 명사 '토 심포시온'(*to symposion*)은 '술잔치' 혹은 술잔치가 일어나는 장소를 뜻한다. 심포시온은 술잔을 돌리고, 단편적인 시들을 낭송하고, 노래를 부르며, 농담을 하고, 판토마임을 하기도 하는 연회 행사였다. 그것은 또한 본질적으로 남성들의 일로서, 술과 노래는 있지만 여자는 없었으며, 남자들의 유대를 위한 행사로, 소년들을 남성이 시민 세계에 입문시키기 위한 것이었고, 그 문학적 전통을 전수하기 위한 수단이었다.

플라톤의 『향연』은 전통적인 심포시온의 형태와 정신을 출발점으로 삼지만, 그것을 변형시킨다. 그것은 표면적으로는 비극 작가인 아가톤이 레나이아(Lēnaia) 제전에서 우승한 것을 계기로 그가 주최한 심포시온에 대한 회상에 기초하고 있다. 손님들 가운데는 소크라테스와 희극 작가 아리스토파네스가 있었고, 나중에 저녁 늦게 술 취한 알키비아데스가 모임에 합류한다. 모든 사람이 전날 마신 술로 말미암아 아직 숙취가 있었기 때문에, 손님들은 술 마시는 능력보다는 그들의 수사술을 겨루어 보기로 결정하고, 각각은 사랑(에로스: *Erōs*)을 찬미하는 즉석연설을 하게 된다. 많은 주목할 만한 것이 있는데, 아리스토파네스의 남녀추니에 대한 설화, 소크라테스가 에로스 문제에 관해서는 자신의 스승이라고 말하는 디오티마라는 이름의 현명한 여인에 대한 그의 설명, 디오티마의 '사랑의 사다리'에 대한 소크라테스의 회상, 그리고 마지막으로 알키비아데스가 소크라테스를 유혹하려고 했다는 그의 고백과 더불어 그가 소크라테스를 사티로스(Satyros)의 왕 실레노스(Silēnos)에 비교한 것이 그러한 것들이다. 아가톤의 향연에서 나오는 이야기는 철학적 작품들 가운데 가장 매력적인 걸작 중의 하나이다. 아마도 『국가』와 『파이드로스』를 예외로 하고서, 『향연』은 플라톤의 대화편들 가운데 철학뿐만 아니라 문학, 예술 그리고 신학에까지 영향을 미친 가장 영향력 있는 작품이다. 문화적 전통의 전달 대신에, 일련의 연설들은 이러한 전통을 되돌아본다. 플라톤은 심포시온의 행사를 에로스의 힘과 본성 그리고 그것이 윤리학, 인식론, 존재론의 문제들과 어떻게 관계되는지 탐구하게끔 해 주는 문학적 장치로서 사용한다. 아마도 가장 근본적으로는, 그것은 또한 철학자의 본성, 지혜를 사랑하는 자인 *philo-sophos*가 되는 것이 무엇을 의미하는지를 극적으로 표현하기 위한 수단을 그에게 제공한다.

플라톤(Platon: 기원전 427-347)은 아테네 혹은 아테네 근처의 부유한 귀족 가문에서 태어났다. 그는 펠로폰네소스 전쟁(기원전 431–404)의 혼란스러운 말기와 그 여파가 미치고 있는 동안 성장했다. 그의 계부 피릴람페스(Pylilampēs)는 페리클레스(Periklēs)의 친구였고 민주정의 중요한 옹호자였지만, 그의 외삼촌 카르미데스(Charmidēs)는 100인으로 알려진 과두정의 일원이었고, 그의 외당숙 크리티아스(Kritias)는 악명 높은 30인의 수장이었다. 플라톤은 그의 생애의 초기에 소크라테스(기원전 약 470–399)를 만났고 그에게 매혹되었다. 그는 나중에 한 편지에서 소크라테스를 '그 시대의 가장 올바른 사람' 으로 기술했다(『편지들』 324e). 403년에 민주정이 회복된 다음에, 소크라테스는 불경죄라는 모호한 혐의로 체포되었다. 그 주된 이유는 그가 아테네의 패배와 연관된 많은 인물들, 아마도 누구보다도 특히, 뛰어났지만 파렴치했던 알키비아데스(Alcibiades: 기원전 약 450–404)와 교제했기 때문이다. 유죄가 확정되고, 소크라테스는 기원전 399년에 독미나리에서 채취한 독약으로 처형되었다. 이에 혐오감을 느끼고, 젊은 플라톤은 아테네를 떠나 메가라(Megara)로 가 있다가 지중해 지역을 여행한 뒤, 마침내 시켈리아의 궁정으로의 세 번의 방문 중 첫 번째 방문을 하게 되고, 시라쿠사이(Syrakousai)의 참주 디오니시오스(Dionysios)를 만난다. 일설에 따르면, 거기서 그는 디오니시오스의 처남 디온(Diōn)과 모반을 했다가 감옥에 갇히게 되었고, 몸값을 주고 풀려나서 마침내 아테네로 돌아오게 되었다고 한다. 플라톤은 자세한 사정에 대해서는 아무 말도 하지 않았지만, 디오니시오스, 디온 그리고 나중에는 디오니시오스 2세와 계속 교류했고 철인왕을 만들려는 헛된 꿈을 키웠다. 아테네로 돌아와서, 플라톤은 철학 학교인 아카데미아를 세웠는데, 이 학교의 가장 유명한 학생이 아리스토텔레스였다.

플라톤의 철학적 그리고 문학적 활동은 50년 넘게 지속되었다. 디오게네스 라에르티오스(Diogenes Laertios)는 플라톤이 젊은 시절에 회화와 시에 몰두했으며 디티람보스(dithyrambos) 시가들, 서정시, 그리고 비극들을 창작했다고 말하고 있다. 그가 비극 경연대회에서 우승을 하려고 경쟁하고 있을 때, 디오니소스 극장 앞에서 소크라테스의 말을 듣고 설득되었다는 것은 아무 상관도 없는 이야기가 아니다.[1] 12통의 편지 이외에, 그가 쓴 것으로 간주되는 26편의 철학적 대화편들이 남아 있다. 정확한 저술 연대는 알 수 없고, 플라톤 자신은 생애 내내 그것들을 교정하고 다듬은 것으로 유명했기 때문에, 그리스-로마 시대의 비평가 할리카르나소스 출신의 디오니시오스는 "플라톤은 여든의 나이에도 그의 대화편들을 다듬고 꾸미며 그것들을 온갖 방식으로 다시 엮는 일을 결코 멈추지 않았다"고 빈정거리기까지 했다.[2] 한편, 대화편들에서 소크라테스적인 것과 플라톤적인 것을 구별하는 것은 논쟁적인 문제로 남아 있다. 주제와 언어적인 특징들에 초점을 맞추어서 학자들이 합의를 본 내용은 시켈리아로의 플라톤의 세 차례 방문을 중심으로 해서 대화편들을 세 그룹으로 나누는 것이다. 『변론』, 『크리톤』, 『라케스』, 『리시스』, 『카르미데스』, 『에우티프론』, 『소 히피아스』, 『프로타고라스』, 『고르기아스』, 『이온』, 그리고 아마도 『대 히피아스』가 기원전 388/387년의 그의 첫 번째 방문 이전 시기인 초기에 속한다. 이것들은 원래 대화편들 제목의 이름이 된 대화 상대방과의 논쟁 속에서 소크라테스의 특징을 드러내고 그의 평판을 옹호하기 위해서 쓰인 것이었다. 이 대화편들은 도덕적 혹은 윤리적 문제들에 초점을 맞추는 경향이 있고, 대화자가 주장을 하고 소크라테스가 질문을 하는 전략을 취하고 있다. 이 대화편들은 소크라테스적인 방법의 가장 순수한 예들을 보여 주

---

1 Diogenes Laertius, 1972, 281쪽.

2 Dionysius of Halicarnassus, 1985, 225쪽.

는데, 소크라테스는 이 방법으로 그가 무엇을 알고 있는지를 확실하게 확립할 수는 없을지라도, 그가 무엇을 알지 못하고 있는지를 결정함으로써 문제가 되고 있는 주제에 대한 어떤 이해로 나아간다. 기원전 388년부터 367년까지의 중기는 『메논』, 『파이돈』, 『국가』, 『향연』, 『파이드로스』, 『에우티데모스』, 『메넥세노스』, 그리고 『크라틸로스』를 포함한다. 이 시기의 대화편들은 좀 더 우호적인 분위기를 취하고, 초기 대화편들의 활발하고 자주 적대적인 논증들 대신에 길게 확장된 설명들이 나타난다. 비록 도덕성과 덕은 중요한 것으로 남아 있을지라도, 중기 대화편들은 형이상학과 인식론의 문제를 논의한다. 후기는 기원전 약 367년경 시켈리아로의 두 번째 방문과 361년경 세 번째 방문 사이에 속하고, 『파르메니데스』, 『테아이테토스』, 『소피스테스』, 『정치가』, 『티마이오스』, 『크리티아스』, 『필레보스』, 그리고 『법률』을 포함한다. 세 번째 시기의 작품들은 중기의 경향들을 확장하고 복잡하게 한다. 플라톤은 일차적으로 지식의 문제와 그의 초기 존재론적 이론들에 대한 비판적인 재검토에 관심을 갖고 있다. 등장인물 소크라테스는 『소피스테스』와 『정치가』에서 뒤로 물러나고 『법률』에서는 완전히 사라지게 되는데, 대신 단순히 '아테네인'으로 확인된 대화자가 그 자리를 차지한다.

콘포드(F. M. Cornford)[3]와 로뱅(L. Robin)[4]은 아폴로도로스(Apollodōros)를 유별난 제자로서 묘사하고 있는 두 대화편, 『향연』과 『파이돈』이 짝을 이루는 것으로 구성되었다고 논증한다. 앨런(R. E. Allen)[5]은 아리스토파네스를 제외하고는 아가톤의 향연의 손님들은 모두 『프로타고라스』에 나온다는 점을 주목하고서, 『프로타고라스』와의 유사성

3 F. M. Cornford, 1950, 68–69쪽.
4 L. Robin, 1929, vii–viii쪽.
5 R. E. Allen, 1991, 9–11쪽.

을 지적한다. 많은 사람은 『향연』과 『파이드로스』 사이의 주제의 반복, 즉 둘 다 에로스의 힘을 다루고 있다는 점을 주목했다. 또한 『국가』에서 케팔로스(Kephalos)와 그의 아들 폴레마르코스(Polemarchos)가 주최한 연회에서 좋음을 취급하는 방식과 아가톤의 연회에서 아름다움을 취급하는 방식 사이에서 유사성을 끌어낼 수 있다. 그와 같은 비교들은 다양한 문제들을 부각시킨다는 점에서는 유익하지만, 저술 시기의 문제와 수정하기를 좋아하는 플라톤의 경향을 함께 고려한다면, 적어도 생각들의 체계적인 해명이라는 의미에서 대화편들을 분류하거나 배열하는 것은 어려운 일이다. 이처럼 『향연』을, 적어도 생각들의 체계적인 해명이라는 의미에서 플라톤의 다른 대화편들의 전후맥락 속에 위치시키는 것은 문제가 있지만, 플라톤 자신은 그의 작품을 이를 읽을 배경이 되는 역사적, 문화적, 그리고 문학적 맥락 속에 공들여서 조심스럽게 위치시켰다.

『향연』은 아마도 상상하여 지어낸 작품이거나 혹은 실제로 있었던 향연을 많이 꾸미고 소설화한 이야기이지만, 참석자들 모두는 실제 인물이었고 플라톤의 청중들에게는 자주 역사적으로 중요한 인물이었다. 플라톤은 아마도 『향연』을 기원전 385년과 370년 사이에 집필했지만, 그는 이야기의 시간적 배경에 관해서는 명확히 하고 있다. 아폴로도스란 인물을 묘사하는 서술 배경은 아테네 민주정 회복 이후의 언젠가로 설정되어 있지만, 이 시점은 그 당시 알키비아데스의 죽음(기원전 404년)에 의해 아마도 촉발되었던 소크라테스의 죽음 이전(기원전 403년부터 399년까지)이다. 아가톤의 향연 자체가 열린 것은 기원전 416년 1월, 겨울의 레나이아 제전에서 아가톤이 첫 우승한 때이다. 달리 말해서, 플라톤은 펠로폰네소스 전쟁에서 아테네를 패배로 이끌었던 군사적 재앙, 민주정의 붕괴, 그리고 민중과 귀족 계층 간에 영원한 불화의 확립이 임박한 시기에 향연이 개최된 것으로 설정했다. 아테네와 스파르타 그리고 그들의 대리인들이 싸웠던 펠로폰네소스 전쟁은 416년까지 이미 16년 정도가 지속되었고, 공동체의 도덕적 건강을 심각하게 해치는 결과를 낳았다. 역사가 투키디데스는 이런 사정을 기원전 427년의 케르키라(Kerkyra, 현재의 Corfu)에서의 반란의 전후맥락 속에서 기술하면서, 잔학한 행위들이 영웅적인 것으로 그리고 비겁함이 절제로서 기술되는 정치적인 수사적 곡해를 주목했다. "문명화된 삶의 일상적 관습들이 혼란에 빠져들게 됨으로써, 법이 있을 때조차도 언제나 이를 어기려고 하는 인간 본성은 정념을 억제할 수 없고, 정의의 관념에 순종하지 않으며, 그리고 무엇이든 그 자신보다 우월한 것에는 적대적인 것으로서의 그것의 참된 본색을 자랑스럽게 보여 주었다."[6] 기원전 416년에, 아테네는 그 힘의 정점에 있었지만, 사회적 그리고 정치적 가치들을 노골적인 정념과 이익으로 격하시키는 도덕적 희생을 치렀다. 투키디데스는 아테네가 외부의 적들보다는 그 자신의 모반으로 희생되었다고 제시했다. "그리고 마침내 그들이 최종적으로 꼼짝없이 굴복하게 된 것은 오로지 내분에 의해 그들 자신들을 파괴했기 때문이었다."[7] 『향연』과 관련해서, 관습상으로는 에로스가 잠재적으로 위험한 열정으로 생각되었다는 것을 기억하는 것이 중요하다. 프로이트의 이드(*Id*)를 예상하는 말로, 소크라테스는 『국가』에서 다음과 같이 경고한다. "무섭고 사나우며 무법한 종류의 욕구가 누구에게나 있는데, 우리 중에서 아주 절도 있는 걸로 생각되는 소수의 사람에게도 이게 있다는 걸세. 그러니까 이게 꿈속에서 명백해진다네"(572b).[8] 이러한 정념들

---

6 Thucydides, 1954, 211쪽.

7 Thucydides, 1954, 135쪽.

8 역자 주: 『국가』의 번역은 박종현, 『국가 · 政體』(서광사, 2005, 개정증보판)를 따

의 풀려남이 영혼의 균형을 깨뜨리고 공동체의 안녕을 위험에 빠뜨리는 것이다.

415년에, 영광과 많은 사람이 사치스러운 생활 방식으로 간주했던 것을 유지시켜 줄 개인적 부를 얻을 기회를 포착하고서, 알키비아데스는 시라쿠사이에 적대하여 시켈리아로 대규모의 군사 원정대를 보내도록 아테네인들을 설득하였고, 그 자신은 연합군 지휘관의 일원이 되었다. 그러나 여름밤 함대가 출항하기 직전에, 아테네 곳곳에서 '헤르메스 상들' (*Hermai*)이 불가사의하게도 파괴되었다. (*Hermai*는 헤르메스 신의 남근 상들인데, 이것들은 경계들을 표시하기 위해, 그리고 다산과 행운을 나타내기 위해 사용되었다.[9]) 그와 같은 훼손들은 단순히 불경스러운 행위가 아니라 임박한 군사 행동과 관련한 불운의 전조로 여겨졌던 것으로 보인다. 광란 상태가 뒤따랐고, 알키비아데스는 연루되었다. 많은 사람은 헤르메스 상들의 파괴가 공동체의 도덕적 토대를 무너

뜨렸다.

9 많은 사람은 문화 유적 파괴가 헤르메스 상들의 남근들에 집중되었다는 결론으로 별 생각 없이 비약한다. 아리스토파네스의 『리시스트라타』(*Lysistrata*)에서 합창단은 우스꽝스럽게 발기한 사절단에게 "만일 당신들이 현명하다면, 겉옷을 여미시오. 헤르메스의 상들을 절단한 자들 중 누군가가 당신들을 보기를 원하지 않는다면" (Aristophanes, 1923, 1094쪽)이라고 경고한다. 그러나 상황은 좀 더 복잡하다. 투키디데스는 훼손된 것은 상들의 얼굴이었다고 보고한다(Thucydides, 1954, 383쪽). 플루타르코스는 유사한 주장을 하고 있고(Plutarch, 1954, 49쪽), 현대의 고고학적인 증거는 이런 주장들을 뒷받침한다(Davidson, 1997, 296쪽). 턱수염은 남근보다 더 남성의 가시적인 특징이었기 때문에, 남근의 힘보다는 '오래된' 턱수염을 깨끗이 다듬은 젊은이가 더 상징적이었을 것이다. 그것들은 도처에 있었기 때문에, "헤르메스 상은 단순히 옛날의 경건함의 표식, 즉 종교적인 봉헌을 할 수 있는 방식으로 인간과 신 사이에 있었던 과거 교류의 기록으로서 세워져 있던 것이 아니다. 헤르메스 상은 개별적인 아테네인 자신을 나타낸다"고 Robin Osborne은 쓰고 있다(1985, 65쪽). 문화 유적 파괴자들은 파괴 과정에서 남근들을 때려 부수었을 수 있지만, 실제로 신성 모독은 얼굴의 파괴였다.

뜨리려는 귀족 정치주의자의 모반의 일부라고 생각했다. 함대가 출항한 뒤에도 광란 상태는 지속되었고, 알키비아데스는 파괴행위와 관련하여 그리고 엘레우시스 비의(秘儀)에 대한 신성 모독 혐의로 궐석 상태에서 재판에 회부되었고 유죄가 선고되었다. 그는 유죄 선고를 알고서 도망쳤고, 스파르타로 갔다. 그 이후에 스파르타인들에게 준 그의 도움은 아테네의 최종적인 패배에 기여했다. 나일(D. Nails)은 알키비아데스 이외에도, 아가톤 향연의 다른 손님들도 또한 *hermai* 사건에 연루되었다고 지적한다.[10] 파이드로스는 비의에 대한 신성 모독으로 기소되었고, 이후 추방되었으며, 의사인 에릭시마코스는 *hermai*를 모독한 혐의로 기소되었고, 또한 사라졌다.

플라톤은 심포시온의 과정 중에 대화가 이루어지는 것으로 장면을 설정함으로써 『향연』의 사회적인 배경을 확립한다. 우리는 고대의 심포시온과 그것에서 유래한 엄격히 학문적인 것을 절대로 혼동해서는 안 된다. 스미스(D. E. Smith)는 그리스-로마 시대 향연의 특징들에 대한 훌륭한 요약을 제공하고 있다.[11] 그것의 관습은 사회적 그리고 문화적 함축을 지닌 많은 것을 갖고 있었는데, 이것들은 상고기(上古期)의 전사들의 모임에서 희생 음식을 바치는 도시의 관습에서 생겨났다. 희생 음식을 바치는 것은 피를 제물로 바치는 의식과 고기의 배분에 초점이 맞추어졌다. 희생 음식을 바친 다음에는, 이 음식을 소비하기 위해 의식적인 음주가 뒤따랐다. 연회의 정신은 공동체의 정체성과 가치들을 강화하는 데 공헌하였다. 그것들이 전사들의 모임에서 기원했다면, 심포시아(*symposia*)는 전적으로 남성들의 교제 모임이었고, 성인 남자들과 술시중을 들었을 소년들로 구성되었다. 여자들이 있었다 하

---

10 J. Lesher, 2006, 202쪽.

11 D. E. Smith, 2003, 13-46쪽.

더라도, 단지 예능인들 — 아울로스를 부는 소녀들, 무희들, 곡예사들 — 의 역할을 하기 위해서만 혹은 매춘부가 필요했을 경우에만 그러했다. 의례에 따른 음주 경연에서, 테이블 왼쪽에서 오른쪽으로 돌아가며 술잔을 돌리고, 건배를 하며 노래를 불렀을 것이다. "훌륭한 신[*agathos daimōn*](디오니소스)에게 희석되지 않은 술을 헌주로 바치는 것을 제외하고서, 참석자들은 테이블 가운데 놓여 있는 크라테르(*Kratēr*: 혼합용기)에 술을 물과 섞어서 마셨다.[12] 좌장(*symposiarchos*)은 지정되었는데, 그는 술을 희석하고 건배를 제의하고 대화를 이끌어 갈 책임을 지고 있는 사회적 질서의 수호자였다. 교육과 입문의 주제들이 전통의 중심을 이루고 있었는데, 이것들은 소년들이 기억하고 불렀던 시와 노래의 낭송을 통한 문화적 기억의 전수를 포함한다. 많은 고대의 서정시, 합창곡, 애가, 그리고 이암보스(iambos) 시가 창작되었고 그런 행사에서 전해졌다. 입문은 자주 동성애와 소년애를 중심으로 이루어졌다. (나는 아래에서 고대 그리스의 동성애 역할에 관한 문제로 되돌아갈 것이다.)

상고기로부터 고전기로 이행하면서, 심포시온은 테이블 주위에 둘러앉아 술을 마시는 관습으로부터 침상에 기대어 마시는 관습으로 변화

---

12 전형적인 크라테르는 10에서 14갈론까지 수용한다. (우리는 술을 물로 희석하는 것이 관행이었다는 것을 염두에 두어야만 한다. 단지 야만인들만이 술에다 물을 타지 않고 마셨다.) 희극 작가 에우불로스(Eubulos: 기원전 405-335)의 현존하는 단편에서, 디오니소스 신은 *symposia*를 세 개의 크라테르로 제한하겠다고 제안한다. "하나는 건강을 위해서, 두 번째 것은 사랑과 쾌락을 위해서, 그리고 세 번째 것은 잠을 위해서. 이것들을 다 마셨을 때, 현명한 손님들은 집으로 간다." 그다음에 그는 다음과 같이 경고한다. "네 번째 크라테르는 더 이상 나의 것이 아니라 히브리스(*hybris*)에 속하고, 다섯 번째 것은 고함지르는 것에, 여섯 번째 것은 홍청대는 것에, 일곱 번째 것은 눈가에 푸른 멍이 들게 하는 것에, 여덟 번째 것은 소환받는 것에, 아홉 번째 것은 분노에, 그리고 열 번째 것은 광기와 가구를 집어던지는 사람에 속한다"(Davidson, 1998, 47, 48쪽에서 인용).

했다. 이것은 참석자들의 수를 제한하고, 친밀한 '같이 볼 수 있는' (synoptic) 공간, 즉 일곱 개 정도의 침상이 방 곳곳에 안락하게 배치될 수 있었던 별도의 장소인 '남자들의 방' (*andrōn*)을 만들어 내는 사회적 결과를 가져왔다. 전형적인 심포시온은 7명에서 15명까지 손님을 접대했으며, 일반적으로 한 침상에 두 명이 기대어 누웠다. 그 결과로, 심포시온은 또한 귀족적인 모임이 되는 경향이 있었고, 특별한 공간을 제공하기에 충분한 경제적 여력이 있는 사람들에 제한되었다. 그것은 또한 좀 더 친밀한 모임이 되는 경향이 있었고, 공동의 목적과 관심을 공유한 같은 생각을 갖고 있는 사람들을 결속시켰다. 많은 평민(*demos*)들에게 엘리트들의 이러한 심포시온들은 자주 귀족들의 비행의 온상으로 여겨졌다. 그것이 술 취한 참석자들에 의해 저질러진 신체 상해가 되었든 귀족주의자들이 민주정에 대해 모반을 꾀하는 밀회가 되었든 간에 말이다. 비의(秘儀)에 대한 신성 모독과 헤르메스 상들의 파괴는 향연 후의 못된 장난을 확실히 보여 주는 것들이었다.

테퀴산(M. Tecusan)은 플라톤이 다른 대화편들에서 심포시온의 관습에 문제가 있다는 태도를 보여 주고 있다고 지적한다.[13] 『프로타고라스』는 좋은 심포시온은 어떤 것과 같을 수 있는지를 묘사하고자 하지만, 소크라테스는 대부분의 경우에 그것들이 단순히 술 취하기 위한 행사가 된다고 염려하고 있다. 『국가』에서 케팔로스가 향연을 기억하는 것은 주로 전통적 가치의 전수보다는 오히려 젊은 시절과 그때의 즐거움에 대한 아쉬움을 강조하기 위해서이다. "[노인들]은 성적인 쾌락과 관련해서, 그리고 술잔치나 경축 행사, 또는 이런 등속의 것에 속하는 다른 여러 가지 것과 관련해서 회상을 하며 한탄을 하죠. 그러면서 그

13 O. Murray, 1990.

들은 마치 굉장한 무엇인가를 앗기기라도 한 듯이, 그래서 한때는 잘 살았으나, 이제는 사는 것도 아닌 듯이, 화를 내지요"(329a). 『법률』에서 아테네인은 다음과 같이 애매하게 말한다. "포도주를 마시는 모임의 바른 이용을 통해 그(참석자들의) 성향들이 어떠한지를 살피는 것, 이것이 그 유일한 좋은 점인지?"(652a).[14] 『파이드로스』에서 소크라테스는 지혜를 참되게 사랑하는 자들은 향연에서 거의 즐거움을 느끼지 못한다고 직접적으로 핵심을 지적한다. 그는 건강한 영혼을 키우기를 추구하는 자들과 다른 사람들을 대조하면서 다음과 같이 말한다. "다른 사람들이 술잔치(*symposia*)나 그런 등속의 다른 모임들에서 마셔대면서 다른 놀이들에 빠져 있을 때, 그[현명한 사람]는 내가 말한 것들을 갖고 놀면서 시간을 보낼 것이네"(276d). 파이드로스는 이에 동의하면서, 소크라테스의 '놀이들'을 정의(正義)에 대한 교훈적인 이야기를 하는 것으로 해석한다(276e). 그러나 소크라테스는 이보다 한 단계 더 나아가고 싶어 한다. 교육의 목표는 교훈적인 이야기라 할지라도 그것을 단순히 전달하는 것이 아니다. "그러나 이러한 문제들에 대해서 진지한 것과 변증술을 사용하는 것은 훨씬 더 고귀한 일이다. 변증론자는 적합한 혼을 선택해서 그 안에 인식을 동반한 논의를 심고 씨뿌린다…"(276e). 『국가』에서 *philosophoi*(지혜를 사랑하는 자들)와 *philodoxoi*(믿음 혹은 의견을 사랑하는 자들)를 구분하면서, 소크라테스는 향연의 '지혜'에서 해결될 수 없는 애매성을 지적한다. 그와 같은 지혜는 "잔치 자리들에서 하게 되는 두 가지 해석이 가능한 말장난들이나, 거세된 남자와 이 사람이 박쥐한테 팔매질하는 것과 관련된 아이들의 수수께끼와도 같은 것"(479c)[15]이라고 그는 말한다. 변증술의 문

14 역자 주: 『법률』의 번역은 박종현(서광사, 2009)을 따랐다.

15 G. M. A. Grube는 거세된 남자와 박쥐의 수수께끼를 다음과 같은 것으로 해석

답을 통해서 놀이를 넘어설 때에만 우리는 참되게 진리를 추구한다.

심포시온의 전통적 관습에 관한 플라톤의 유보적 태도는 『향연』 자체에서 쉽게 분명히 알 수 있다. 앞부분에서 대화자들은 술잔을 돌리는 대신에 사랑(*Erōs*)을 찬양하는 이야기를 돌아가며 하기로 결정한다. 한편, 찬양은 성적인 혹은 상스러운 놀이를 위한 계기라기보다는 오히려 도덕적 발달에 있어서 사랑의 역할에 집중된다. 최종적으로 소크라테스는 변증술적 질문의 실천을 보여 주는데, 처음에는 아가톤에게 그의 연설에 관해 묻고, 그다음에는 소크라테스 자신에 대한 디오티마의 질문을 설명한다.

플라톤은 아가톤의 손님들이 일련의 찬양을 하기로 결정하게 함으로써 『향연』에 문학적 요소를 끌어들이고 있다.[16] 여기에는 고찰해 보아야 할 중요한 몇 가지 요소들이 있다. 첫째로, 찬양 혹은 찬사, 즉 어떤 사람이나 사물을 칭찬하는 데 바쳐진 연설은 고전기 수사술의 표준적인 범주이고, 구별되는 요소들과 단계적인 진행을 포함한다. 정확한 규칙들은 후대(예를 들어 기원전 316년경에 나타난 *Rhetoric to Alexander*)까지 형식화되지 않았지만, 관습적인 찬양은 '서언'(*prooimion*), 즉 인사하고 도입하는 서언으로 전형적으로 시작했다. 그다음에 '기원'(*genos*)이 뒤따랐는데, 이것은 찬양 대상자의 혈통과 가족 관계에 대한 설명이고 그 혹은 그녀의 출생, 양육 그리고 교육을 포함할 수 있다. 이것은 또한 찬양 대상자의 저명한 동료들을 열거하는 것도 포함할

한다. 나뭇가지가 아닌 것에 앉아 있는 새 아닌 새를 보기도 하고 보지 않기도 한 다음에, 그것에 돌 아닌 돌을 던진 남자 아닌 남자는 어떤 사람인가? 이 사람은 시력이 나쁜 상태에서 박쥐를 나뭇가지보다는 갈대에 매달려 있던 새로 착각해서 부석(浮石)을 던졌던 거세된 남자이다가 그 대답이다(Plato, 1974, 139쪽).

16 찬양의 규칙에 대해서는 Hunter(2004, 34-37쪽)를 참조하라. 또한 찬양 이야기의 다양한 표현들에 대한 Nightingale의 조사를 참조하라(1995, 94-106쪽).

수 있다. 찬양에 중심적인 것은 '실천'(*praxis*), 즉 찬양 대상자의 다양한 행위들과 업적들이다. 그다음에 '비교'(*synkrisis*, 比較), 즉 찬양 대상자를 따르는 사람들을 열거하는 것이 이어진다. 마지막으로, '에필로그'(*epilogos*), 즉 찬양 대상자에 대한 요약과 그를 찬양하도록 권유하는 것으로 끝난다.

둘째로, 고대 세계에서 연설의 기술은 공적 생활에 참여하기 위한 기본적인 것이었기 때문에, 수사술은 교육에서 중심적인 것이었고, 학생들이 지정된 주제들에 대해 정해진 연설들을 준비하고 이를 행했던 수사술 연습은 훈련의 중요한 수단이었을 뿐만 아니라 자신의 능력을 펼쳐 보이는 방식이었다. 『향연』에서, 처음의 다섯 명의 연설자는 '과시하는 연설들'(*epideixeis*)을 하고 있는데, 이것들은 대체로 찬양의 수사술의 관습을 따르고 있다. 한편, 각각의 연설자는 찬양의 일반적 규칙들에 충실하고자 하지만, 각각은 자신의 이야기를 자신의 개별적 특성을 반영하는 스타일과 방식으로 구성한다. 파이드로스는 일반적인 대중적인 말로 그의 이야기를 표현할 것이다. 법의 권위자인 파우사니아스는 에로스를 법적인 용어로 찬양할 것이다. 의사인 에릭시마코스는 기술적인 과학적 설명을 제공할 것이다. 대조적으로 희극 작가인 아리스토파네스는 에로스를 희극적인 신화에 적합한 용어로 생생하게 묘사할 것이지만, 비극 작가인 아가톤은 매우 장식된 스타일을 사용할 것이다. 이런 방식으로, 플라톤은 사랑에 대한 다섯 가지 다른 이야기를 제공한다. 그러나 교육과 지혜의 관계에 적합한 세 번째 요소가 있다. 수사술의 형식은 어떤 것이 찬양을 받을 만한 가치가 있는 것인지에 관계없이 그 어떤 사람이나 사물에도 적용될 수 있다.

아리스토텔레스는 플라톤의 뒤를 이어서, 수사술에 대한 그의 연구에서 다음과 같이 주장한다. "우리는 사람들이 어떤 것을 성취한 후에 그들에게 찬사를 부여한다. 그러나 단지 행위들 자체가 도덕적 품성의 징표이다. 누군가 어떤 것을 성취하지 못했다 할지라도 그가 그것을 할 수 있었을 사람이라고 우리가 확신한다면 그를 칭찬해야만 한다."[17] 아리스토텔레스는 찬사는 정당화된다고 그리고 훌륭한 행위는 그것의 토대가 되는 훌륭한 품성을 나타낸다고 가정한다. 이런 주장은 칭찬할 만한 것이지만, 찬사가 언제나 정당화될 수 있는 것은 아니다. 정말로 솜씨 있고 설득력 있는 연설가는 좋은 것을 나쁜 것으로 나쁜 것을 좋은 것으로 보이게 할 수 있다. 소피스테스들에 대한 플라톤의 오랜 기간에 걸친 반대를 특징짓는 것은 바로 이런 잠재적으로 위험한 가능성이다. 다른 사람들 가운데서도, 프로타고라스, 고르기아스, 트라시마코스 그리고 엘리스의 히피아스에 대해 편견이 없지는 않은 플라톤은 이들 소피스테스들이 지혜(*sophia*)를 제공한다고 주장하지만, 실제로는 수사술과 설득적으로 말하는 기술을 가르치는 사람들이라고 설명한다. 이들은 지혜를 탐구하기보다는 승리를 얻는 데 더 관심이 있다. 고르기아스에 의해 쓰인 현존하는 연설문인 『헬레네 찬사』는 플라톤이 관심을 기울이고 있던 것을 구체적으로 보여 준다. 탁월한 기량을 가진 사람의 과시하는 연설에서, 고르기아스는 헬레네가 트로이 전쟁을 촉발했던 간통에 책임이 없다는 것을 논증한다. 만일 신들에 의해 운명 지어져 있었다면, 사태가 어떻게 달라질 수 있었겠는가? 만일 그녀가 힘, 정념(사랑), 혹은 말의 힘에 의해 압도되었다면, 그녀의 의지는 압도되었을 것이기 때문에 그녀에게 어떻게 책임이 있을 수 있겠는가? 고르기아스는 "설득한 사람이 강제한 사람으로서 잘못을 저지른 것이며, 설득된 사람은 강제된 사람으로서 잘못 비난받는 것이다"라고 선언한다.[18] 『향

---

17 Aristotle, 1960, 52쪽.

18 Gorgias, 2003, 81쪽.

연』의 많은 주제를 예상하는 것으로 보이는 용어들로, 그는 다음과 같이 덧붙인다. "영혼의 구조에 대한 연설의 효과는 약의 구조가 육체의 본성에 미치는 것과 같은 것이다. 왜냐하면 다른 약들이 육체로부터 다른 분비물을 몰아내고, 어떤 것들은 질병을 없애는 반면 다른 것들은 생명을 앗아 버리듯이, 마찬가지로 연설들의 경우에도 어떤 것들은 듣는 사람들을 슬프게 하는 반면 다른 것들은 기쁘게 하고, 또 어떤 것들은 두렵게 하는 반면 다른 것들은 용기를 북돋고, 그리고 어떤 것들은 일종의 나쁜 설득으로 영혼을 마취시켜 넋을 빼앗는다."[19]

플라톤은 『향연』에서 소피스테스술(sophistry)과 지혜의 주제를 이용한다. 로젠(S. Rosen)은 소크라테스가 아가톤의 향연에서 소피스테스들의 진영에 들어간 것으로 올바르게 기술한다.[20] 아리스토파네스와 소크라테스 자신을 제외하고서, 각각의 대화자들은 소피스테스의 학생이었는데, 대화편 『프로타고라스』는 아리스토파네스를 제외하고 이들 모두를 히피아스의 제자로 묘사하고 있다. 『향연』의 말투는 전체에 걸쳐서 연회에 적합한 것이고 승리에 대한 큰 관심도 없지만, 플라톤은 수사술의 힘에 눈길을 보낸다. (아리스토파네스를 제외하고서) 손님들이 이야기한 찬사들은 소피스테스적인 과시를 반영한다. 각각은 자신의 연설 기술로서 감명을 주고 승리를 얻으려고 시도하고 있으며, 단지 부수적으로만 에로스에 대한 참된 평가를 하고 있다.

결론으로서, 나는 '사랑'에 대한 단어들에 관해 한마디 언급하고, 그리스의 동성애에 대해서도 얼마간 말할 것이다.[21] 그리스어 명사 '에로

---

19 Gorgias, 2003, 81, 82쪽.

20 S. Rosen, 1987, 6쪽.

21 또한 G. Vlastos, 1981, 4쪽 주 4; Plato, 1980, 1-4쪽; Plato, 1998, 5-7쪽을 참조하라.

스’(*erōs*) 그리고 같은 어족의 동사 ‘에란’(*eran*)은 열정 혹은 욕망의 가장 강한 의미로 ‘사랑’과 ‘사랑하는 것’을 뜻한다. 그것은 맥락에 따라서 성적인 함축을 지닐 수도 지니지 않을 수도 있다. 그것은 또한 고유명사로서는 아프로디테의 아들인 날개가 달린 신의 이름이다. ‘필리아’(*philia*)와 ‘필레인’(*philein*)은 좀 더 유순한 애정이나 우정을 표현하기 위해 사용된다. 아리스토텔레스에서 *philia*는 통상적으로 ‘우정’(friendship)으로 옮긴다. 『리시스』에서, 플라톤은 사랑하는 자가 사랑받는 자에게 상호적이지 않으면서 비대칭적으로 갖는 열정으로 특징지어진 *erōs*와 친구들 사이에서의 대칭적인 상호성에 의해 특징지어진 *philia*를 구분한다.[22] 명사 ‘아가페’(*agapē*)와 그 동사 ‘아가파오’(*agapaō*)는 현대 그리스어에서 사랑을 뜻하기 위해서 사용된다. 플라톤의 고전기 그리스어에서 그것은 일반적인 애정이나 좋아함을 기술하기 위해 사용되었다. 히브리어 구약성서의 그리스어 번역서인 『70인역 그리스어 성서』(*Septuagint*)에서, 그것은 히브리어 *'ahăbâ*를 번역하기 위해 전형적으로 사용된 말이고, 신약성서에서 그것은 예수의 제자 사랑의 의미에서의 사랑인 ‘모두에 대한 사랑’ 혹은 “신은 사랑이다[*Ho Theos agapē estin*]”(요한 1서 4장 9절)를 나타내기 위해 다양하게 사용되었다. 흠정역 성서(The King James Bible)는 *agapē*를 ‘charity’(박애)로 번역한다(고린도전서 13장 1–8절). (흠정역 성서는 라틴어역 성서[the Vulgate]에 의존하는데, charity는 ‘애정’, ‘사랑’, ‘존경’을 뜻하는 라틴어 *caritas*로부터 유래하는 말이다.) *agapē*와 *erōs*의 차이에 대한 더 충분한 논의를 위해서는 Armstrong(1980)과 특히 Nygren(1953, 160–181쪽)을 참조하라. 플라톤은 단어사용에서 언제나 엄격하지는 않았지

22 C. H. Kahn, 1996, 259쪽.

만, 플라톤의 『향연』은 *erōs*와 *epithymia*(에피티미아: 욕망 혹은 갈망)의 목적이나 목표에 관해 가장 풍부하게 말하고 있다.

동성애는 『향연』에서 기본적으로 가정된 것이다. 그러나 우리는 용어를 조심히 사용해야만 한다. 소크라테스는 결혼을 했고 알키비아데스는 수많은 여성이나 유부녀 편력 때문에 악명이 높았다. 아가톤과 파우사니아스 그리고 아마도 파이드로스와 에릭시마코스는 현대적 의미에서의 동성애적 관계로 이해될 수 있지만, 그 어떠한 규준에 따른 혹은 실질적 의미에서의 동성애에 대한 현대적 개념을 고전기의 아테네에 적용하는 것은 과거를 현재로 혼동하는 오류를 저지르지 않고서는 어려운 일이다. 성적인 정체성은 상대방이 남자이든 여자이든 관계없이 삽입과 남근의 흥분에 의해 이해되었다. 남자와 구분되는 남성성은 육체적인 입구가 어떤 것이라 할지라도 적극적인 삽입자로서, 그리고 그 상대방은 수동적으로 삽입되는 자로서 규정되었다. 남성성의 기준은 남자와 여자보다는 오히려 남성성과 비-남성성 사이에서 '변화하는 이원성' (a shifting binary)에 의해 이해되었다. 나이나 성에서든지 혹은 사회적 신분에서든지 간에, 남성적인 것보다 열등한 사람은 누구라도 비-남성적 상대방이었다. 이처럼 전형적인 남성적 행위는 어린 남자, 여자, 혹은 노예에 초점이 맞추어질 수 있었다. 소년은 나이든 남자와 함께할 때는 수동적인 역할을 취할 수 있지만, 더 어린 소년과 함께 할 때는 능동적인 역할을 할 수 있다.

고전기 아테네에서 소년애의 관계는 가부장제가 강한 사회의 견지에서 그리고 남자들의 결속과 입문을 실천하는 부분으로서 이해되어야만 한다. 남자와 여자 사이의 결혼은 사회적 안정성, 재산의 양도, 가정의 질서, 그리고 아이들의 출산과 관련해서 무엇보다 첫째가는 것이었다. 일반적으로 여자들과 소녀들은 집안에 머물고 적절한 남자의 호위 없이는 밖으로 나갈 생각을 하지 않는 것으로 되어 있었다. 남자들과 여자들 사이의 연인 관계의 풍부한 증거가 있고 아리스토파네스의 희극들과 다른 작품들이 여자의 성적인 힘을 입증하지만, 사랑의 이상은 사회에 널리 퍼져 있었을 소년들과의 관계에 초점이 맞추어졌다. 아테네의 신사는 재산과 자손 번식을 위해서 결혼할 것이지만, 그 밖의 곳에서는 어린 남자, 즉 그에게 적절한 '동등한 자'와 지적인 혹은 낭만적인 동료 관계를 추구한다. 카펠라누스(A. Capellanus)의 책 『궁정연애의 기술』에서 다음과 같은 구절을 상기해 볼 때 중세의 궁정연애(*amour courtois*)와 어떤 유비를 이끌어 낼 수 있다. "결혼은 사랑해서는 안 되는 진정한 이유가 되지 못한다." 육체적 열정은 배우자에게 속하는 반면에, 사랑은 정신적인 연인에게 속한다.[23]

아테네 사람들이 소년들로 의미했던 것은 사춘기가 시작된 시기와 턱수염이 완전히 난 시기 사이의 젊은이들이었다. 나이든 남자인 '사랑하는 자'(*erastēs*)는 욕망(*erōs*)에 빠져 있는 반면에, 소년인 '사랑받는 자'(*erōmenos*)는 그런 욕망의 대상이었고, 아마도 감탄, 감사, 그리고 애정이 복합된 감정에 의해 자극받았을 것이다. 아테네 사회는 소년애를 찬성하기도 하고 찬성하지 않기도 하는 이중적인 반응을 보여 주

---

23 궁정연애 전통은 파우사니아스에 의해 상상된 동성애적 관계가 아니라 이성애적 관계를 성적인 이상의 중심에 놓는다. Andreas Capellanus는 『향연』을 직접 알지는 못했지만, 그럼에도 그는 북프랑스의 음유시인들(*trouvères*)과 프로방스 방언의 음유시인들에게 의미 있는 기여를 했던 아라비아의 시인들을 통해서 플라톤의 영향을 간접적으로 받았다(Nykl, 1946, 371–411쪽). 기원후 994년부터 1064년까지 회교국가인 스페인에서 살았던 작가이며 정치가인 Ibn Hazm에 의해 쓰인 『비둘기의 반지』(*The Ring of the Dove*)는 특히 영향력이 컸다. 플라톤에게 영감을 받아서, 그는 참된 사랑을 타자 안에서 자신을 인식하는 것으로 보았다. "영혼은 그 자체로 아름답기 때문에, 그것이 모든 아름다운 것들에 의해 영향을 받고, 안전히 균형 잡힌 이미지들을 갈망한다는 것은 분명하다. 그런데, 만일 그것이 그 이미지 뒤에서 그것과 같은 종류의 어떤 것을 발견한다면, 그것은 결합하게 되고 참된 사랑이 성립된다"(1953, 28쪽).

었다. 데모스테네스(Demosthenes)의 『사랑에 대한 에세이』(*Erōtikos*)는 사랑하는 자와 사랑받는 자 사이의 적절한 관계로부터 얻게 되는 '영예로운 보상'을 찬양한다.[24] 다른 한편, 플라톤의 『법률』은 그와 같은 행위를 비자연적인 것으로 비난하고, 이를 논리적으로 극단까지 밀고 가면 그것은 종족을 파괴할 것이라고 논증한다(636b–c, 838–841). 크세노폰(Xenophon)의 『향연』은 연약한 파우사니아스에 대해 비판적이며, 플라톤이 파이드로스의 입을 통해 제시하고 있는 사랑하는 자들로 구성된 군대에 관한 논증(178e–179a)을 그에게 귀속시킨다. "그는 이들이 서로를 버리는 것을 가장 부끄러워할 것이라고 말했는데, 이는 참으로 이상한 주장이다."[25] 적절한 관계 속에서는 소년은 엄격하게 수동적인 역할을 하는 것으로 상정되었고, 그 자신의 성적인 욕망이나 이기심에 의해서 자극받지 않았다. '열등한' 상대방이 능동적인 역할을 하는 것은 *katapugones* 혹은 *kinaidoi*로 낙인찍혔는데, 이 표현들은 영어로 번역하기 어렵지만 lewd(음탕한), promiscuous(난교[亂交]의), pathetic(애처로운), effeminate(사내답지 못한) 등의 의미를 연상시키는 말들이다.[26] 이 모든 것을 심포시온의 전통과 연관시켜 보면, 이상적

---

24 Demosthenes, 1949, 47쪽.

25 Xenophon, 1923, 8.32–33.

26 *katapugōn*이란 말은 성적인 강박관념과 탐욕을 가장 완전히 함축하고, 남자뿐만 아니라 여자와 동물들(예를 들어, 음탕한 쥐들)에게도 적용할 수 있었다(Davidson 1968, 172, 173쪽). 아리스토파네스의 리시스트라타(Lysistrata)는 아테네의 여자들을 '*pankatapugōn*'(전적으로-*katapugōn*)이라고 비난한다(1924, 137쪽). 또한 Dover (1980, 143쪽)를 참조하라. 플라톤은 『고르기아스』 493a–494e에서 *kinaidos*란 말을 유사한 의미로 사용한다. Michel Foucault의 분석은 이런 묘사를 왜곡해서, 너무나 글자 그대로 삽입하는 자와 삽입당하는 자라는 이분법에 초점을 맞추고 있다. "이것의 귀결은 한편으로는 '능동적'이고 지배적인 역할에 긍정적인 가치가 할당되었지만, 다른 한편으로는 성적인 행위에서 상대방에게는 수동적이고, 지배당하고, 열등한 위치를 귀속시키는 것이 필연적이라는 것이었다"(Foucault, 1990, 220쪽). 문제는 소극적

인 소년애의 관계는 소년의 교육과 남성적인 사회로의 입문을 포함했고, 성적인 저의(底意)가 드러나는 것이 허용되었던 남자 결속의 영역이었다.

인 *katapugōn/kinaidos*가 능동적인 역할을 한다는 것이다(Dover, 1980, 100–109쪽과 Halperin, 1990, 34, 35쪽 참고). 성의 논리 속에서, *katapugones* 혹은 *kinaidoi*는 그들을 제어하기보다는 그들이 성적인 충동에 의해 압도되고 지배된다. 그러면 그들의 의지 혹은 이성이 그들 욕구의 능동적인 명령에 수동적이라는 사실은 성적인 진상을 파악하는 데 그렇게 중요한 것은 아니다.

2장 주제들의 개관

말은 강력한 지배자인데, 그는
가장 정교하고 가장 보이지 않는 육체로
가장 신적인 일을 성취한다.

Gorgias of Leontini(2003, 79쪽)

그분이 누구시든, 어떤 분이시든, 그분께서 즐거우시다면 우리는,
그를 우리가 경외하면서 말하는 이름인 제우스로 부를 것이다…

Aeschylus(1998, 16쪽)

플라톤의 대화편들은 체계가 아니라 본질적인 물음들에 관한 것이다. 이러한 이유 때문에, 그것들은 활력 있고 새로운 것으로 남아 있어서 현재까지 넓은 범위의 독자들과 사상가들을 자극해 온 반면에, 좀 더 체계적인 종류의 논의를 사용하고 있는 다른 철학 작품들은 역사적인 것으로 그리고 전문가들의 논의를 위한 것으로 남게 되었다. 플라톤은 사유 과정, 즉 통념(*endoxa*)으로부터 앎(*epistēmē*)으로 나아가기 위해 동요하고 분투하는 과정을 극적으로 표현하기 위해 대화편의 형식을 사용한다. 더 근본적으로 말해서, 그는 독자를 그러한 동요와 분투 과정에 참여시키기 위해 이러한 형식적 특징들을 사용한다. 한편, 하나의 주제는 다른 주제와 정교하게 상호 연결되는 경향이 있다. 이것은 대화

편들이 제멋대로 전개되어 뒤범벅된 것임을 뜻하지 않는다. 이와는 정반대로, 플라톤은 주제, 표현, 조성(調性) 그리고 형식의 상호 작용에 세심한 주의를 기울여 소네트 시인의 조심성을 갖고서 대화편들을 구성하고 있다. 세심하고 주의 깊게 읽으면 그는 언제나 보답한다. 각각의 대화편은 주렁주렁 매달려 한 덩어리를 이루는 주제들을 중심으로 전개되는 경향이 있다.

플라톤 『향연』의 폭넓은 주제적 중심은 에로스와 사랑의 본성이다. 사랑이 어떻게 우리의 도덕적 품성을 형성하며, 우리의 윤리를 알려 주고, 존재의 문제들을 제기하며, 형상들(특히 아름다움과 좋음의 형상)을 관조하고, 그리고 철학적 모험을 하도록 이끄는지에 관한 것이다. 플라톤이 염두에 두었든 그렇지 않든 간에, 우리는 『향연』을 『국가』에 변증술적으로 대응하는 것으로 읽을 수 있다. 아가톤의 술잔치와 케팔로스와 폴레마르코스의 향연은 모두 저녁 무렵에 시작해서 새벽에 끝나고, 둘 다 영혼의 상승 여행을 위해 바쳐진 것이다. 변증술에 의해, 나는 한 사람이 다른 사람을 반박하거나 부정하는 것이 아니라, 각각이 다른 사람을 보완하고 완성시키는 것을 의미한다. 『국가』는 개인의 정치적 차원, 즉 영혼의 구조와 '건강' 그리고 공동체의 그것 사이의 상호적 관계에 초점을 맞추는 반면에, 『향연』은 사적인 차원, 즉 개인의 근본적인 충동에 초점을 맞춘다.

한편, 두 작품은 철학자, 즉 지혜를 사랑하는 자가 무엇을 의미하는지를 탐구한다. 그러나 『국가』가 일차적으로 '지혜'의 본성을 파악하는 데 몰두하는 반면, 『향연』은 그와 동등한 다른 측면으로 이동해서 '사랑'이 무엇을 뜻하는지 그리고 그것이 지혜의 추구와 어떻게 관련되는지를 이해하고자 한다.

『국가』에서 소크라테스가 '철학과 시 사이의 오래된 불화'(607b)를 되풀이하여 말하면서, 시인을 이상 국가에서 추방한 것은 유명한 이야기이다. 그러나 『향연』에서, 소크라테스는 분명히 더 호의적이다. 정말로, 전체로서 이 작품은 철학적 논의 속에서 시의 역할을 생생하게 극적으로 표현하고 있다. 시의 가능성에 대한 이런 공감의 밑바탕에는 그것에 상응하는 이성의 한계에 대한 앎이 놓여 있다.

방법론적 관점에서 볼 때, 디오티마의 '사랑의 사다리'는 『국가』의 '동굴의 비유'에 대응하는 것이다. 둘 다 깨우침 혹은 이해의 과정을 취급하고, 대체적으로 개별적인 현상으로부터 점점 더 추상적인 것으로, 개별적인 것을 넘어서 이상적인 것으로 나아가는 운동을 다룬다. 그러나 소크라테스의 동굴 거주자는 상승 여행을 하도록 외적으로 강제되어야 하는 반면, 디오티마의 사랑의 비의(秘儀)로 입문하려는 자들은 '사랑의 사다리'를 올라가려는 그들 자신의 욕망에 의해 내적으로 동기가 유발된다. 이와 관련해서, 사랑에 대한 주목은 『국가』에서 암시된 주제, 즉 철학적 과정은 쉽지 않고 이성적 방법은 그 자체로는 진리 자체에 도달하기에 부적합하다는 것을 뚜렷이 부각시킨다. 그것은 안내이고 훈련이며 준비이지만, 최종적으로 "갑자기 그(아름다움을 추구하는 사랑하는 자)가 놀라울 정도로 본성상 아름다운 것을 직관하게 될 것"(210e)은 단지 한없는 노력을 통해서만 가능하다. 소크라테스가 『파이드로스』에서 설명하고 있듯이, 그것은 일종의 광기를 포함한다. 『향연』은 이러한 광기의 본성을 더 면밀히 살펴본다.

다음 3장에서 제시될 정밀한 독해를 통해서, 나는 명백하게 철학적인 요소들 이외에도 『향연』의 서술과 극적인 요소들을 검토하여, 이것들이 철학적 내용에 기여하고 있음을 논증할 것이다. 이것은 정교한 서술적 틀의 역할과 그것이 어떻게 소심스럽게 우리가 읽는 것의 그림을 복잡하게 만들어서, 철학적 과정을 뚜렷이 부각시키고 있는지에 대한 고찰을 포함한다. 이것은 또한 철학적 주제들의 변증술적 발전을 극적으로 표현하는, 등장인물들의 성격 묘사와 이들의 상호 작용에 대한 어떤 인식을 포함한다. 이를 염두에 두고서, 나는 이제 '줄거리'를 간단히 스케치하고 주요한 주제들을 지적할 것이다.

『향연』은 극작가 아가톤이 주최한 술잔치에 대한 회상에 기반을 두고 있다. 한 익명의 대화자가 아폴로도로스에게 그가 참석했었는지 물었다. 아폴로도로스는 그가 아직 어린아이였을 때인 오래전에 이 모임이 있었지만, 그는 아리스토데모스에게 들어서 알게 된 그 잔치 이야기를 되풀이해 줄 것이라고 설명한다. 서술 방식으로 보면, 『향연』은 아리스토데모스의 회상에 대한 아폴로도로스의 회상이다. 이것은 질의응답을 하는 변증술이 적용되지 않는 '쓰인' 텍스트의 권위에 관한 문제들을 주제로 제기한다. 다양한 서술적 애매성들은 주의 깊은 독자로 하여금 해석과 재독해의 과정을 통해 간접적으로 변증술에 관여하도록 강제한다.

전날 마신 술의 숙취가 여전히 있어서, 모임에 참석한 사람들은 술잔을 돌리는 대신에 '이야기들'을 돌려가며 하는 것이 좋겠다고 결정한다. 그래서 파이드로스가 제공한 힌트를 따라서, 그들은 각자가 사랑의 신인 에로스를 찬양하는 즉석 연설을 하기로 결정한다. 연설들은 이 연설을 하는 사람들 편에서는 수사술을 실천해 보여 주는 것이면서, 또한 이것들 각각은 이전의 연설가들에 대한 반응뿐만 아니라 연설가들의 특성, 직업 그리고 가치관을 반영한다. 연설들의 내용과 리듬 그리고 연설가들의 특성의 변화는 『향연』을 3막으로 나눌 수 있게 해 준다.

나는 1막을 3.1절에서 검토할 것이다. 첫 연설자는 연인 관계를 맺고 있는 파이드로스인데, 그는 특히 동성애적 관계에서의 사랑이 연인을 도덕적으로 향상시키는 방식 때문에 사랑을 찬양한다. 다음 연설자는 법적인 권위자인 파우사니아스인데, 그는 정의(定義)들을 명료하게 하고 용어들을 명확히 하는 데 관심이 있다. 그는 천상의 아프로디테와 세속적인 아프로디테를 구별하면서, 고상한 사랑과 천박한 사랑의 차이를 명확히 인식하고, 사랑하는 자의 도덕적 향상을 이유로 고귀한 사랑을 찬양한다. 그다음에 의사인 에릭시마코스는 조화 및 화합과 관계된 자연적인 용어로 사랑을 파악한다. 사랑은 도덕적 향상뿐만 아니라 일반적으로 건강과 안녕의 확립과 보존에 관한 것이다. 희극 작가인 아리스토파네스가 다음으로 주제를 이어받는다. 그는 자신의 특성과 직업에 충실하게 옛날에 인간들이 구형이었던 때의 희극적인 신화 이야기를 한다. 제우스는 인간들을 통제하기 위해서 이들을 반으로 잘랐다. 사랑은 사람들이 그들의 잃어버린 반쪽을 찾는 일에 관한 것이며, 그들의 상처를 치유해서 다시 온전하게 되려는 욕망 때문에 하게 되는 것이다. 이제 주최자인 아가톤은 비극 작가이며 소피스테스술(Sophistry)의 열렬한 추종자로서의 그의 배경을 반영하는 이야기를 한다. 그에게, 에로스 신은 젊고 아름다우며, 아름다움과 어울리기 때문에, 모든 아름다운 덕의 원천이다. 주제적으로 1'막'은 도덕적 심리학의 문제들과 우리 사랑의 열정이 덕들에 기여하는 방식을 소개한다. 그것은 또한 덕의 토대에 관한 문제를 제기한다. 파이드로스와 파우사니아스가 제시하고 있는 것으로 여겨지듯이, 그것은 전통적 혹은 사회적 현상인가? 에릭시마코스와 아리스토파네스가 주장하듯이, 그것은 자연 일반 혹은 인간의 본성에 관한 것을 가리키는가? 혹은 아가톤이 제시하듯이, 우리는 자연을 초월하는 도덕적 좋음의 개념으로 나아가야 하는가? 일반적으로 말해서, 『향연』의 이 부분은 또한 집합적 지혜인 통념(*endoxa*)과 플라톤적인 지식 및 지혜 사이의 관계에 대한 문제를 제기하고 있다. 이들 사이에는 근본적인 간격이 있는가 아니면 소크라테스의 입장은 통념으로부터 나오는 것이며, 어떤 방식으로든 그것을 다시 근거 짓는 것인가?

2막인 3.2절은 드라마적인 그리고 주제적인 전환점이 된다. 소크라테스는 참석자들에게 그가 다른 방식으로 사랑을 찬양하고 싶어 한다는 것을 납득시킨다. 그는 먼저 아가톤에게 그의 연설에 관해 질문하고, 그가 사랑에 관해 말했던 것이 의미가 없는 것이라고 어쩔 수 없이 결론을 내리도록 만든다. 즉 사랑은 아름다움과 덕의 소유에 관한 것이 아니라 사실상 그것들의 결핍을 채우려는 충동이다. 소크라테스는 이제 방침을 바꾸어서 만티네아 여인 디오티마한테서 그가 언젠가 가르침을 받았던 사랑에 대한 설명을 제공하는데, 많은 것들에서 지혜로웠던 이 여인은 또한 그에게 사랑의 기술을 가르쳐 주었다. 이야기 서술의 관점에서 볼 때, 플라톤은 이제 아리스토데모스와 아폴로도로스의 회상에 소크라테스의 회상의 층을 덧붙인다. 먼저 디오티마는 소크라테스가 아가톤에게 질문한 방식과 유사한 방식으로 소크라테스에게 질문하고 유사한 결과에 도달한다. 디오티마는 사랑은 다이몬(*daimōn*), 즉 신도 아니고 사멸하는 것도 아니고, 영적인 중간자와 같다는 것을 설명한다. 다음에 소크라테스의 요청에 따라, 그녀는 사랑에 대한 그녀 자신의 설명을 제공하는데, 먼저 에로스를 페니아(*Penia*: 궁핍)와 포로스(*Poros*: 풍요)의 자식으로 보는 신화적 설명을 한다. 이런 이유 때문에, 에로스는 언제나 아름다움과 덕을 추구한다. 에로스는 불사성에 대한 우리의 욕망에 관한 것인데, 육체적 차원에서의 낳음을 통해서든 혹은 정신적 차원에서 불후의 행위들을 하거나 위대한 작품들의 창작을 통해서든 그러하다. "에로스가 원하는 것은 아름다움이 아니며," "아름다운 것 안에서의 낳음과 출산"이라고 그녀는 수수께끼처럼 말한다(206e). 그녀는 아름다운 몸들에 대한 사랑으로부터 아름다운 활동들로, 아름다운 제도들로, 아름다운 앎으로, 그리고 마침내 아름다움 자체의 통찰로 나아가는 사랑의 운동을 기술하기 시작한다. 그녀는 '디오티마의 사랑의 사다리'로 알려진 것에서 이러한 상승을 요약한다. 아가톤에 대한 소크라테스의 비판과 디오티마의 이야기는 처음 연설자들의 윤리적 관심을 존재론적 관심으로 옮겨 놓는다. '다이몬적인 것'은 소크라테스 혹은 사랑의 입문자가 그의 직접적인 통제 밖에 있는 힘에 의해 사로잡히거나 지배된다는 형이상학적 실재론을 가정한다. 한편, 에로스는 우리를 형상 혹은 이데아들로, 특히 아름다움의 형상으로 이끄는 충동적인 힘이 되고, 철학자와 사랑의 입문자의 유사점을 보여준다.

3막인 3.3절은 또 다른 드라마적인 전환점이 된다. 잔치는 이제 갑자기 술 취한 알키비아데스의 등장으로 방해를 받는다. 그는 아가톤을 찬양하기 위해 왔지만, 거기서 그는 자신이 사랑과 분노 그리고 질투심의 복합적인 감정을 느끼고 있는 소크라테스를 발견하고서 깜짝 놀란다. 그는 사랑에 대한 연설을 하도록 권유를 받지만, 사랑보다는 소크라테스를 찬양한다. 그는 실레노스의 유명한 비유로 시작하면서 소크라테스를 사티로스 왕의 신상(神像)에 비교하는데, 이것은 외적으로는 추하지만 열어서 안을 보면 아름다운 상이다. 그다음에 그는 어떻게 그가 소크라테스를 유혹하려 했지만 실패했는지를 고백하고서, 소크라테스의 덕을 보여 주는 다양한 행위들을 묘사한다. "그러나 전체적으로 볼 때, 그는 독특하다. 그는 옛날 사람이든 요즘 사람이든 누구하고도 비슷하지 않다"(221c). 주제적으로 볼 때, 알키비아데스의 이야기는 디오티마에 의해 묘사된 사랑의 본성과 사랑의 상승을 구체적으로 보여주고, 이를 인간의 영역으로 옮겨 놓는다.

이후 술 취해서 훙청대는 사람들이 갑자기 들어오게 되어 아가톤의 잔치는 북새통이 되었고, 파장에 이르게 된다. 아리스토데모스의 마지막 회상은 새벽 무렵의 소크라테스에 대한 것인데, 그는 극작가가 희극과 비극 모두를 쓸 수 있어야만 하는지 아닌지에 관해 아가톤과 아리스토파네스와 진지한 대화를 나누고 있었다. 소크라테스는 그의 대화자들이 졸려서 잠들어 버린 것을 보고서, 일어나서 밖으로 나갔고 여느 때처럼 하루를 보낸다. 이 마지막 '막' 은 앞선 부분들의 구체적 예증을 제공하고 있으며 쓰인 텍스트의 해석과 본성에 관한 주제적 문제를 제기한다.

2.1. 텍스트와 번역서들에 대한 메모

유서 깊은 빅토리아 시대의 조위트(B. Jowett)의 번역서에서부터 길(C. Gill)의 최근의 번역서(Plato, 1999)에 이르기까지 쉽게 이용할 수 있는 『향연』의 많은 번역서가 있다. 편의상, 나는 네하마스(A. Nehamas)와 우드러프(P. Woodruff)의 번역서(Plato, 1989)에 일차적으로 의존했지만, 철학도 가운데 부지런한 학생은 이것을 도버(K. Dover)의 그리스어 텍스트 주석(Plato, 1980) 및 로우(C. J. Rowe)의 그리스어 텍스트 번역과 주석(Plato, 1998)과 대조해 볼 수 있다. 때때로 나는 문제를 명료하게 해 줄 수 있다고 판단되는 곳에서는 번역을 약간 변경하고 조정했다. 학자적인 관습에 따라서, 나는 플라톤 텍스트의 인용 구절들을 괄호상의 숫자와 문자를 이용해서, 현대의 모든 번역서와 편집에서 열쇠가 되는, 표준적인 스테파누스 쪽수로 표기했다.

3장 본문 읽기

3.1. 사랑을 찬미하면서

이 세상은 탐구의 학교일 뿐이다. 문제는 누가 과녁을 맞힐 것인지가 아니라 누가 최선을 다해 그것으로 나아갈 것이냐 하는 것이다. 진실을 말하는 사람도 진실이 아닌 것을 말하는 사람과 마찬가지로 어리석게 행동할 수 있다. 여기서 우리는 말하는 내용이 아니라 말하는 방식을 문제 삼고 있다. 알키비아데스가 우리에게 말했던 것과 같이, 나의 심정은 실체 못지않게 형식을, 소송 내용 못지않게 변호사의 태도를 똑같이 고찰하고 싶다.

Montaigne(1991, 1051쪽)

3.1.1. 프롤로그

플라톤의 『향연』의 본문에 대한 세밀한 검토에 착수하기 전에, 먼저 그것을 소크라테스의 사랑에 대한 두 가지의 다른 논의, 즉 크세노폰의 『향연』과 플라톤의 『파이드로스』와 관련해서 살펴보는 것이 유용하다. 다른 방식으로 각각은 플라톤의 『향연』의 짝 혹은 보완으로 독해될 수 있다.

3.1.1.1. 크세노폰의 『향연』

아테네 사람인 크세노폰(Xenophon: 기원전 약 431–355)은 소크라테스와 동시대 사람이고 친구였을 뿐만 아니라 부유한 군인이었다. 그는 소크라테스한테서 배운 정치술이 고르기아스의 수사술보다 군인들을 훈련시키는 데 더 도움이 되었다고 주장한다.[1] 고전 그리스어를 배우는 2년차 학생들에게 죽을 고생을 하게 하는, 메소포타미아에서의 전투에 대한 크세노폰의 설명인 『원정기』(*Anabasis*) 이외에, 그는 『소크라테스의 회상』(*Memorabilia*), 『경영론』(*Oeconomicus*), 『향연』(*Symposium*), 『변론』(*Apology*) 등 소크라테스에 관한 일련의 중요한 저술들을 남겼다. 플라톤의 『향연』과 크세노폰의 『향연』 사이에는 놀랍도록 많은 유사점이 있을 뿐만 아니라 차이점도 있다. 플라톤이 크세노폰에 반응해서 썼는지 혹은 크세노폰이 플라톤에 반응해서 썼는지는, 비록 현재 대다수의 의견은 후자의 견해를 선호하고 있다 할지라도, 논쟁적인 문제이다.[2] 그러나 크세노폰이 플라톤한테서 영감을 받아 소크라테스의 향연에 대한 그 자신의 설명을 제공하고 있다 할지라도, 그는 '위대하고 훌륭한 사람들'을 '좀 더 가벼운 분위기'에서 보여 주기 위해서 플라톤의 이상화된 소크라테스를 대체로 피하고 있다(Xenophon, 1923, 1.1). 정말로, '농담과 진지함'이 기분 좋게 섞여 있는, 크세노폰의 대화가 보여 주는 우발적이고 산만한 리듬은(4.28), 플라톤의 정성들인 예술성과 강하게 대비된다.

(플라톤과 반대로) 크세노폰은 자신의 경험에 호소하고 있다는 것을 강조하면서, 대(大) 판아테나이아 제전 중 피레우스에서 칼리아스(Kallias)가 주최한 향연에 참석한 소크라테스에 대한 회상을 제공한다. 『국가』를 연상케 하는 서두에서, 칼리아스는 소크라테스와 다른 여러 사람을 만나 초대하는데, 이들에 대해 "당신들처럼 영혼을 정화한 사람

1 L. Strauss, 1978, 23쪽.

2 C. H. Kahn, 1996, 393쪽.

들이 함께한다면 저의 접대가 더욱 빛나게 될"(1.5) 것이라고 말한다. 축연은 소녀들이 링들을 갖고 곡예를 하는 춤과 익살꾼 필립포스(Philippos)의 즉흥적인 이야기들을 포함한다. 심포시온의 관습에 충실하게, 대화는 테이블 왼쪽에서부터 오른쪽으로 돌아가며 한다. 한 순배가 돌았을 때, 당신은 무엇에 자부심을 갖는지 하는 문제에 논의의 초점이 맞추어진다. 크리토불로스(Kritoboulos)는 아름다움에 자부심을 갖는다고 대답하고(3.7), 나중에 이를 다음과 같이 설명한다. "우리 미남들은 사랑에 빠진 사람들에게 어떤 영감을 불어넣기 때문에, 그들을 돈 문제에 있어 더 관대하게 만들고 위험에 처했을 때 더 잘 참고 더 명예를 사랑하게 하고, 정말로 이들을 더 겸손하고 스스로를 절제하도록 만들어 준다…"(4.15). 어조는 다를지라도, 그의 논증은 플라톤의 『향연』에서 파이드로스와 파우사니아스의 것과 닮아 있다. 자주 익살스럽게, 소크라테스는 그가 '뚜쟁이술' (*mastropeia*)에서 자부심을 갖는다고 말하는데(3.10), 나중에 좋은 뚜쟁이는 그의 고객들을 모든 사람에게 매력적으로 보이게 만들 것이기 때문에, 그는 크게 보상을 받을 것이라고 설명한다(4.57–61). 버거(R. Burger)는 소크라테스의 산파술과 뚜쟁이술은 철학자처럼 다른 사람들을 위해 어떤 것을 돕는 은밀한 활동으로서 서로 연관성이 있다고 지적한다.[3] 또한 래너싱(Ranasinghe, 2000, 151–152쪽)을 참조하라.

크리토불로스가 자신의 아름다움을 화제로 삼은 데 대해, 소크라테스는 불신감을 갖고 비웃으며 "당신은 나보다 자신이 더 잘생겼다고 실제로 생각하는 듯이 뽐낸다"(4.19)고 반응한다. 크리토불로스는, 만약 그렇지 않다면, 그가 사티로스(Satyros)들 중에서 가장 추한 자일

3 R. Burger, 2008, 255쪽 주 60.

것이라고 주장하는데, 크세노폰은 이 이미지를 갖고 소크라테스가 육체적으로는 사티로스를 닮았다(4.20)는 것을 독자들에게 상기시킨다. 소크라테스는 그가 더 잘생겼다는 것을 입증하기 위해 크리토불로스에게 경쟁하자고 제안한다. 그 의미가 '아름다움'에서부터 '탁월함'까지, 특히 기능의 의미에서의 탁월함까지 걸쳐 있는 그리스어 '칼로스'(*kalos*)를 갖고 말장난을 하면서, 소크라테스는 그의 퉁방울눈이 더 넓은 시야를 갖고 있기 때문에 크리토불로스의 것보다 더 아름답다고, 또한 바깥쪽으로 젖혀져 있는 그의 콧구멍이 더 냄새를 잘 맡도록 해 준다고, 그리고 그의 납작코가 시야를 가리지 않아서 곁눈질로 사람을 더 쉽게 볼 수 있도록 해 주며, 그의 커다란 입은 훨씬 많이 먹을 수 있게 해 준다고 주장한다(5.3–10). 사티로스의 모티브를 취해서, 소크라테스는 다음과 같이 결론짓는다. "강의 요정들이 실레노스(Silēnos)들을 자식으로서 낳았는데, 이들이 당신보다 나를 훨씬 더 많이 닮았다는 사실이 내가 더 아름답다는 것을 증명해 주는 것으로 당신은 간주하지 않는가?"(5.7). 실레노스는 사티로스들의 우두머리(그리고 아버지)인데, 반은 사람이고 반은 염소의 모습을 하고 있고, 디오니소스 신의 동료이다. 플라톤의 『향연』에서, 알키비아데스는 사티로스와 실레노스의 모티브를 이용할 것이다.

크세노폰의 『향연』의 8장은 플라톤의 『향연』의 이해와 관련해서 가장 흥미롭다. 소크라테스는 에로스를 "영원한 신들과 동년배이지만, 모습에 있어서는 가장 젊으며, 크기에 있어서는 우주를 통괄하지만, 인간의 마음(*psychē*)속에 자리 잡고 있는 위대한 다이몬(*daimōn*)"(8.1)으로서 묘사한다. 이러한 기술은 플라톤의 『향연』에서 제시된 에로스에 대한 다양한 설명들을 합쳐 놓은 것처럼 읽힌다. 에로스는 다이몬인데, 신들 가운데 하나인 것 같지만 신은 아니다. 그것은 자연뿐만 아니라 인간의 영혼 혹은 프시케(psychē)에도 영향을 미친다. 에로스의 편재성을 구체적으로 보여 주기 위해, 소크라테스는 그가 사랑하지 않고 있던 때를 발견할 수 없다는 것을 말한다. 그다음에 그는 카르미데스(Charmidēs)에게 연인들이 많다는 것(그리고 때때로는 어떤 욕망을 느끼기조차 한다는 것), 크리토불로스가 아직은 사랑받는 사람이지만 다른 사람들에게 욕망을 느끼기 시작하고 있다는 것, 니케라토스(Nikēratos)는 실제로 그의 부인을 사랑한다고 이야기된다는 것(그리고 아내의 사랑까지 받고 있다니!), 그리고 헤르모게네스(Hermogenēs)는 품성의 고귀함을 사랑하고 있다는 것을 주목한다(8.2, 3). 최종적으로, 소크라테스가 안티스테네스(Antisthenēs)에게 그는 어떤 사람도 사랑하지 않느냐고 물었을 때, 그는 "나는 당신을 미치도록 사랑하고 있다"는 대답을 듣는다(8.4). 이렇게 우발적으로 제시된 것처럼 보이는 일련의 이야기는 다시 플라톤의 『향연』에서의 진행 과정과 유사하다. 그래서 우리는 카르미데스와 크리토불로스에게서 파우사니아스와 파이드로스에 의해 이야기된 것과 유사한 사랑하는 자와 사랑받는 자의 사랑을 본다. 니케라토스가 그의 부인을 사랑하고 서로 사랑하는 관계에서, 우리는 에릭시마코스와 아리스토파네스에 의해 묘사된 사랑과 대응하는 것을 볼 수 있는데, 이들은 사랑을 동성애적 관계뿐만 아니라 이성애적 관계로도 보고 있으며, 사랑이 그 상호적 관계 속에서 조화와 하나됨을 형성하는 것으로 파악한다. 헤르모게네스의 고귀함과 품성에 대한 사랑은 그 방식에 있어서 아가톤과 소크라테스/디오티마에 의해 기술된 사랑을 되풀이하고 있다. 그리고 최종적으로 안티스테네스의 소크라테스에 대한 사랑은 알키비아데스의 사랑과 대응한다.

소크라테스는 안티스테네스의 대답을 자신의 육체적인 추한 모습과 함께 연결시켜서, 덕에 대한 그의 식별력을 다음과 같이 칭찬한다. "나는 당신이 호사스럽게 치장하거나 가냘프게 여성스러운 사람이 아니라 세상 사람들에게 육체적 힘과 인내력 그리고 남자다운 용기와 절제를 보여 주는 사람을 사랑하고 있다는 것을 알고 있다"(8.8). 그다음에 그는 아프로디테 여신이 한 명인지 두 명인지, 즉 하나는 '천상의' 것이고 다른 하나는 '세속적인' 것인지는 모른다고 말하지만, 사랑의 다른 종류들은 다른 원천으로부터 나온다고 추측한다. 육체적인 사랑은 '세속적인' 아프로디테로부터 나올 것이고, 정신적인 사랑과 우정 그리고 훌륭한 행위들에 대한 사랑은 '천상의' 여신으로부터 나올 것이다(8.9–11). 더 나아가 그는 영혼은 더 오랫동안 지혜를 향해 나아갈수록 더 사랑스러워진다고 논증하는데, 육체적 아름다움에 대한 애호는 결국 싫증으로 끝나겠지만, "영혼에 대한 애정은 순수하기 때문에 질리지 않는다"(8.15)는 것을 주목한다. 파우사니아스는 플라톤의 『향연』에서 같은 구분을 도입한다.

소크라테스는 포도주의 영향을 받아서 솔직히 말한다고 주장하면서, 사랑의 두 종류를 농지를 임차한 사람과 자기 것으로 소유하고 있는 사람에 비교한다. 전자는, 단지 연인의 육체적인 모습에만 관심이 있는 사람처럼, 땅의 가치를 높이는 데는 관심이 없고 직접적인 단기간의 이익에만 신경 쓴다. 대조적으로 후자는, 우정을 추구하는 사람처럼, 그의 농지를 경작하고 강화하는 데 관심을 갖는데, 이는 또한 자신에 대한 개선을 포함하는 과정이다. "왜냐하면 우리는 그 자신이 나쁜 행동을 하면서 동료를 좋은 사람으로 만들 수는 없기 때문이다"(8.27). 그렇다면, 참된 사랑은 품격을 높여 주고 상호적으로 개선시키는 것이다. 그의 입장은 『니코마코스 윤리학』에서 참된 우정(*philia*)에 대한 아리스토텔레스의 견해와 매우 유사하다. "그들은 그들의 활동과 상호 교정을 통해서 더 나은 사람이 되는 것으로 보인다. 각자는 그들이 좋다고 인정하는 것들을 본받기 때문이며, 이로 해서 '고귀한 것은 고귀한 사람으로부터만 나온다' 는 말이 생긴 것이다"(1172a10).

『향연』은 배우들이 디오니소스와 아리아드네의 결혼에 관한 사랑의 판토마임을 공연할 때 끝에 이르게 된다. 키스가 너무 정말 같아서 향연에 참석한 많은 사람은 자극을 받았고, 이들은 양해를 구하고 향연장을 떠나 서둘러 집에 있는 부인이나 연인들을 만나러 간 반면에, 소크라테스와 다른 사람들은 저녁 산책을 나갔다.

3.1.1.2. 플라톤의『파이드로스』

플라톤 대화편들 가운데 가장 뛰어난 작품 중 하나인『파이드로스』는 많은 점에서『향연』의 짝이 되는 것이며, 소크라테스와 젊은 파이드로스 사이의 열정적인 사랑에 초점이 맞추어져 있다. 플라톤의『파이드로스』는, 비록 일부 학자가 이 작품이 영혼의 삼분설을 도입하고 있기 때문에 그것을 좀 더 후기의 작품으로 간주할 수 있다고 논증하고『국가』와 더 가까운 시기의 것으로 분류하고 있지만,[4]『향연』과 같은 시기에 구성되었던 것으로 보인다.

파이드로스와 소크라테스는 함께 도시의 성벽 밖으로 산책 나갔다가 강의 신 아켈로오스(Achelōos)에게 바쳐진 숲 속의 성소(聖所)에 이르게 된다. 파이드로스는 소피스테스 리시아스(Lysias)에 의해 작성된 사랑에 대한 찬가를 칭찬한다. 소크라테스의 요청에 따라, 파이드로스는 이 연설을 암송한다(Plato, 1995, 230e–234c). 간단히 말해서, 리시아스는 성적인 사랑(*erōs*)이 동기가 된 행위들과 우정(*philia*)이 동기가 된 행위들을 구분하고, 소년은 그와 사랑에 빠지지 않은 나이 든 구애

---

4 C. H. Kahn, 1996, 260쪽.

자에게 호의를 베풀어야 한다고 논증한다. 성적인 열정에서 비롯된 행위를 하는 구애자는 그의 욕망을 만족시키는 것이면 무엇이든 말하고 행할 것이며, 결국은 열정이 식어 버렸을 때 연인을 버릴 것이다. 대조적으로, 감정에 지배되지 않는 친구들의 행위는 자발적인 것이며, 그래서 연인의 장기적인 이익과 안녕만을 위한 것이다.

파이드로스에게 맞장구를 치면서, 소크라테스는 연설에 대한 황홀함을 표현한다. 비록 그것은 연설 자체의 내용보다는 소년이 연설문을 읽으면서 보여 준 열광을 즐김으로써 생겨난 것이지만 말이다. 아이러니하게도, 그의 칭찬의 말은 친구보다는 사랑하는 연인의 마음에서 우러나온 것으로 보인다. 그러나 파이드로스가 리시아스는 그의 주제에 관하여 아무것도 빼놓지 않았다고 주장하는 데까지 이르자, 그는 태도를 바꾼다. 소크라테스는 동의하지 않는다. "만일 내가 자네 기분 좋으라고 동의한다면, 나는 이 주제에 관해 말하거나 글을 썼던 옛날의 지혜로운 남자들과 여자들한테서 논박을 받을 것이다"(235b). 더 말해 달라는 압박을 받았을 때, 그는 서정 시인 사포(Sappho)와 아나크레온(Anakreon)을 언급한다. 우리는 또한 여기에 디오티마를 포함시킬 여지가 있을 것이다. 파이드로스는 망설이는 소크라테스로 하여금 그 자신의 연설을 하도록 부추긴다. 마침내, 소크라테스는 두 가지 연설을 할 것이고, 그다음에 수사술과 글쓰기에 관한 긴 논의가 뒤따르게 될 것이다.

소크라테스는 그들이 사랑(*erōs*)과 그것의 효과에 대한 명확한 정의를 확립해야 한다고 요구하면서 첫 번째 연설(237a–242a)을 시작한다. 그다음에 그는 우리가 두 가지 원리에 의해 지배된다는 것을 알아야만 한다고 주장하는데, 쾌락에 대한 타고난 욕망과 최선의 것을 추구하기 위한 획득된 판단이 그 두 가지 원리이다. "이제 판단이 이성에 따라서 최선의 것으로 우리를 이끌고 통제할 때, 이런 힘에는 절제(건전한 마음의 상태: *sōphrosynē*)란 이름이 붙여진다. 반면에 욕망이 이성 없이 쾌락으로 이끌고 가서 우리 안에서 득세하면, 이런 지배는 '히브리스(오만무례함: *hybris*)라고 불린다"(237e–238a). 그러면 에로스는 위험스러운 광기, 즉 올바른 것을 하려는 추진력을 압도하는 강력한 충동이다(238c). 매우 수사적이고 운율에 맞는 구절들로 바꾸면서, 소크라테스는 그가 신적인 어떤 것에 사로잡혔다고 농담하면서 다음과 같이 외친다. "나는 막 디티람보스조로 말하려던 참이다"(238d). 여기서 소크라테스는 빈정거리고 있는 것으로 보이며, 소피스테스 고르기아스를 특징짓는 지나치게 흥분하는 수사적인 비약을 조롱하고 있는 것으로 여겨지는데, 이것은 『향연』에서 아가톤이 하는 연설의 정점에서 나오는 표현과 유사하다("나는 갑자기 무엇인가를 운율을 넣어 말하고 싶다는 생각이 들었네"[197c]).

사랑에 대한 정의를 확립하고 나서, 소크라테스는 리시아스의 것과 유사한 논증의 개요를 말한다. 육체와 영혼을 파괴할 수 있는 광기에 의해 동기가 유발된 사랑하는 자는 연인을 이롭게 하지 못할 것이고, 인간 육체의 아름다움에 대한 그의 욕망을 충족시키기 위해 연인을 해롭게 할 가능성이 높다. "자네는 사랑하는 자의 우정은 결코 선의(善意)에서 나오는 것이 아니라, 음식처럼 그 목적은 굶주림을 채우기 위한 것임을 알아야만 하네"(241c). 그러나 리시아스와 달리, 소크라테스는 그렇기 때문에 소년은 열정이 없는 친구에게 호의를 베풀어야만 한다고 제안하지도 않는다.

소크라테스가 첫 번째 연설을 마쳤을 때, 파이드로스는 해가 바로 머리 위에 떠 있는 한낮임을 환기하고, 두 사람은 자리를 떠나기 시작한다. 소크라테스는 갑자기 멈춰 서서 그가 "습관적으로 생기곤 하는 신령스러운 징조"(242c), 즉 유명한 다이몬의 소리(아래 3.2를 참조하라)를 방금 느꼈다고 외친다. "나는 바로 이곳에서 내가 신적인 것에 대해 어떤 잘못을 범했기 때문에 이를 속죄하기 전에는 떠나는 것을 허락하지 않는다는 소리를 들은 것만 같네. 자네도 알다시피, 나는 예언가(*mantis*)일세. 비록 대단한 예언가는 아닐지라도 … 나 자신에 한해 충분한 정도는 되네"(242c). 우리는 이러한 홀린 상태를, 앞서의 조롱 섞인 황홀함과 달리, 참된 것으로 간주할 수 있다. 그는 그의 말이 신들, 특히 아프로디테의 아들인 에로스에게 잘못을 범했다고 주장하면서 자신의 연설을 무서운 것으로서 철회한다. 이를 속죄하기 위해, 그는 두 번째 연설을 할 것인데, 이것은 히메라(Himera) 출신의 에우페모스(Euphēmos)의 아들, 스테시코로스(Stēsichoros)에게서 유래하는 것이라고 말한다. 스테시코로스는 고대 그리스 시인들 중에서 중요한 이름이고, 소크라테스는 "그 이야기는 참말이 아니다"(244a)라는 스테시코로스의 번복시를 인용하면서 그의 연설을 시작하지만, 플라톤은 또한 그의 이름을 가지고 농언(弄言)을 하는 것일 수 있다. 스테시코로스는 '갈망의 땅(*Him-era*) 출신의 좋은 말을 하는 자(*Eu-phemus*)' 의 아들이다.[5]

소크라테스의 두 번째 연설(244a-257b)은 인간 삶에서 에로스의 본질적 본성에 대한 진실된 찬가이다. 그것은 인간 삶을 가능하게 하는 추진력이다. 더 나아가, 에로스는 광기이지만, 그것은 이성적인 삶을 가능하게 하는 광기이다. 이 논증은 여기서 자세히 논하기에는 너무 복잡하지만, 몇 가지 점을 짚어 보는 것은 중요하다.

첫째로, 앞서의 연설들이 모든 광기(*mania*)를 해롭고 위험한 것으

5 Plato, 1995, 27쪽 주 56.

로서 배척했지만, 소크라테스는 네 가지 종류의 긍정적 광기가 있다는 것을 제시함으로써 이를 수정한다. 첫 번째로 가장 중요한 것은 아폴론 신으로부터 나오며 델피의 무녀(*pythia*), 시빌라(Sibylla), 도도네(Dōdōnē)의 여사제와 같은 사람들의 영역에 속하는 예언적 광기이다. 다음에는 '비교(秘敎) 의식'과 죄과(罪科)의 속죄와 연관된 광기가 있는데, 이것은 디오니소스 신으로부터 나오는 것이다. 이것의 예들은 아이스킬로스의 『오레스테이아』(*Oresteia*)에서 오레스테스의 광기나 에우리피데스의 『박코스의 여신도들』(*Bakchai*)에서 묘사된 박코스 신도의 광기에서 찾아볼 수 있다. 세 번째 종류의 것은 시인들과 연관된 디오니소스적인 광기, 즉 무사 여신들의 선물이다. 소크라테스는 훌륭한 시란 단지 기술이나 숙련에 의한 것이 아니라 영감에 의한 것이라고 제시한다. 네 번째 것은 아프로디테 여신에게서 나오는 사랑의 광기이다. 바로 이것이 『파이드로스』의 전후맥락에서 소크라테스가 가장 관심을 기울여 자세히 설명하려고 하는 것이다. 이를 위해, 그는 먼저 영혼의 구조와 본성을 기술해야만 한다.

기본적으로 영혼은 불사적이다. "그 이유는 언제나 운동하는 것은 불사적이지만, 다른 것을 운동하게 하면서 다른 것에 의해 운동하게 되는 것은 그것이 운동을 멈출 때 삶도 멈추기 때문이며", 그래서 영혼은 자기 스스로 운동하는 것이다(245c).[6] 소크라테스는 영혼이 실제로 어떤 것인지를 말하는 것은 신을 필요로 할 것이라고 한 발 빼면서도, "그것이 무엇과 비슷한지(*eoiken*)"(246a)는 말할 수 있다. 그다음에 그

---

6 아리스토텔레스는 이 논증을 피타고라스학파의 철학자이며 의사인 크로톤 출신의 알크마이온(Alkmaiōn)에게 귀속시킨다(*De Anima*, 405a29). 라틴어 *anima*는 영혼, 숨, 생명력, 생기 등의 다양한 의미를 포괄한다. 영혼에 대한 토마스 아퀴나스의 설명이 상관없는 것은 아니다. *Summa Theologiae*(1266–73), 1부, 질문 75, 1–6항을 참조하라.

는 유명한 전차의 비유를 펼치는데, 이것은 영혼을 '날개 달린 한 쌍의 말과 마부의 자연적인 결합' (246a)과 같은 것으로 보는 정교하게 확장된 비유이다. 인간에 있어서 한 마리의 말은 순수한 혈통을 갖고 있고 고삐의 지시에 따라 움직이지만, 다른 말은 난폭하고 고삐의 지시에 복종하지 않고, 지속적으로 이와 충돌한다. 우리는 여기서 플라톤이 영혼을 이성, 격정, 욕구 세 부분으로 구성된 것으로 보는 『국가』(439a–e)에서 전개하고 있는 영혼의 삼분설을 앞서 보여 주고 있음을 알 수 있다. 원래 영혼은 날개가 있었고 천계(天界)를 여행했는데, 거기서 그것은 아름다움, 지혜, 실재의 좋음을 있는 그대로 보았고 이것들에 의해 양육되었다. 영혼이 나쁜 말의 무거움에 굴복했을 때, 그것은 하늘에서 지상으로 하강하고 날개는 위축된다. 어떤 영혼들은 신적인 것을 상기하지만 다른 것들은 그렇게 하지 못한다. "마부들의 무능력으로 말미암아 많은 영혼들은 불구가 되고, 또 많은 영혼들은 날개를 많이 잃어버리게 된다. 그리고 많은 고난을 겪고도, 그것들은 실재의 관조에 입교하지 못한 채 떠나고, 떠나서는 의견을 양식으로 삼는다"(248b). 영혼들은 결국 육체 안으로 들어가게 되고, 그것들에 생명을 불어넣는다. 우리는 여기서 영혼들의 환생에 관해 자세히 이야기할 필요는 없다.

사랑의 광기의 문제로 되돌아가서, 소크라테스는 사랑하는 자들은 그들의 사랑받는 자를 자신들의 방식에 따라 선택한다고 말한다. 고귀한 사람은 사랑받는 자의 고귀함에 이끌리지만, 천박한 품성을 지닌 사람들은 사랑받는 자의 천박함에 이끌린다. (우리는 아리스토파네스의 잃어버린 반쪽을 찾는 남녀추니와 비교할 수 있다.) 결과적으로, 철학적인 성향을 지니고 있는 사랑하는 자들은 사랑받는 자의 아름다움과 고귀함 속에서 하늘의 양식에 대한 암시를 받는다. 사랑의 광기는 이전에 보았던 신적인 것에 대한 망각의 고통과 그것을 상기하는 기쁨이 결합된 복합적인 것이다. 이에 상응해서, 사랑받는 자는 아름다움을 자신 안에서 그리고 자신을 넘어서 사랑하도록 천천히 깨어나고, 사랑하는 자는 그를 좋음에 대한 사랑으로 양육하고 입문시킨다. 이 모든 것을 리시아스의 연설 및 사랑의 이로움과 연관시켜, 소크라테스는 참되게 사랑하는 자의 광기는 사랑받는 자에게 신적인 선물의 가능성을 주지만, 사랑하지 않는 자의 교제가 주는 보상은 단지 인간적인 이로움일 수밖에 없다고 결론 내린다(256e).

우리는 『파이드로스』를 『향연』의 축소판으로 읽을 수 있는데, 여기에 담겨 있는 사랑에 대한 일련의 연설은 처음에는 소피스테스에 의해, 그다음에는 소크라테스 자신에 의해, 그리고 최종적으로는 어떤 권위(스테시코로스/디오티마)를 상기하는 형식으로 소크라테스에 의해 이야기된다. 두 대화편에서 연설들의 이동은 변증술적인데, 이전의 것을 보존하기도 하고 개선하기도 하면서 넘어선다. 주제적으로 볼 때, 두 대화편은 사랑에 있어서 비이성적인 것의 중요성을 강조하는데, 이것은 겉보기에는 비이성적인 것에 비해 이성적인 것을 우위에 놓는 평소의 플라톤과 상반되는 것으로 보인다. 한편, 각각의 작품은 플라톤이 이상 국가에서 시인을 추방하는 방침을 제시하고 있을지라도, 참된 시인의 가치를 각자의 방식으로 인정한다. 두 작품은 철학자는 지혜를 사랑하는 자라는 것이 심오한 의미에서 참으로 어떤 뜻인지에 관심을 두고 있다.

3.1.2. 이야기 서술의 틀

우리는 이제 플라톤의 『향연』 자체로 향할 준비가 되어 있다. 그것은 정교한 이차원의 이야기 서술의 틀 속에 들어 있는데, 첫 번째 것은 아폴로도로스의 이야기로, 두 번째 것은 아리스토데모스의 이야기로 서술된다. 일종의 프롤로그 혹은 서곡으로서, 이 서술의 틀은 장면 설정과 주요한 주제들을 도입하는 역할을 하지만, 더 교묘한 방식으로는 그것들을 극적으로 표현하고 전복시킨다. 첫째로, 그것은 『향연』의 형식적 성질들에 주목하게 하고, 이것들이 또한 앎의 권위와 전달에 관한 철학적 의미를 어떻게 내포하는지를 암시한다. 이와 밀접하게 연관된 것으로서, 둘째로, 그것은 기억에 대한 플라톤의 반복되는 관심을 넌지시 알려준다. 셋째로, 그것은 사랑과 열정의 주제를 도입한다.

3.1.2.1. (172a–174a)

"나는 준비가 안 되어 있는 것은 아니라고 생각하네(*Dokō moi*)" (172a)는 『향연』의 첫 구절이다. 억제해서 말하는 수사적 제스처로, 아폴로도로스는 익명의 친구가 그에게 묻고 있는 것에 대답할 준비가 안 되어 있는 것은 아니라고 믿는다는 것을 간단히 말하고 있다. 플라톤이 '독사' (*doxa*: 의견 혹은 판단)를 형상들에 관한 참된 앎인 '에피스테메' (*epistēmē*)보다 하위의 것으로 분류한다는 점을 전제한다면, 단어의 선택은 또한 아이러니하다. 이와 동시에, 억제해서 말하고는 있지만 이것은 분명한 확실성을 주장하는 것으로 여겨진다. 아폴로도로스는 자신의 능력에 대한 확실한 믿음을 갖고 있지만, 그 믿음은 지식과 같은 것인가? 이러한 애매성은 뒤따르는 대화 곳곳에서 나타난다. 우리가 대화편의 독자 혹은 청중과 동일시할 수 있는 익명의 친구는 비극시인 아가톤이 주최하고 소크라테스와 알키비아데스가 참석한 만찬에 관해 아폴로도로스에게 분명히 방금 전에 물었다. 익살을 잘 부리는 아폴로도로스는 최근에 글라우콘에게 그것을 설명해 주었기 때문에, 이 문제에 대해서는 연습이 잘 되어 있다고 응대하면서 대화가 시작된다. 글라우콘은 한 남자에게서 만찬에 대해 분명치 않은 설명을 들었는데,

그 남자는 필리포스의 아들 포이닉스에게서 그것을 들었다고 했다. 그는 또한 아폴로도로스가 실제로 만찬에 참석했는지 물었다. 이에 대해 아폴로도로스는 만찬은 여러 해 전, 아가톤이 첫 비극 작품으로 우승했을 때 이를 축하하기 위한 일환으로 열렸다고 설명하고서, 아가톤이 아테네에 여러 해 동안 살지 않았다는 것을 글라우콘에게 상기시킨다. 아폴로도로스는 그때에는 자신이 아직 어린아이였고, 소크라테스의 지혜에 대한 자신의 열정이 생긴 것이 상대적으로 최근의 일이며, 그가 들은 이야기의 원천은 포이닉스에게 이야기해 준 같은 사람이고, 이 사람이 실제로 만찬에 참석했던 키다테나이온 출신의 아리스토데모스라는 점을 알려준다. 그는 또한 이야기의 자세한 내용 일부를 소크라테스에게 직접 확인했다고 말한다. 그는 또한 『향연』 끝부분에서 아리스토데모스가 잠들었으며 극작 기술에 대해 소크라테스와 아가톤 그리고 아리스토파네스가 대화한 내용 가운데 많은 부분을 놓쳤다는 점을 인정한다. 달리 말해서, 우리에게는 모든 것이 믿을 만한(authoritative) 것은 아닌 것으로 드러나는 믿을 만한 설명이 주어져 있다.

텍스트에 대한 훌륭한 비평가의 방식으로, 플라톤은 아폴로도로스가 익명의 친구와 직접적으로 한 대화와 이에 앞서 글라우콘과 대화한 것을 이용해 텍스트의 전달 경로와 그 신뢰성을 확립한다. 포이닉스에게서 전해들은 사람의 분명치 않은 보고는 직접적인 전달 경로를 확보하는 것과 사실을 직접적으로 아는 것의 상관성을 강조하는 것이다. 정확성에 주의를 기울이는 이 모든 것의 직접적인 효과는 플라톤 설명의 신빙성과 진실성을 확인해 주는 것으로 보인다. 그러나 이렇게 한 다음에, 플라톤의 아폴로도로스는 그 자신이나 그에게 이야기를 해 준 사람이 모든 것을 기억할 수는 없었으며, 그래서 가장 중요한 것으로 기억하는 것만을 이야기할 것이라고 말한다. 소크라테스까지 거슬러 가는 직접적인 전달 경로는, 처음에는 아리스토데모스의, 그다음에는 아폴로도로스의 기억과 해석적 판단들에, 사실상 기억의 기억 혹은 해석의 해석에 갑자기 의존하게 된다. 한편으로, 이것은 완전히 정상적인 수사적 그리고 문학적 관습이다. 예를 들어, 투키디데스의 역사 속에 기록된 대부분의 연설들은 사실 그대로 쓴 것이 아니라 이상화된 재구성을 보여 준다. 그렇지만 다른 한편으로, 그것은 플라톤의 저작 속에서 반복적으로 나타나는 긴장을 뚜렷이 부각시킨다.

플라톤은 『국가』 3권 끝에서 유사한 게임을 한다. 여기서 우리는 이상 국가에서 시인을 금지하거나 추방하는 것에 관한 유명한 논증을 접한다. 소크라테스에 있어서, 현상의 경험 세계는 그림자처럼 실재 세계에 근접하는 것이기 때문에, 실재를 묘사한다는 시인의 주장은 거짓이다. 유사하게 현상 세계에 대한 그 어떠한 실제적인 재현도 그 자체로는 그 대상에 우연히 근접하는 것이며, 또한 그래서 거짓된 것이다. 이처럼 모방적 혹은 재현적인 예술 작품들은 거짓된 재현의 거짓된 재현이다. 달리 말해서, 예술가는 이중적으로 부정직하며, 그러므로 덕을 심어 주려는 그 어떠한 이상적인 공동체에서도 배제되어야만 한다는 것으로서, 이것은 시인을 추방하고 호메로스의 권위를 무너뜨리려는 조치로 여겨질 수 있다. 이러한 제안에 깜짝 놀라서, 글라우콘은 분명히 회화, 시, 춤, 조각, 드라마, 설화를 포함하여 많은 음악까지 모든 모방적 예술을, 이것들이 거짓된 것들에 관해 거짓말을 하는 혐의가 있기 때문에, 이상국가로부터 배제하는 권능을 부여할 그렇게 급진적인 문화적이고 사회적인 프로그램을 어떻게 우리가 수행할 수 있을지 소크라테스에게 묻는다. 겉다르고 속다르게, 소크라테스는 그들은 거짓말, 즉 '고귀한 거짓말(*gennaion ti en pseudomenous*)' 로 사람들을 설득해야 한다고 선언한다(『국가』, 414b–c). 정말로, 허구에 대한 분명한 적대감에도 불구하고, 『국가』는 유명한 '기게스의 반지', '동굴의 비유', 마지막에 나오는 '에르 이야기'를 포함하여 일련의 허구를 통해서 논증을 전개한다. 이야기하는 과정에서, 플라톤의 소크라테스는 '우리 시대의' 사람들이 그와 같은 지어낸 이야기들에 의해 설득될 수 있을지 의문을 표시한다. 이러한 의심스러운 태도를 취함으로써, 플라톤은 그 자신의 청중들을 못 본 체하면서, 동시에 의심스러운 태도를 보이는 소크라테스란 인물이 그 자체로 고귀한 거짓말, 즉 플라톤에 의해 그의 철학을 전달하기 위한 수단으로서 창조된 텍스트의 도구란 사실을 청중들이 주목하지 못하게 한다. 유사한 능란한 솜씨로, 아리스토데모스와 아폴로도로스의 기억에 관해 제기된 의심은 정확성에 대한 플라톤의 분명한 관심에 신뢰를 부여하는 것처럼 보이지만, 동시에 우리로 하여금 『향연』 전체의 허구적 특성을 유의하지 못하게 하고 있다.

『향연』이 향연, 즉 한 비극 작가의 우승을 축하하는 술잔치를 무대로 하고 있다는 사실은 의미가 있다. 첫째로, 그것은 어조의 문제와 대화자들 각각에 의해 행해진 연설들을 우리가 어떻게 받아들여야 하는지의 문제를 제기한다. 사회적 실천과 문학적 관습으로서의 향연의 맥락에서, 향연에 다양하게 기여하는 것들은 일반적으로 심오하기보다는 즐기기 위한 것이었다. 유명 인사를 조롱하는 마음에서, 각각의 참석자는 자신을 풍자하고 과장하는 어조로 말하고, 자신을 희화화하고 다른 사람을 놀려댄다. 다양하게 기여하는 이야기들은 대중적인 혹은 전통적인 지혜(*endoxa*)를 표현할 수 있지만, 그것들이 반드시 진지한 논증으로 간주되도록 의도된 것은 아니다. 우리는 그것들에 논리적 엄밀성을 요구할 수 없는데, 그 까닭은 분명히 그것은 결코 그들의 의도가 아니기 때문이다. 만일 이를 요구한다면, 그것은 그들이 절대로 주장하지 않은 기준에 의해 그들을 판단하는 게 될 것이다. 아가톤의 자신의 연설에 대한 결론적인 평가, 즉 “그 일부는 놀이 삼아, 또 일부는 적절한 진지함을 갖도록 최선을 다했네”(197e)라는 언급은 그의 연설과 다른 사람들의 연설을 어떻게 간주해야 하는지에 관한 해석상의 문제를 강조한다. 그가 말한 것의 일부는 게임으로서 의도된 것이지만, 또한 그 일부는 그가 진지하게 믿고 있는 것이다.

둘째로, 극작가 아가톤의 모임의 전후맥락은 대화 형식이 그 자체로 일종의 연극이며, 우리가 알게 될 것처럼, 플라톤이 극장의 관습을 풍자하고 있다는 것을 우리에게 상기시킨다. 그러나 좀 더 근본적인 차원에서, 플라톤은 연기자와 관객의 관계를 되풀이해서 반복적으로 보여준다. 우리는 청자 혹은 독자로서, 자신의 대사를 암송할 준비가 잘 되어 있다고 스스로 강조하고 있는 아폴로도로스의 공연에 대한 관객이다. 한편, 아폴로도로스는 아리스토데모스의 공연에 대한 관객이었다. 그리고 이번에는 아리스토데모스가 아가톤의 향연에서 소크라테스와 다른 사람들이 공연한 다양한 연설들에 대한 관객(증인)이었다. 최종적으로, 소크라테스는, 디오티마의 지혜에 대한 회상에서, 그녀의 공연에 대한 자발적인 관객으로 자리 잡는다. 달리 말해서, 디오티마에 의해 명확히 표명되었거나 언급된 진리 혹은 지혜는 우리로부터 다섯 단계나 떨어져 있고, 다섯 번의 중개과정을 거치고 있다. 이후의 발전을 미리 보여 주는 축도(縮圖)로서, 이러한 수직적으로 이동하는 단계들은 디오티마가 그녀의 연설에서 묘사하고 있는 은유적인 ‘사랑의 사다리’의 가로장들을 딛고 수직적으로 올라가는 것을 반영하고 있다. 이 단계들은 또한 각각의 대화자가 자신의 연설을 할 때 연회의 테이블을 따라 수평적으로 나아가는 것을 반영한다.

극장과 공연의 상호 연관된 모티브들은 권위와 기억의 주제와 밀접히 연결된다. 공연자가 하나의 연설을 회상하고 암송할 때, 그는 자신이 말하는 것을 이해하고 있는가 혹은 단순히 기억하고 있는 이야기를 기계적으로 암송하고 있는가? 이러한 문제는 플라톤의 대화편들 전체에 걸쳐서 많은 형태로 되풀이해서 나타난다. 예를 들어, 『이온』에서 소크라테스는 유명한 음유시인이 자신의 낭송을 통해서 사람들의 감정을 움직이는 기술을 갖고 있지만, 자신의 이야기들의 의미에 대해서는 무지하다는 것을 인정하도록 만든다. 소크라테스는 『향연』(198d-e)에서 유사한 불만을 표명할 것이다. 이것은 또한 설득술에는 뛰어나지만 아마도 지혜는 부족한 소피스테스들과 소크라테스의 지속적인 논쟁과 관계된다. 아폴로도로스 혹은 아리스토데모스 또한 그들이 기억하고 암송하는 연설들을 실제로 이해하고 있는가? 그 문제에 대해, 우리도 그러한가?

또한 권위의 사용, 특히 어떤 주장을 하거나 논의를 끝장내기 위해서 한 시인이나 시의 어떤 구절을 인용함으로써 입장을 뒷받침하는 관행은 관련된 문제이다. 호메로스는 모든 문제에 있어 절대적 권위로서 간주될 수 있는가? 글의 맥락을 벗어나 발췌한 그리고 질문을 허용하지 않는 하나의 시구(詩句)가 거부할 수 없는 논증을 형성하는가? 『향연』의 연설들 전체에 걸쳐, 다양한 연설자들은 그들의 주장을 뒷받침하기 위해서 시인들을 끌어들이거나 신화를 언급한다. 그들은 전통적인 지혜가 자신들이 말하고자 하는 것에 방해가 될 때는, 그들의 권위들을 변경하고, '교정하고', 해석하고, 혹은 뒤바꾸는 것조차 망설이지 않는다. 예를 들어, 에로스는 신들 중에서 가장 젊은 자, 가장 나이가 많은 자, 가장 아름다운 자, 가장 추한 자, 혹은 아예 신이 아닌 자가 될 것이다. 변하기 쉬운 권위가 도대체 권위인가?

『향연』에 함축된 기억, 전달, 그리고 지식의 문제들을 더 충분히 평가하기 위해서는, 이러한 문제들을 분명히 취급하고 있는 플라톤의

『파이드로스』로 다시 돌아가는 것이 유용하다. 사랑에 대한 논의 과정에서, 소크라테스와 파이드로스는 특히 기억이 글쓰기의 역할과 관련될 때, 기억의 문제로 향한다. 여기서 소크라테스는 쓰인 텍스트는 인간의 기억을 파괴한다고 불만을 토로한다. 그는 글쓰기가 단지 어떤 것의 유사성만을 제공하는 그림 그리기와 같다고 주장한다. 기억력을 높이기는커녕, 그것은 단순히 상기시키는 것이다. 요점을 더 정확하게 지적하자면, 쓰인 텍스트는 반응을 보이지도 않고 그 자신을 설명하거나 옹호할 수도 없다. 한편, 나는 부재중인 저자에게 직접 질문하거나 도전할 수도 없다. 어떤 것을 질문하면, 쓰인 텍스트는 '엄숙한 침묵'을 유지한다. 나는 단지 텍스트를 다시 읽을 수 있을 뿐이고, 그것은 그 자신을 되풀이할 수 있을 뿐이다. "글은 언제나 똑같은 것만을 가리킨다"(『파이드로스』 275d)고 소크라테스는 언급한다. 나는 확실히 어떤 통찰에 도달할 수도 있지만, 그것은 비대칭적인 변증술(asymmetrical dialectic)이다. 한편으로, 독자는 자신이 받아들이도록 의도된 것을 얻었다고 전적으로 확신할 수 없고, 그래서 확실성을 잃어버린다. 다른 한편으로, 저자는 의도된 것을 잠재적인 독자들이 가져갈 것이라고 확신할 수 없으며, 그래서 그의 글에 대한 통제력을 잃는다. 글쓰기는 모방의 문제, 즉 재현이 실제로 무엇을 나타내는지 하는 문제를 단순히 야기할 뿐 아니라, 독해와 해석의 문제를 야기하는 재현이다.

이것은 훌륭한 삶에 도달하기 위해서 지혜를 추구하는 철학적 기획의 핵심에 다가가게 한다. 그것은 '분할된 충실성'(divided loyalty) 혹은 '분열된 동일성'(split identity)을 가리킨다. 영혼의 수양과 깨우침을 추구하는 것이 삶의 방식으로서 근본적으로 참인 한, 철학은 여전히 훌륭한 삶의 본성에 관심을 갖는다. 그러나 동시에, 철학이 그 활동들에 대해 자의식적이고 그 기본적 가정들을 모색하고 검토하는 한, 그것은 개념들의 분석과 용어들의 명료화에 관심을 갖는 메타-담론(meta-discourse)에 다시 초점을 맞춘다.

이 모든 것은 플라톤이 문학과 관련하여 깨달았던 분명한 철학적 책무의 밑바탕에 놓여 있다. 헬라스(Hellas) 세계에서 전통적인 지혜의 보고로서, 호메로스와 서정 시인들의 시는 전통의 권위를 갖는다. 구전 전통의 전승에서 중심을 이루는 기억의 반복은 그 형태를 고정시키면서, 명확화나 변경의 가능성을 배제한다. 그러므로 구두(口頭) 표현은 해석과 관련해서 불안정해진다. 바로 글쓰기의 인식적 힘은 이러한 불안정성에 주의를 기울이고, 결코 해결될 수도 없고 무시될 수도 없는 결점과 모순들을 드러낸다. 『국가』 앞부분에서, 폴레마르코스란 등장인물은 (정의의 본성 혹은 정의로운 사람이 무엇을 의미하는지에 관한) 윤리학의 요점을 서정 시인 시모니데스의 권위에 호소해서 논증하려고 시도한다. 시모니데스 말의 애매성을 이용한 일련의 논증 다음에, 소크라테스는 이러한 윤리적 입장은 모순에 빠지는 것으로 보인다는 것을 입증한다. 소크라테스는 "그러니까 당신에 의하면, 그리고 호메로스와 시모니데스에 의하면, 정의란 일종의 도둑질 기술이긴 하나, 그것은 친구들의 이익과 적들의 손해를 도모하는 기술인 것 같소. 당신 말은 이런 게 아니오?"(『국가』 334b)라고 말한다. 폴레마르코스는 당황하여, 다음과 같이 대답할 뿐이다. "단연코 그렇지 않습니다. 하지만 이젠 저로서도 제가 무슨 말을 했는지를 모르겠군요. 그렇지만 어쨌든 제가 생각하기엔 여전히 정의는 친구들에 대해서는 이롭도록 해 주나 적들에 대해서는 해롭도록 해 주는 것인 것 같습니다." 폴레마르코스는 소크라테스의 논리에 대응할 수 없고 오래전에 죽은 시인에게 있는 애매성을 해결할 수 없어서, 자신이 『파이드로스』에서 기술된 입장에 처해 있음을 깨닫고, 단지 끝없이 자신의 입장을 되풀이할 수밖에 없지만, 절대로 그의 입장을 진전시키지는 못한다.

플라톤은 실제적 대화를 통한 변증술적인 주고받음을 선호한다고 주장함으로써 문제를 표명할 수는 있지만, 실제로 그의 철학적 기획을 추진하고 대화 참여의 규칙을 형성하는 것은 글쓰기의 인식적 힘이다. 플라톤의 좌절은, 폴레마르코스의 경우처럼, 문자 문화의 언어적 자의식에 직면한 구전 문화의 좌절이다. 플라톤이 유보적인 태도를 표명했다 하더라도, 그는 글쓰기 전략 그리고 확장해서 말하면 문학에 의지해야만 한다. 전체적으로 플라톤의 대화편들은 구전 전통의 허구적 이야기와 변증술을 이용하고 있는 문자 문학이다. 그는 쓰인 텍스트가 허구적인 실재들을 창조하는 방식에 대해 불평할 수도 있지만, 독자가 읽고 또 읽고, 생각하고 또 생각하도록 하기 위해서, 부재한 화자를 되살려 내는 쓰인 텍스트의 바로 이런 방책들을 사용한다. 쓰인 문자는 화자의 목소리 억양, 얼굴 표정, 그리고 몸짓을 결여할 수 있지만, 훌륭한 작가는, 좀 더 풍부하고 간단하지 않은 해석적 맥락을 제공함으로써, 그와 같은 것들을 제시할 수 있다. 한편, 세상을 창조하거나 감정을 불러일으키는 텍스트의 힘은 철학자에게 통찰을 자극하는 강력한 도구들을 제공한다. 이것이 소크라테스가 '고귀한 거짓말'(『국가』 414b)이나 『국가』 전체에 걸쳐서 비유들에 호소할 때 그 배후에 있는 힘이다. 그것은 또한 『향연』에서 극장과 다양한 유형의 찬사들에 대한 플라톤의 풍자 뒤에 있는 힘의 일부이다. 각각의 등장인물은 그의 언어에 의해서 되살아나고 전형적인 예가 된다.

이야기 서술의 틀에 함축된 권위, 기억, 그리고 전달에 대한 주제적 관심을 고찰했으므로, 우리는 사랑과 열정의 중심적 문제로 향할 수 있다. 아가톤의 향연에서 있었던 연설들을 아폴로도로스가 회상할 때, 그는 소크라테스에 대한 생각에 사로잡혀 있었고, 이를 광기에 비유한다.

"나는 미친 거고 제정신이 아닌 거겠군!"[*mainomai kai parapaiō*](『향연』 173e). (『파이돈』[117d]에서 소크라테스의 처형에 대한 플라톤의 설명에 따르면, 아폴로도로스가 울부짖으며 통곡을 해서, 소크라테스 자신을 제외한 모든 사람이 자제력을 잃었다.) 아폴로도로스는 그가 소크라테스를 만나기 전에는, 어떻게 하겠다는 목적도 없이 살았다고 설명한다. 이제 그는 철학적 대화를 택한다. "나는 철학에 관한 어떤 논의들을 내가 직접 하건 아니면 남들이 하는 것을 듣거나 할 때에는, 내가 그것을 유익하다고 생각하는지 여부와 상관없이 매우 즐거워한다"(173c). 대조적으로 직업인들의 대화는 그를 지루하게 만들고, 그가 물질적인 면에서는 실패자로 생각된다 할지라도 자신을 정신적으로 부유한 것으로 생각하게 하는 역설적인 결과를 낳는다. 이러한 아이러니한 전환은 그의 인품의 아름다움에 반해 믿기 어려울 만큼 육체적으로 추한 모습의 소크라테스에 대한 지속적인 논의를 예기하고, 현상의 영역과 그 밑에 놓여 있는 어떤 진리 혹은 실재 사이의 대조적인 관계라는 더 깊은 주제를 반영하고 있다. 윤리적인 차원에서, 물질적인 성공이 도덕적인 훌륭함과 반드시 상응하는 것은 아니다. 권력과 부를 높이 평가하는 사회에서, 지혜에 대한 아폴로도로스의 욕망은 광기로 여겨질 것이며, 이것은 소크라테스가 좋은 사람을 나쁘게 그리고 나쁜 사람을 좋게 보이도록 만든다는 악명 높은 비난의 다른 예이다.

3.1.2.2. (174a–178a)

우리는 이제 마침내 아폴로도로스의 설명을 검토할 준비가 되었다. "그러니까, 이야기들은 다음과 같은 것들이었다네. 아니, 아리스토데모스가 내게 이야기했던 대로, 나도 처음부터 전체 이야기를 자네들에게 말해 주는 것이 더 좋겠네"(174a). 여기서 이야기를 하는 사람은 아리스토데모스로 바뀌는데, 그는 자신이 목욕을 방금 마치고 제일 좋은 신발을 신은 소크라테스와 한때 어떻게 마주치게 되었는지 말한다. 이러한 서두의 묘사 자체는 또 다른 아이러니를 암시한다. 아리스토데모스 자신은 소크라테스의 광신자이고, 스승을 본받아서 맨발로 돌아다닐 정도로 그렇게 그에게 사로잡혀 있었다(173b). 아폴로도로스 자신은 아리스토데모스를 '아주 작달막한 사람' (173b)으로 기억하고 있고, 그리고 아리스토파네스는 단편만이 남아 있는 희극 작품 『향연 참석자들』(*The Banqueters*)에서 불결하고 자주 비역질하는(*katapugōn*) 아리스토데모스와 같은 사람에 대해 말하고 있는데, 이 때문에 그의 항문(*proktōs*)에는 아리스토데모스라는 이름까지 붙여졌다. 그에게 철학적 삶은 옷 입는 방식과 관계되는 것으로 여겨졌고, 철학자가 되는 것은 한 사람으로 나타나는 것이었다. 소크라테스는 아가톤이 주최한 우승기념 연회에 가는 길이라고 말함으로써 그의 이례적인 성장(盛裝)을 설명한다. 아가톤이 외모가 잘 생긴 것으로 유명하고, 멋있기조차 하다는 사실을 이용해서, 그는 그의 '아름다움' (*kalos*)이 아가톤의 아름다움에 필적할 수 있도록 '멋있게 차려 입었다' (*ekallōpisamēn*)고 익살스럽게 말한다(174a).

여기서 그리스어를 이용한 교묘한 언사를 영어로 파악하기는 힘들다. '칼로스' (*kalos*)란 단어는 '아름다운' 을 의미하지만, 또한 상서로운 의미에서의 '좋은' , 그리고 '고귀한' 을 뜻한다. 한편, 아가톤(Agathon)이란 이름은 '좋은' , '품위 있는' , '고귀한' 등 다양한 의미를 갖고 있는 '아가토스' (*agathos*)에서 유래한다. 상스러운 뜻을 포함하는 두 가지로 해석되는 말을 사용해서, 소크라테스는 아름다움 안에서의 좋음에 대한 그의 추구를 잘 생긴 젊은이(Agathon)에 대한 추구로 특징짓는다. 이를 염두에 두고, 우리는 더 깊은 교묘한 언사에 대해 덧붙여 말해야만 한다. '철학(philosophy)' 이란 말은, 그리스어 *philo-sophos*에서 유래하는데, 이것은 글자 그대로는 '지혜 사랑' 을 뜻한다. 그리스어 '필리아(*philia*)' 는 일반적 의미에서의 '사랑' 을 뜻하고, 친구, 부모 그리고 자식에 대한 애정을 포함한다. 대조적으로 '에로스(*erōs*)' 는 강렬한 욕망의 의미에서의 '사랑' 을 뜻하고, 일반적으로 성적인 함축을 갖는다. 고유명사로서의 *Erōs*는 아프로디테 여신의 아들인 젊은 날개 달린 신이다(그는 고대 로마 신화에서는 큐피드이다). 보통 명사 '타 아프로디시아' (*ta aphrodisia*)는 '성교' 를 뜻한다. 더 나아가, 도버(K. J. Dover)는 에로스가 또한 '광기' 로서도 생각되었던 '갑절의 욕망' 으로서 이해될 수 있다는 것을 주목했다.[7] 이를 염두에 둘 때, 소크라테스와 철학에 대한 아폴로도로스의 광기는 지혜에 대한 에로스(*eros-sophos*), 즉 단순한 지혜 사랑(*philo-sophos*)이기보다는 강력한 욕망으로서 생각될 수 있다. 이 모든 것은 일반적인 향연(*symposia*)의 관습과 특히 플라톤의 『향연』에 전형적인 교묘한 언사의 특징이다. 그것은 또한 강력한 욕망이 어떻게 지혜 추구를 위한 수단이 될 수 있는가라는 중심적인 주제에 대한 첫 번째 힌트를 제공한다.

소크라테스는 아리스토데모스에게 같이 가자고 권유하고, 그들은 연회장으로 가게 된다. 그러나 곧 소크라테스는 어떤 철학적 문제에 몰두하게 되어서, 뒤처지게 되었고, 그는 뒤따라갈 테니 아리스토데모스에게 먼저 가라고 말한다. 아리스토데모스는 초대받지 않은 손님이라는 우스운 처지로 아가톤의 집으로 가야만 했다. 그럼에도 극작가는 그를 상냥하게 맞아 주었고, 전통적인 심포시온의 특성에 맞는 환대의 정신으로 연회를 함께하자고 청한다. 그렇지만 아리스토데모스는 대체로

7 K. J. Dover, 1980, 43쪽.

침묵하면서 이야기된 것에 대한 증인으로 남아 있게 된다. 기능적으로 볼 때, 아리스토데모스는 초대받지 않은 손님이고 자칭 소크라테스를 사랑하는 자로서 아가톤의 연회의 시작을 특징짓고, 알키비아데스는 똑같이 다른 불청객이며 자칭 사랑하는 자로서 그것의 끝을 특징짓는다.

아가톤은 여러 번 소크라테스를 모시고 오라고 하인을 보냈는데, 그는 이웃집 문전으로 피해 가서 부르는 요청에 반응하지 않으면서 서 있었다. 아가톤이 소크라테스에게 계속 요청하도록 하인에게 일렀을 때, 아리스토데모스는 끼어들면서 다음과 같이 말한다. "그게 그의 버릇이라네. 그는 때때로 아무 데서나 멈춰 서 있곤 한다네"(175b). 이러한 깊은 몰두의 에피소드는 소크라테스가 다이몬에 사로잡혀 있을 때의 한 예인 것으로 보인다. 나는 아래에서 더 자세히 말할 것이다. 『향연』 뒷부분에서, 알키비아데스는 소크라테스가 몰두한 상태에서 서 있는 다른 예를 제공할 것이다(220c-d). 식사를 반쯤 끝냈을 때, 소크라테스는 마침내 왔고, 아가톤은 그가 자신 옆에 앉도록 권한다. 자리에 앉으면서, 소크라테스는 지혜가 물과 같이 가득한 잔에서 빈 잔으로 흘러가지 않는 것이 유감스럽다고 익살을 부린다. 그런 방식이라면 그는 아가톤의 지혜로 채워질 수 있을 텐데, 라고 말이다. 그는 그다운 방식으로, 그리고 아마도 아이러니를 암시하면서 다음과 같이 덧붙인다. "내 지혜는 보잘것없고 꿈처럼 확실하지 않은 것이지만, 자네의 지혜는 빛나고 크게 발전할 가능성을 갖고 있거든"(175e).

아가톤의 연회는 심포시온의 종교적 관습을 준수한다. "저녁 식사가 끝났을 때, 그들은 신[디오니소스]에게 헌주를 하고 그 신을 기리는 노래를 불렀고, 또 다른 의례적인 일들을 했다"(176a). 디오니소스가 술의 신이며 극장의 신이라는 이중적인 정체성이 가정된다면, 의례의 중심이 되는 것은 적절하다. 그러나 손님들은 전날의 주연으로 해서 아직 힘들기 때문에 술잔을 돌리는 대신에 돌아가며 연설을 하기로 재빨리 결정한다. 에로스 신에 대해서는 그 어떤 찬미가도 없다는 힌트를 파이드로스로부터 받아서, 에릭시마코스는 각자가 에로스를 찬양하는 연설을 하자고 제안한다. 에릭시마코스는 또한 '아울로스를 부는 소녀'(*aulētris*)를 내보내서 홀로 아울로스를 불게 하거나 집안의 여인들을 위해 불게 하자고 제안한다(176e). 관습적인 심포시온이 진행되는 동안에, 그녀는 아울로스(리코더와 같은 것)로 참석자들에게 음악적 즐거움을 제공하고, 어떤 경우에는 성적인 즐거움도 제공할 것이다. 소크라테스는 이런 제안에 찬동하고, 자신을 '사랑에 관한 일들의 전문가'로 선언한다(177d). (그는 『리시스』 204c와 206a에서 유사하게 자신의 성격을 규정한다.) 에릭시마코스가 주제를 제안했기 때문에, 그는 좌장으로 지정된다. 파이드로스가 첫 번째 연사로 지명된다.

3.1.3. 파이드로스의 연설(178a-180c)

미르리누스(Myrrhinus) 출신의 역사상의 인물 파이드로스(기원전 약 444-393)는 『향연』이 배경으로 하는 시기에 20대 중반이었고, 에릭시마코스와 가까운 사이였다.[8] 『향연』 이외에도, 그는 『프로타고라스』와 『파이드로스』에도 등장한다. 에로스를 찬양하는 그 어떤 찬미가도 없다고 파이드로스가 말했다는 언급은 『파이드로스』에서 소크라테스의 농담을 상기시킨다. 그는 여기서 젊은 사람을 놀리면서 다음과 같이 말한다. "나는 자네가 어느 누구보다도 생애 동안에 많은 이야기들을 생겨나게 했다고 생각하네. 자네가 그것들을 스스로 지었든지 혹은 어떤 방식으로든 다른 사람들을 강요해서 말을 하도록 만들었든지 간에 말

---

8 D. Nails, 2002, 282쪽.

이네" (242a–b). 여기서 파이드로스가 리시아스의 설득에 마음이 끌려서 소피스테스의 수사술에 단순히 관심을 갖고 있었는지 아니면 냉정한 소크라테스에게 자신을 보여 줄 간접적 수단으로서 연설을 사용하고 있었는지 묻는 것은 중요하지 않다. 그러나 그것은 아가톤의 향연에서 그의 연설, 특히 사랑의 도덕적 이익에 관한 그의 연설의 맥락을 확립시켜 준다. 그것은 또한 그에게 있어서 사랑과 아름다움의 이익은 주로 아름다운 이야기들이라는 아이러니를 암시해 준다.

아직 젊은 사람으로서, 향연에서 파이드로스의 연설은 견습 기간을 막 마친 장인(匠人)의 특질을 보여 주는데, 그는 찬사의 관습에 매우 집착한다. 에로스를 위대한 신으로서 찬양하는 간단한 '서언' (*prooimion*) 후에, 그는 에로스의 부모와 태생에 관한 '기원' (*genos*)의 문제로 향한다. 에로스는 신들 가운데 가장 오래된 신인데, 그 증거는 전설이나 시에서 그 부모가 언급되고 있지 않다는 점이다.[9] 이를 뒷받침하기 위해서, 파이드로스는 헤시오도스의 『신들의 계보』에서, 카오스 다음에 가이아와 에로스가 태어났다는 구절을 인용한다. 그다음에 파이드로스는 에로스가 가장 오래된 자이기 때문에, 그는 가장 좋은 것들을 준다고 불합리한 방식으로 논증한다. 그리고서 그는 에로스의 유익함을 기술하는 '실천' (*praxis*)으로 향한다.

에로스는 사랑하는 자(*erastēs*)와 특히 사랑받는 자(*erōmenos*) 모두에게 이익이 된다. 왜냐하면 사랑받는 자가 사랑하는 자에게 느끼는 애정이 사랑하는 자의 보살핌을 강화하기 때문이다. 달리 말해서, 사랑받는 자는 사랑하는 자가 인정해 줄 때 자부심을 느끼고 인정해 주지 않

9 엘레아 출신의 철학자 파르메니데스(Parmenides: 기원전 약 515–450)는 에로스가 '모든 것을 조종하는 신성' 에 의해 고안된 모든 신 가운데 첫 번째라고 선언한다. P. Wheelwright, 1966, 100쪽.

을 때 수치심을 느끼는데, 이것은 공적인 명예, 부 혹은 가족에 충실함의 유익함보다도 더 강력한 동기이다. 이런 이유 때문에, 사랑받는 자는 가장 명예롭고 고귀한 것을 추구할 것이다. 유사하게, 사랑하는 자는 사랑받는 자의 기대에 따라 살려는 욕망을 갖고, 수치스러운 일을 함으로써 이러한 기대를 저버리는 것을 부끄러워한다. 파이드로스는 만일 군대나 공동체가 사랑하는 연인들로만 구성된다면, "그것들은 가능한 가장 좋은 사회 체제가 될 것인데, 그럴 경우 그들은 서로를 의식하면서 모든 추한 일을 멀리하고 명예를 추구할 것이기 때문이네"(178e)라고 한탄한다. (크세노폰은 이러한 논증을 파우사니아스에게 귀속시키고 있다[8.32, 33].) 연인 군대에 대한 파이드로스의 호의적인 묘사는 상무적(尙武的)인, 사회적인 그리고 성적인 것을 결합한 스파르타 사회의 관습, 즉 남자 결속과 단체정신에 기초한 사회적 응집력을 암시한다. 더 직접적으로는, 서로를 보호하는 연인 군대의 착상은 소크라테스가 전쟁터에서 어떻게 그를 구했는지에 대한 알키비아데스의 이야기를 예상한다.

파이드로스는 그다음에 '비교'(*synkrisis*, 比較)를 하는데, 에로스의 고귀한 추종자들을 보여 주고, 그들의 고귀한 행위들이 어떻게 에로스의 평판을 높이는지 설명한다. 첫째로, 사랑하는 자들만이 서로를 위해 기꺼이 죽으려고 하며, 믿을 수 없게도 사랑하는 자가 여인일지라도 그러하다는 것을 주목하고서, 그는 남편 아드메토스를 살리기 위해서 남편 대신에 기꺼이 하데스(*Hades*)로 가려고 했던 알케스티스의 경우를 예로 든다. 그는 또한 오르페우스와 에우리디케, 그리고 마지막으로는 아킬레우스와 파트로클로스의 경우를 지목한다. 파이드로스의 사랑의 이상은 철저히 동성애적이다. 비록 그가 사랑의 도덕적 힘은 또한 여자에게도 적용된다는 것을 인정하고 있을지라도, 그는 남자들을 결속시키는 도덕적 힘에 특권을 부여한다. 그는 아이스킬로스의 비극 『미르미도네스』(*Myrmidones*)에서 아킬레우스에 대한 묘사를 거부하면서, 아킬레우스가 파트로클로스의 사랑받는 자가 아니라 파트로클로스를 사랑하는 자라고 말한 것은 잘못이라고 주장한다. 여기에는 이중적인 응수가 있다. 우선, 그는 '아카이아인들 가운데 최고'라는 칭호를 받을 만한 유일한 영웅인 아킬레우스가 영웅적인 이상에 따라 행동하도록 동기를 유발한 것은 사랑받는 자로서의 그의 지위였다는 것을 암시한다. 그는 이렇게 함으로써, "[신들은] 사랑하는 자가 사랑받는 자를 소중히 여길 때보다 사랑받는 자가 사랑하는 자를 소중히 여길 때 더욱 놀라워하고 찬탄하며 더 잘해 준다"(180b)고 제시한다. 이처럼 사랑받는 자의 처지에서의 아킬레우스의 사랑이 사랑하는 자로서의 알케스티스의 사랑보다 더 위대하다. 그 까닭은 사랑받는 자와 사랑하는 자 사이의 관계가 인간들과 신들 사이의 관계와 같기 때문이라고 그는 유비를 이용해서 제시한다.

'에필로그'(*epilogos*)에서, 그는 다음과 같이 요약적으로 결론을 내린다. "나는 에로스가 신들 중에서 가장 오래되고 가장 존경스러우며, 인간들이 살아 있을 때에나 죽은 뒤에 덕과 행복을 얻는 데 가장 큰 힘을 갖고 계신 분이라고 주장하네"(180b).

어떤 면에서, 파이드로스의 연설은 입증되지 않은 일반적인 것들과 비합리적 추론들을 일관되지 못하게 모아 놓은 뒤죽박죽처럼 보일 수 있다. 많은 사람은 그가 그의 예들을 혼란스럽게 뒤섞는 방식에 대해 주석을 달았다.[10] 그가 사랑받는 자의 도덕적 우월성에 관해 말한 것의 많은 부분은 자신을 위한 것이고, 사랑받는 자로서의 그의 위치를 반영

10 예를 들어, R. E. Allen, 1991, 12, 13쪽.

하고 있는데, 아마도 그는 사랑받는 자의 역할을 하기에는 약간 나이가 많다. 그의 논평들의 많은 부분은 플라톤 초기 저작의 주제들을 되돌아보는 것이며, 『향연』에서 발전될 것을 예상하고 있는 것이다. 이처럼 에로스는 강력한 동인(動因)으로서 이해되어야만 한다. 그것은 우리의 성품을 고귀하게 하고, 더 좋게 만드는 힘을 갖고 있다. 동시에, 파이드로스가 사랑받는 자의 사랑이 사랑하는 자의 것보다 더 위대하다고 제시할 때, 그는 사랑의 위계 관념을 도입하고 있다. 한편, 이것은 사랑의 신적인 본성과 관계되는데, 사랑하는 자와 사랑받는 자 사이의 수평적 관계는 신들과 인간들 사이의 수직적 관계와 연관된 일종의 경배이다.

그는 또한 도덕적 좋음과 나쁨을 수치심(*aischron*)에 의해 표현한다. 도즈(E. R. Dodds, 1951, 28–63쪽), 도버(K. J. Dover, 1974, 230–242쪽), 그리고 앤더슨(D. E. Anderson, 1933, 21–22쪽)은 '수치 문화'와 '죄 문화'의 차이를 말한다.[11] 파이드로스가 아킬레우스와 파트로클로스의 관계에 초점을 맞춘 것은 여러 가지 점에서 『변론』에서 기술된 소크라테스에 대한 아테네인들의 기소를 반영하고 있다. 거기서, 소크라테스는 아킬레우스의 경우를 상기하는데, 그는 만일 그가 파트로클로스의 죽음에 대해 원수를 갚기 위해서 헥토르를 죽이게 된다면, 그 자

---

11 어떤 인류학자들은 사회들을 그것들이 '수치 문화' 혹은 '죄 문화'인지에 따라 분류하는데, 이 차이는 도덕적 진보를 함축하는 것으로 종종 받아들여진다. R. Benedict는 하나의 설명을 제공한다. "참된 수치 문화는, 참된 죄 문화처럼 죄의 내면화된 확신에 의존하는 것이 아니라, 훌륭한 행위에 대한 외적인 인정에 의존한다. 수치는 다른 사람들의 비판에 대한 반응이다. 사람은 공개적으로 조소받고 거부됨으로써 혹은 조소받아 왔다고 스스로 상상함으로써 수치심을 느낀다. 어떤 경우에도 그것은 강력한 구속이다. 그러나 그것은 한 사람의 청중 혹은 적어도 한 사람의 청중에 대한 상상을 요구한다. 죄는 그렇지 않다. 명예가 스스로 자기 자신의 모습에 따라 사는 것을 의미하는 국가에서는 어떤 사람은 아무도 그의 잘못을 알지 못한다 할지라도 죄로 말미암아 고통받을 수 있고, 자신의 죄를 고백함으로써 죄에 대한 느낌이 실제로 완화될 수 있다"(1967, 223쪽).

신이 죽게 되리라고 경고를 받았을 때, 그 위험을 일축한다. "그러나 이를 듣고서도, 그는 죽음과 위험은 대수롭지 않게 여긴 반면, 못난 사람으로 사는 것을 그리고 친구를 위해 원수를 갚아 주지 못하는 것을 훨씬 두려워했다"(28d).[12]

사랑하는 자의 인정을 받으려는 욕망과 그의 불인정으로 말미암은 수치심은 공적인 명예, 부, 혹은 가족에 대한 충실함보다도 더 우리에게 영향을 미친다고 파이드로스가 제시할 때, 그는 또한 『변론』을 반영하고 있다. 여기서 소크라테스는 가치의 전도를 이유로 아테네인들을 비난한다. 소크라테스는 배심원들에게 다음과 같이 묻는다. "그대는 그대에게 재물은 최대한으로 많아지도록 마음 쓰면서, 또한 명성과 명예에 대해서도 그러면서, 슬기와 진리에 대해서는 그리고 자신의 혼이 최대한 훌륭해지도록 하는 데 대해서는 마음을 쓰지도 않고 생각도 하지 않은 것을 부끄러워하지 않습니까?"(29e). 이 구절은 또한 파이드로스 찬사의 한계를 부각시킨다.

두 가지 문제가 있다. 첫째로, 사랑받는 자는 사랑하는 자 앞에서 수치심을 느끼기를 원하지 않지만, 그렇다고 해서 사랑하는 자가 자동적으로 보편적으로 본받을 만한 모델이 된다는 것은 아니다. 소박하고 쉽게 믿는 젊은이의 판단은 제쳐 놓고서라도 말이다. 수치스러운 사랑하는 자에게 수치스럽게 보이지 않는 것이 덕 있는 행동의 보증이 되는 것은 아니다. 특히 파이드로스가 제시하듯이, 사랑받는 자가 가족과 공동체의 정상적인 가치를 회피한다면, 분명히 그러하다. 둘째로, 파이드로스는 사랑받는 자가 사랑하는 자 앞에서 덕 있게 되고자 추구할 것이라고 논증하지만, 사랑하는 자는 영혼보다는 육체적 아름다움에 관심

---

12 역자 주: 『변론』의 번역은 박종현, 『플라톤의 네 대화편: 에우티프론, 소크라테스의 변론, 크리톤, 파이돈』(서광사, 2003)을 따랐다.

을 두고 있다. 이것은 사랑받는 자와 사랑하는 자의 관계에서 비대칭성을 부각시킨다. 사랑받는 자는 분명히 사랑하는 자 앞에서 자신을 개선하고 수치스러운 모습을 보이지 않으려고 한다. 이 점에서 사랑하는 자는 아름다움(*kalos*)을 구현하고 있는 자로서 앞에 있어야만 한다. "사랑하는 자는 사랑받는 자보다 더 신적이다. 그는 신들려 있기 때문이다"(180b). 이것은 사랑하는 자가 어떤 신적인 것(*daimonic*)을 소유하고 있거나 이미 어떤 이상에 도달했음을 가정한다. 토마스 만(Thomas Mann)의 1912년 소설 『베니스에서의 죽음』에서 나이든 구스타프 폰 아셴바흐(Gustav von Aschenbach)가 젊은 타지오(Tadzio)에게 더 젊고 더 매력적으로 보이기 위해서 머리를 염색했을 때, 우리는 그가 아름다움의 어떤 이상에 도달했는지 물을 수 있다.[13] 사랑에 대한 파이드로스의 공식에 따르면 사랑받는 자는 분명히 도덕적으로 개선될 수 있지만, 사랑하는 자는 성장을 위한 여지가 없다. 역설적으로, 사랑하는 자는 성장을 위한 여지가 없기 때문에, 사랑하는 자와 사랑받는 자는 모두 같은 차원에 머물러 있게 된다. 파우사니아스가 그의 연설에서 사랑하는 자/사랑받는 자의 도덕적 개선에 관한 방향성을 역전시킴으로써 교정하고자 시도하는 것은 바로 이러한 문제들이다.

아폴로도로스는, 아리스토데모스에 따르면, 파이드로스의 연설 다음에 그가 잘 기억하지 못하는 몇 사람의 연설이 있었다고 말한다. 그러니 그것들을 건너뛰어서 다음으로 파우사니아스의 연설로 향하도록 하자.

---

13 상황의 아이러니를 무시하면, 토마스 만의 소설에 나오는 Aschenbach는 Tadzio가 파이드로스에 해당하고, 자신은 소크라테스에 해당한다고 분명히 그리고 바라면서 상상한다.

3.1.4. 파우사니아스의 연설(180c-185e)

케라메스 출신의 역사상의 인물 파우사니아스는 아가톤을 사랑하는 자이고, 나중에 이 시인이 마케도니아의 궁정으로 갈 때 동행할 것이다.[14] 그는 또한 『프로타고라스』에서 소피스테스 프로디코스와 같이 앉아 있는 것으로 나타난다. 『향연』에서 그의 연설은 파이드로스의 연설 혹은 그가 열어 놓은 사고 방향에 대한 응답이다. 베리(R. G. Bury)는 그의 기술을 '법률가와 같은' 논증 스타일을 갖고 있는 숙련된 변호사의 것으로 서술한다.[15] 이처럼 그는 사랑의 정의(定義)를 명확히 하기를 원하면서 시작한다. 에로스는 아프로디테 여신과 분리될 수 없지만, 신화적인 설명은 두 명의 아프로디테를 확인해 준다. 우라노스의 잘린 생식기에서 생겨난 어머니 없는 딸(우리는 보티첼리의 유명한 그림인 가리비 조개 위에 서서 모습을 드러내고 있는 비너스[로마 신화에서 아프로디테를 가리키는 이름]를 상기할 수 있다)과 제우스와 디오네의 딸이다. 전자는 천상의 아프로디테이고, 후자는 세속적인 아프로디테이다. 아프로디테가 둘이기 때문에, 에로스도 천상의 에로스와 세속적인 에로스 둘이어야만 한다. 그러므로 그의 찬사의 대상은 천상의 에로스이다. (크세노폰은 이 논증을 소크라테스에게 귀속시키고 있다[8.9–11]; 앞의 3.1.1.1.을 참조하라.)

그다음에 파우사니아스는 어떤 행위도 본래적으로 그 자체로 좋거나 나쁘지 않다는 윤리적으로 흥미로운 명제를 주장한다. 오히려 행위를 좋거나 나쁜 것으로 만드는 것은 그것이 어떻게 행해지는가에 혹은 행위를 동기 짓는 성향에 달려 있다. 그는 동일한 것이 사랑에도 적용된다고 주장한다. "모든 에로스가 아름답거나 찬양받을 가치가 있는 것

---

14 D. Nails, 2002, 222쪽.

15 Plato, 1973, xxvi쪽.

이 아니라, 아름답게 사랑하도록 이끄는 에로스만이 그러하다"(181a). 달리 말해서, 그것은 동기 혹은 성향의 문제이다. 행위는 아름답게 혹은 아름다운 이유로 행해지면 아름다운 것이지만, 수치스럽게 혹은 수치스러운 이유 때문에 행해지면 수치스러운 것이다. 세속적인 에로스는 기회주의적이고, 특히 성적인 것에 대한 직접적인 만족을 추구한다. 대조적으로, 천상의 에로스는 고귀하고 강하고 지성적인 것에 이끌린다. 파우사니아스는 둘의 차이점을, 세속적인 에로스는 더 젊고 취향이 미숙한 데 반해서, 천상의 에로스는 더 나이 들었다는 점에서 찾는다. 더 나아가, 그는 세속적인 에로스는 그 부모가 남성과 여성이기 때문에 혼합된 본성을 갖고 있는 반면에, 천상의 에로스는 단지 아버지만을 갖고 있어서 단일하고 (그리고 그의 관점에서) 우월한 남성에게만 관여한다고 제시한다. 그는 성숙한 판단을 하지 못하는 어린 소년들과의 관계를 금지하는 법률이 있어야만 한다고 계속 논증한다. "이러한 세속적인 사랑을 하는 자들은 어떤 사람들이 사랑하는 자들에게 호의를 보이는 것은 추한 짓이라고까지 말할 정도로 비난거리를 만들어 낸 이들이다"(182a).

파이드로스가 신화로부터 사랑의 예들을 가져오는 데 반해서, 파우사니아스는 역사와 사회적 관습으로부터 가져온다. 일반적으로 참주들뿐만이 아니라 절대군주인 페르시아 황제도 고귀한 사랑의 유대에 의해 결속되어 있는 남자들을 두려워한다. 그와 같은 사랑하는 자들은 서로를 위해 일하고 죽으며, 참주들을 살해하는 데 앞장선다. 그와 같은 사랑하는 자들에 대한 두려움과 칭찬은, 다스리는 자 편에서의 권력에 대한 탐욕과 다스림을 받는 사람 편에서의 비겁함을 보여 준다. 역으로, 아테네인들과 스파르타인들이 남자들의 사랑관계를 수용한 것은 그들의 윤리적 우월성을 보여 준다. 사랑하는 자는 격려를 받고, 사랑을 얻는 것은 고귀한 일로 간주된다.

아테네인의 관습은 진짜와 가짜를 구분해서, 우리가 천상의 에로스와 세속적인 에로스를 구분할 수 있도록 해 준다고 그는 주장한다. 첫째로, 우리는 사랑받는 자가 너무 빨리 사랑하는 자를 따르는 것은 추한 일로 간주하는데, 그 까닭은 시간을 두고 저항하는 것은 일관성을 입증하는 것이기 때문이다. 둘째로, 우리는 고귀함이나 품성에 끌려서라기보다는 오히려 돈이나 권력의 유혹에 넘어가는 것을 추한 것으로 생각한다. 그와 같은 행위는 타락의 기미를 보여 준다. 요약해서, 파우사니아스는 이상적인 사랑의 관계는 두 가지 원리의 일치를 보여 준다고 논증한다. 첫째로, 사랑하는 자가 사랑받는 자에게 자발적으로 복종하는 것은 노예적인 것도 아니고 비난받을 만한 것도 아니다. 그는 육욕이나 성적인 쾌락에 의해 동기가 유발된 것이 아니라, 사랑받는 자에게서 일생 동안 관계가 이어질 가능성을 알려 주는 덕에 대한 잠재성을 본다. 둘째로, 사랑받는 자는 지혜 추구(*philosophia*)를 위해서 사랑하는 자에게 복종하고자 한다. 그는 물질적인 이득이나 권력을 추구하는 것이 아니라 그를 지혜롭고 훌륭하게 만들어 줄 수 있는 사랑하는 자의 사려 분별을 추구한다.

파우사니아스의 천상의 사랑에 대한 이야기의 많은 부분은 '감히 그 이름을 말할 수 없는 사랑'에 대한 오스카 와일드의 유명한 설명을 생각나게 한다. "그것에 관해 부자연스러운 어떤 것도 없다. 나이 든 남자는 지성을 갖고 있고 소년이 그 앞에서 모든 기쁨과 희망 그리고 삶의 희열을 맛볼 때, 그것은 지적인 것이며 나이 든 남자와 소년 사이에서 반복적으로 존재한다."[16] 어린 사랑받는 자는 사랑하는 자의 성숙함

16 N. McKenna, 2005, 391쪽.

과 경험의 이익을 받는 반면에, 나이 든 사랑하는 자는 젊음의 생명성과 열정을 마치 자기 것처럼 즐긴다. 우리는 또한 나이 든 사람으로부터 조언을 받는 소년의 깊은 애정을, 예를 들어 젊은 운동선수가 코치에게 갖는 감정과 같은 것에 비교할 수 있는데, 실제로 이는 자신의 인격 형성에 관심을 보이는, 부모와는 다른, 나이 든 사람에게 소년이 느끼는 사랑과 감사의 마음이다.

행위들은 본래적으로 좋은 것도 나쁜 것도 아니고, 그것들 이면에 있는 경향성이 그러한 것이라는 그의 명제로 되돌아가서, 파우사니아스는 사랑하는 자나 사랑받는 자가 기만당할지라도, 그리고 상대방이 타락한 사람으로 드러난다 할지라도, 기만당한 상대는 덕을 위해서 응한 것이기 때문에 훌륭하다고 제시한다. 간단히 말해서, 파우사니아스에 따르면, 이 모든 것은 국가와 그 시민들에 있어서 천상의 사랑의 가치를 입증한다. "왜냐하면 그것은 사랑하는 자와 사랑받는 자가 똑같이 자신의 덕을 열심히 돌보도록 강제하기 때문이다. 반면에 사랑의 다른 모든 형태는 세속적인 여신에 속한다"(185b).

파우사니아스의 연설은 파이드로스의 것과 일종의 짝을 이루거나 보완관계에 있다. 두 사람 모두 사랑을 동성애적인 관계로 보고 있고, 개인들 사이의 관계에 중점을 두고 있다. 두 사람은 또한 사랑은 우리를 더 나은 사람으로 만드는 힘을 갖고 있다고 논증한다. 비록 파이드로스는 사랑받는 자의 도덕적 우월성에 특권을 부여하는 반면에, 파우사니아스는 사랑하는 자에게 더 호의를 보인다 할지라도 그러하다. 파이드로스에 있어서 훌륭한 행위를 하는 까닭은 사랑하는 자나 사랑받는 자가 상대방에게 수치스럽게 보이는 것을 두려워하기 때문이다. 파우사니아스는 이것을 한 단계 더 밀고 나간다. 그는 행위의 동기를 사랑하는 자와 사랑받는 자 사이의 두려움이나 수치의 회피로서 부정적으로 말하는 대신에, 방향을 바꾸어서, 둘의 관계를 사랑하는 자와 사랑받는 자의 고유한 덕들의 일치로 긍정적으로 말하고 있다. 파이드로스와 달리, 파우사니아스는 모든 '사랑'이 덕을 위한 경향성을 갖고 있지 않다는 것을 깨닫는다. 이처럼 그는 더 고차적인 에로스와 더 저급한 에로스, 즉 영혼과 도덕적 향상에 초점을 맞추고 있는 나이 든 에로스와 육체와 성적인 만족에 중점을 두고 있는 젊은 에로스를 구분한다.

천상의 에로스는 지혜를 추구한다는 파우사니아스 주장에 개략적으로 동의하는 것은 쉬운 일이다. 우리는 또한 아름답게 (혹은 추하지 않게) 하는 행위의 경향성과 수행에 관한 그의 주장에 동의할 수 있지만, 이것은 정확히 무엇을 의미하는가? 행실의 기준은 무엇이며 그것은 어디에서 유래하는가? 여기서 파우사니아스는 관습적인 사고방식으로 되돌아가고, 아테네와 스파르타 사회의 기존 관습과 규범들(*nomoi*)에 특권을 부여한다. 규범들에 대한 파우사니아스와 파이드로스의 이해방식은 자신들을 위한 것이기는 하나, 그들 자신의 동성애적 관계를 제쳐 놓는다 해도, 두 사람은 아테네인들이 규범적으로 훌륭하거나 추한 것으로 간주할 것에 대해 심각하게 의문을 제기하지 않는다.

앤더슨(D. E. Anderson)은 파우사니아스가 사랑받는 자는 보상을 위해서 에로스를 추구한다는 파이드로스의 주장을 비판할지라도, 두 사람은 모두 최종적으로 에로스를 그 자체로서보다는 그 이익을, 목적 그 자체로서가 아니라 수단으로서 찬양한다고 지적한다.[17] 이런 관점에서, 그리스-로마 세계에서 경건함은, 기원과 희생제의를 우리가 어떤 것으로 이해하는지 혹은 믿고 있는지 하는 것과는 독립적으로 그것들의 고유한 실행 속에서, 신조보다는 오히려 예배 의식에 근거했다는 것

17 D. E. Anderson, 1993, 28쪽.

을 기억하는 것이 유용하다. 아가톤의 향연은 디오니소스에 대한 형식적인 희생제의로 시작했다. "그들은 신에게 헌주를 하고 그 신을 기리는 노래를 불렀고, 또 다른 의례적인 일들을 한 후에 술을 마시기 시작했다"(176a). 내가 1장에서 지적했듯이, 역사적으로 볼 때, 아가톤의 향연에 모습을 보이고 있는 상류 계층 그룹은 종교적인 신비 의식과 전통적인 종교적인 다른 실천들을 존중하지 않는 아테네 사회의 어떤 집단에 속하는 것으로 간주되었다.

그러나 에릭시마코스가 행할 보편화하는 움직임을 충분히 가치 평가하기 위해서는, 파이드로스와 파우사니아스의 도덕적 상대주의를 기억하는 것이 가장 중요한데, 이들은 사랑을 개인에 그리고 도덕적 기준을 공동체의 관습에 기초하게 한다. 철학적으로, 우리는 또한 개인과 공동체의 관계에 기초한 도덕적 심리학으로부터 자연과의 관계에 기초한 도덕적 '자연학'으로의 이행을 보게 되는데, 이는 궁극적으로는 초월적 형상에 기초한 도덕적 형이상학으로 향한다.

이 지점에서 아리스토데모스는 아리스토파네스가 다음에 말할 사람이었다고 보고한다. 그러나 그는 딸꾹질로 고통을 겪고 있었는데, 이는 아마도 그가 너무 많이 먹거나 술을 마셨기 때문일 것이다. 그래서 그는 (인접한 침상에서 아리스토데모스와 함께 기대어 앉아 있던) 의사 에릭시마코스에게 그를 치료해 주든지 혹은 그 대신에 향연의 순서에 따라 이야기해 달라고 요청했다. 궁극적으로 에릭시마코스는 둘 다 한다. 첫째로, 그는 아리스토파네스의 딸꾹질을 멈출 치유책으로 깃털로 코를 간질임으로써 재채기가 나오게 하라고 처방한다. 둘째로, 그는 사랑을 찬양하는 그 자신의 연설을 한다. 이러한 희극적인 막간극과 순서 변경의 정확한 의미가 무엇인지 많은 추측이 제시되었다. 이야기 서술의 관점에서 볼 때, 그것은 행위를 중단시키고, 플라톤의 독자들에게 향연의 연회 분위기를 상기시켜 장면을 사실처럼 보이게 만드는 데 기여한다. 그것은 또한 육체적 기능들의 희극적 가능성을 자주 이용했던 아티카의 고대 희극에서 '웃기는 행동' (physicality)을 나타낸다. 그것은 또한 에릭시마코스와 아리스토파네스, 그다음에는 아리스토파네스와 아가톤의 대조적인 짝짓기 혹은 상응을 부각시키는 데 일조한다. 전자의 경우에, 우리는 분명히 아폴론 신에게 헌신하는 의사인 맑은 정신의 에릭시마코스와 술과 극장의 신인 디오니소스에 헌신하는 아마도 술에 취한 아리스토파네스 사이의 연관성에 주목할 수 있다. 후자의 경우에, 우리는 희극 작가인 아리스토파네스와 비극 작가인 아가톤 사이의 명백한 연관성에 주목할 수 있다. 그 설명이 어떤 것이든, 에릭시마코스와 아리스토파네스의 순서 변경은 『향연』에서 명확한 분기점을 이룬다.

3.1.5. 에릭시마코스의 연설(185e-189d)

그의 아버지 아쿠메노스와 마찬가지로, 아테네 출신의 역사적 인물인 에릭시마코스(기원전 약 448-415)는 의사였다. 『향연』이 배경으로 하는 시기에, 그는 약 서른두 살이었을 것이고, 파이드로스의 연인으로 묘사된다. 『향연』 이외에, 그는 『프로타고라스』에도 나타난다. 헤르메스 상의 신성 모독에 연루되어, 에릭시마코스는 추방되거나 처형되어 415년 이후에는 역사의 무대에서 사라진다.[18]

『향연』에서 에릭시마코스의 연설은 평이하고 장식이 없는 스타일로 쓰였고, 의사의 전문적인 용어와 개념적인 틀을 사용해 펼쳐지는데, 우리는 너무 시대착오적인 오류를 범하지 않고도 그를 과학자라고 말할

18 D. Nails, 2002, 143쪽.

수 있다. 파이드로스와 파우사니아스가 적어도 비유적으로 에로스를 신으로서 상상한 반면에, 에릭시마코스는 처음부터 사랑을 과학적인 관찰과 취급의 대상인 자연과학적인 용어들로 개념화한다는 것을 주목하는 것이 중요하다. 이것은 파이드로스와 파우사니아스의 문화적 관습주의에 반대하는 보편화하는 움직임을 반영한다. 그것은 또한 질병의 원인에 대한 신적인 설명을 거부한 히포크라테스의 자연과학적 전통을 반영한다. 예를 들어, '신성한 질병'(즉 간질)의 경우에, 히포크라테스는 이 질병이 '신성한' 것으로 불릴지라도, 그것은 "자연적인 원인을 갖고 있고, 가정된 신적인 기원은 인간의 무경험에 기인한다…"고 선언한다(Hippocrates, 1, 139쪽).[19]

에릭시마코스는 파우사니아스가 에로스의 두 유형을 구분한 것에 동의하지만, 이를 더욱 깊이 다룰 필요가 있다고 주장한다. 에로스는 단지 아름다운 개인들과 관련해서 인간 영혼에만 속하는 것이 아니라, 동물, 식물, 그리고 신들에게까지도 영향을 미치는 더 넓은 자연현상을 나타낸다. "사실상, 그것은 우주의 모든 곳에서 나타난다"(186a). 의술의 영역에서, 그는 욕망을 그 대상들과 관계시키는 원리인 에로스의 두 종류가 (인간과 동물의) 모든 육체 안에 있음을 주목한다. 그래서 건강한 체질은 건강한 사랑을 추구하고 병든 체질은 건강하지 못한 사랑을

19 히포크라테스는 '신성한 질병'에 대한 설명에서 그 명칭이 기만적임을 제시하기 위해 다음과 같이 계속 언급한다. "나 자신의 견해는 이 질병에 신성한 특징을 처음에 부여했던 사람들은 우리 시대의 주술사들, 정화하는 자들, 사기꾼 그리고 돌팔이 의사들, 즉 깊은 신앙심과 우월한 지식을 갖고 있다고 주장하는 사람들이라는 것이다. 어찌할 바를 몰라서, 그리고 도울 어떤 치료법도 없어서, 그들은 미신 뒤에 숨고 피했으며, 그들의 전적인 무지가 드러나지 않도록 이 질병을 신성한 것이라 불렀다"(Hippocrates, 1959, vol 2, 141쪽). 달리 말해서, 히포크라테스는 이 질병을 신성한 것이라 부른 사람들을 플라톤이 궤변가라고 고발한 사람들과 의술의 영역에서 같은 자들로 간주한다.

추구한다. 의사의 일은 육체의 욕망들을 바꾸어서 건강하도록 만들기 위해 고귀한 에로스와 추한 에로스를 정확히 구분하는 것이다. 그는 훌륭한 사랑이 없을 때 그것을 심어 줄 수 있고 나쁜 사랑이 있을 때는 그것을 감소시킨다.

우주론적인 용어들로 문제를 구성해서, 에릭시마코스는 세계를 대립하는 요소들 사이의 긴장으로서 서술한다. 의사는 이러한 요소들, 즉 뜨거운 것과 차가운 것, 쓴 것과 단 것, 축축한 것과 마른 것의 조화와 사랑을 조정하고 확립해야만 한다. 그의 의술적 견해는 소크라테스 이전 철학자인 아크라가스 출신의 엠페도클레스(기원전 약 493–433)의 우주론에 기초하는데, 그는 우주가 흙, 공기, 물, 불의 요소들이 계속 바뀌면서 재결합하는 것으로 구성된 지속적인 역동적 상태라고 논증했다. 요소들은 반발력(투쟁)과 인력(사랑)의 영향하에서 결합하거나 분리한다. 엠페도클레스는 현존하는 단편에서 다음과 같이 주장한다. "한 때에 그것들은 사랑에 의해서 하나로 합쳐지나, 다른 때에 그것들은 불화의 반발력에 의해 제각기 따로 떨어지고, 그다음에 시간의 경과 속에서 그것들의 적대성은 완화되고 그것들 모두가 다시 조화를 이루게 된다."[20] 이 구절에서 콘스탄과 영-브루엘(D. Konstan and E. Young-Bruehl)은 히포크라테스 이론의 영향을 주목하고서는, 육체를 대립자들의 체계 혹은 조화로서 이해하고 있는 『섭생』(*Regimen*) I권을 전거로 제시한다.[21]

에릭시마코스는 대립자들 사이의 조화를 이루는 같은 패턴이 또한 육체적 훈련(체육 기술), 농사 기술, 시가 기술, 그리고 마침내 천문학에 대해서까지 알려 준다고 계속 주장한다. 그는 역설적이고 종종 불분

---

20 P. Wheelwright, 1966, 131쪽.

21 D. Konstan and E. Young-Bruehl, 1982, 42쪽.

명한 언급 때문에 유명한, 소크라테스 이전의 다른 철학자인 에페소스 출신 헤라클레이토스의 다음과 같은 구절을 인용하고 수정할 것을 제안한다. "자신이 자신과 불화하면서도 화합한다. 활과 리라의 조화처럼"(187a). 그는 이 구절이 실제로는 음악가가 고음과 저음을 화합하게 해서 조화를 산출했다는 것을 의미한다고 해석한다. "그런데, 조화가 불화한다거나 여전히 불화하는 것들로부터 조화가 이루어진다고 말하는 것은 아주 불합리하다. 헤라클레이토스는 아마도 시가(詩歌) 기술이 처음에 불화한 상태에 있던 고음과 저음을 나중에는 일치하게 해서 조화가 생기도록 했다는 것을 말하려고 했을 것이다"(187a).

음악의 비유로부터 추정해서, 에릭시마코스는 의술은 음악과 마찬가지로 다양한 대립자들 사이에 화합과 사랑을 산출함으로써 일치를 생기게 한다고 논증한다. 그는 천상의 에로스와 세속적인 에로스 사이의 파우사니아스의 구분을 받아들여 정교히 함으로써, 우라니아(Urania), 즉 천상의 뮤즈 여신에 의해 산출된 고귀한 에로스에 대해 말한다. 다른 것은 폴림니아(Polymnia), 즉 많은 송가의 뮤즈 여신에 의해 산출된다. 음식을 탐내지 않으면서도 훌륭한 음식을 즐기는 경우와 마찬가지로, 문제는 방탕에 빠지지 않으면서도 세속적 에로스의 즐거움을 어떻게 즐기느냐 하는 것이다. 인간의 일이건 신적인 일이건 모든 문제에서, 우리는 두 가지 유형의 사랑을 고려해야만 하고 그것들의 조화에 유의해야만 한다. 신들과 자연의 요소들이 조화를 이루고 있을 때, 절제가 있을 것이고, 수확은 풍부할 것이며 인간들은 건강을 즐길 것이다. 조화를 이루고 있지 못할 때는, 폭풍우가 불고, 역병이 돌고, 식물들과 동물들 사이에 질병이 생겨난다. "이 모든 것은 무절제하고 무질서한 에로스의 종류가 별들의 움직임과 한 해의 계절에 미치는 영향의 결과이다"(188b).

이런 우주론을 한 단계 더 발전시켜서, 에릭시마코스는 예언술(*mantikē*), 즉 다양한 징조로부터 신들의 의지를 읽어 내는 기술이 실제로는 두 가지 사랑 사이의 균형을 지켜보고, 가능하다면 사물들이 조화를 유지하도록 조정하는 것이라고 제시한다. 이런 방식으로 예언가는 사랑의 효과인 조화 혹은 부조화의 징조를 알아차림으로써 신들과 인간들 사이를 중개하며, 신들과 인간들 사이에 사랑의 감정을 산출하고자 하는 의사이다. 요약해서 말하자면, 천상의 것이든 세속적인 것이든 간에, 절제와 정의에 의해 좋음을 지향하는 에로스가 행복과 행운, 시민적 질서, 그리고 신들과의 화합의 원천이라고 그는 장엄하게 선언한다. 의사로서 그의 전문적인 기술에 대한 이러한 통찰은 사실상 의술을 모든 것을 관장하는 기술로서 생각한 히포크라테스 이론의 부분이다. "지혜를 사랑하는 자(*philosophos*)인 의사는 신과 동등한 자이기 때문에, 지혜를 의술로 그리고 의술을 지혜로 이식한다. 지혜와 의술 사이에는 어떤 정해진 간격도 없다. 사실상 의술은 지혜에 기여하는 모든 특성을 갖고 있다."[22] 덧붙여서, 우리는 소크라테스가 죽어 가면서 한 말인(『파이돈』 118a), 의술의 수호신 아스클레피오스에게 빚지고 있다는 언급을 상기할 수 있다.

『섭생』 I권에서, 히포크라테스는 그의 방법론적 원리의 개요를 말하고 있다. "나는 인간의 섭생을 올바르게 취급하고자 하는 사람은 먼저 인간의 본성 일반에 대한 지식과 식별, 즉 일차적인 구성 요소들에 대한 지식과 인간의 본성을 지배하는 요소들에 대한 식별을 획득해야만 한다고 주장한다. 만일 그가 일차적인 구성 요소들에 대해 무지하다면, 그는 그것들의 효과에 대한 지식을 얻을 수 없기 때문이다."[23] 여기서

22 Hippocrates, 1959, 287쪽.

23 Hippocrates, 1959, 4, 227쪽.

우리는 사랑의 효과를 적절하게 이해하기 위해서, 사랑 그 자체의 본성을 설명하고자 하는 아가톤과 소크라테스 두 사람 모두의 관심을 앞서 볼 수 있다. 『파이드로스』에서, 소크라테스는 히포크라테스의 방법에 대해 우호적으로 말하면서, "모든 위대한 기술은 자연에 대한 논의와 사변을 요구한다"(269e)는 것에 주목한다. 그다음에 그는 치료하는 방법은 수사술의 방법과 같다고 다음과 같이 덧붙인다. "한 쪽은 몸의 본성에 대한 분석으로부터 다른 쪽은 영혼의 본성에 대한 분석으로부터 시작해야 한다"(270b). 히포크라테스의 주장과 거의 같은 말을 하면서, 소크라테스는 다음과 같이 묻는다. "당신은 우리가 전체 인간의 본성을 알지 못하고서도 영혼의 본성을 제대로 이해할 수 있다고 생각하는가?"(270c).

건강한 몸과 그것의 우주와의 관계에 대한 에릭시마코스의 모델과 『국가』(436a–445e, 545b–580a)에 나오는 소크라테스의 영혼의 삼분 모델 사이에 어떤 주제적인 비교를 해 볼 수 있다. (또한 『파이드로스』 [246a–256e]에서 소크라테스가 영혼을 두 필의 말을 제어하려고 하는 마부에 비유해서 표현하고 있다는 것을 상기하는 것도 도움이 될 수 있다.) 소크라테스의 설명에서, 공동체의 도덕적 건강함은 개별적인 구성원들의 영혼의 건강함으로부터 유래하는 집합적 규범을 나타내는 것이다. 구성원들에게 질병이 만연해 있을 때, 공동체 또한 건강하지 못할 것이다. 소크라테스는 영혼을 적어도 세 부분의 능력, 즉 이성, 격정, 욕구 사이의 상호 작용으로 상상한다. 올바른 혹은 건강한 영혼은 세 가지 능력이 그것들의 적절한 본성에 따라 서로 간에 조화롭게 작용하는 것이다. 이처럼 영혼이 격정의 도움을 받아 이성에 의해 지배될 때 욕구는 절제 있게 된다. 대조적으로, 건강하지 못한 영혼은 이성, 격정, 욕구가 균형과 조화를 이루지 못하고 그것들의 적절한 영역을 넘어서서 기능한다. 우리는 격정적인 사람을 격정이 이성을 지배하고 있는 상태로, 혹은 욕구적인 사람을 그의 행위가 욕구의 만족에 의해 지배되고 있는 상태로 말할 수 있다. "신체 안에 건강을 생기게 함은 곧 신체에 있어서의 여러 부분이 서로 지배하며 지배받는 관계를 성향에 따라 확립함이요, 반면에 질병을 생기게 함은 곧 서로 다스리며 다스림을 받는 관계를 성향에 어긋나게 확립함일세"(444d)라고 소크라테스는 에릭시마코스가 동의할 수 있는 말로 언급하고 있다.

에릭시마코스가 그 자신의 전문성에 큰 자부심을 갖고 있다는 것은 놀라운 일이 아니다. 비록 에로스에 대한 우주적인 통찰과 의술의 실천을 기술한 다음에, 그의 의술이 아리스토파네스의 딸꾹질을 치료함으로써 예증된다는 사실 속에 어떤 아이러니가 있지만 말이다. 아마도 그는 아리스토파네스의 횡경막의 부조화가 콧속에 그에 상응하는 부조화를 일으킴으로써 해소되고, 그리하여 육체적 조화가 재확립되었다고 설명할 수 있을 것이다. 이것은 그 자신의 자존심을 얼마간 위축시키지만, 그가 말했던 모든 것을 반드시 부당하게 만드는 것은 아니다.

3.1.6. 아리스토파네스의 연설(189d-194e)

키다테나이온 출신의 희극 작가 아리스토파네스(기원전 약 450-386)는 아가톤의 향연이 열렸을 때 약 서른네 살이었을 것이다. 플라톤이 그를 위해 창조한 연설은 『향연』의 가장 유명한 이야기 중 하나이며, 가장 매력적이고 공감을 자아내는 것이다. 철학자가 무뢰한이며 소피스테스로서 비난받고 있는 작품인 『구름』에서 소크라테스를 향한 이 극작가의 분명한 반감을 가정할 경우에, 많은 독자는 이를 아이러니한 것으로 생각한다. 이 희극에서, '영웅' 스트레프시아데스는 소크라테스의 학교인 사색소('지혜-학교')로 가서, 설득술을 이용해서 그의 채

권자들을 속이는 방법을 배우게 된다. (알키비아데스는 그 자신이 스트레프시아데스의 낭비벽이 있는 아들 페이디피데스로 풍자되고 있다고 보았다.) 소크라테스는 『변론』(18b–19b)에서 이 희극을 암시한다. 다른 한편, 플루타르코스는 소크라테스가 『구름』에서의 조롱 때문에 고민하지는 않았다고 말한 것으로 기록하고 있다. "나는 극장에서 마치 큰 술잔치에서처럼 놀림감이 되었다."[24] 플라톤이 쓴 현존하는 한 경구는 아리스토파네스를 칭찬하고 있다.[25]

아리스토파네스는 그가 다른 사람들과는 다른 접근을 하겠다고 제안하면서 그의 연설을 시작하고, 사람들이 에로스의 힘을 파악하지 못하고 있다고 덧붙인다. 왜냐하면 만일 사람들이 에로스가 다른 어떤 신들보다도 더 인간을 보살피고 있고 우리가 치료받아야 할 병들을 치유하고 있다는 것을 깨달았다면, 우리는 신전들을 짓고 그에게 제사를 지냈을 텐데 그러지 않고 있기 때문이다. 그다음에 아리스토파네스는 옛 희극의 방식대로 사랑의 기원과 본성에 대해 이야기를 전개해 간다. 『향연』에서 제시된 연설이 더 이상 현존하지 않는 아리스토파네스의 실제 희극에 근거한 것인지, 아니면 아리스토파네스적인 방식을 상상하려는 플라톤의 창조적 기도인지는 추측의 문제이다. 라블레(Rabelais)와 후기 셰익스피어의 '두 개의 등을 가진 짐승' (*Othello* 1.1.117)에 대한 언급, 즉 성적 결합 상태에 있는 한 쌍에 대한 생각을 불러일으키는 비유는 아리스토파네스의 (혹은 플라톤의) 구형의 인간에게서 영감을 받았을 것임을 암시한다. 『향연』 끝에서 아리스토데모스는 소크라테스가 작가는 희극과 비극을 모두 쓸 수 있어야만 한다고 아가톤과 아리스토파네스와 논쟁하고 있었다고 회상한다(223c). 어떤 방식으로건, 그것

24 Aristophanes, 2007, 47쪽.

25 Aristophanes, 2007, 109쪽.

은 『파이드로스』의 전차의 비유에 비교할 수 있는 『향연』의 가장 기억할 만한 불후의 에피소드들 가운데 하나이다.

옛날에 세 유형의 인간들, 즉 남성, 여성, 그리고 남성과 여성을 함께 지닌 남녀추니가 있었다. 남성들은 해로부터 유래했고, 여성들은 땅으로부터 그리고 남녀추니는 해와 땅의 특성을 모두 갖고 있는 달로부터 유래했다. 그 당시에, 모든 인간은 완전히 둥근 형태였고, 네 개의 팔, 네 개의 다리, 두 개의 얼굴, 두 개의 생식기를, 그리고 다른 신체 기관들을 쌍으로 갖고 있었다. 이들은 배수(倍數)의 사지(四肢)를 갖고 있었기 때문에 어떤 방향으로도 곧추서서 걸어 다닐 수 있었고 빙글빙글 굴러서 빠르게 달릴 수 있었다. 그들은 매우 힘이 세고 빨라서 신들을 위협했다. 아리스토파네스는 거인 에피알테스와 오토스가 하늘에 있는 신들을 공격하려 했다는 호메로스의 언급(*Iliad* 5.385, *Odyssey* 12.308)은 사실상 이러한 인간에 대한 것이었다고 설명한다. 제우스와 다른 신들은 딜레마에 직면하게 되었다. 만일 그들이 인간을 파멸시켜 버린다면, 그들은 더 이상 제사를 받지 못할 것이지만, 그렇다고 인간을 제멋대로 굴도록 내버려 둘 수도 없었다. 아리스토파네스적인 훌륭한 방식으로, 제우스는 문제를 해결할 수 있는 '좋은 생각'을 떠올린다. 그는 터럭으로 계란을 자르듯이 인간을 둘로 자르도록 명령했고, 그래서 이제 인간은 단지 두 다리와 두 팔만을 갖게 되었다. 아폴론은 얼굴들을 앞으로 돌려놓고, 상처들을 꽉 묶어 배꼽, 즉 우리의 기원을 상기시키는 것을 만들었다. 만일 이런 조치로 충분치 않다면, 제우스는 그들을 다시 반으로 자를 것이고, 그렇게 되면 그들은 외다리로 깡충거리며 걸어 다녀야만 할 것이라고 경고한다.

계획이 실행되자, 잘린 인간들은 필사적으로 그들의 잃어버린 반쪽을 찾아 나섰고, 서로 팔을 얼싸안고 포옹하면서 다시 합쳐지려고 하였다. 이런 상황 속에서 인간은 다른 어떤 일도 하지 않고 서로에게 붙어 있으려고만 하였기에, 굶어 죽어가기 시작했다. 문제를 해결하기 위해서, 제우스는 생식기를 앞쪽으로 돌려놓도록 명령했고, 그래서 이들은 상대방 안에서 생식을 하게 되었고, 성적인 쾌락의 만족을 위안으로 해서, 반쪽들은 그들의 일로 돌아가 다른 필요한 것들을 할 수 있게 되었다. 아리스토파네스는 '바로 그렇게' 사랑이 모든 인간에게서 생기게 되었다고 설명한다. "그것은 우리의 원래 본성의 반쪽들을 함께 합쳐주어, 둘에서 하나를 만들어 인간 본성을 치유하려고 한다네"(191d). 우리 모두는 하나의 온전한 인간의 부절(符節)이고, 잃어버린 반쪽을 찾아다닌다. 원래 남성이었던 자들은 남자 반쪽을, 여성이었던 자들은 여자를, 남녀추니였던 자들은 다른 성을 가진 반쪽을 찾아다닌다.

그러나 사랑은 성적인 교제와는 다르다. 우리가 우리의 다른 반쪽을 만났을 때, 그 성향이 어떤 것이든 간에, 놀랍거나 경탄할 만한 일이 일어난다. "두 사람은 친애와 서로에게 속함과 사랑에 놀라울 정도로 압도되어 잠시라도 서로 떨어져 있지 않으려 한다네"(192c). 그러한 사람들은 전 생애 동안 함께하고, 이들은 서로에게 원하는 것을 명확히 말할 수 없을지라도, 서로 함께 있음에 깊은 환희를 느낀다. 그것은 성적인 교제의 단순한 만족이나 이해관계의 만족을 넘어서 지속하는 관계이다. "사랑하는 모든 영혼은 다른 어떤 것을 원하는 게 분명한데, 그것을 분명히 말할 수는 없지만, 자기가 원하는 것을 어렴풋이 예감하고 수수께끼 같은 말을 한다네"(192d). 아리스토파네스는 불과 대장장이의 신인 헤파이스토스가 함께 누워 있는 두 명의 사랑하는 연인들에게 그들이 무엇을 가장 마음속으로 원하는지를 묻는다고 상상해 본다. 그는 그들이 아마도 함께 용접시켜 줄 것을, 그래서 죽을 때까지도 둘을 하나로 만들어 주기를 원할 것이라고 추측한다. 우리의 참된 본성은 온전함이고, 에로스는 온전함에 대한 추구, 즉 완전해지려 하고 우리의 원래 본성을 회복하려는 욕망이라고 아리스토파네스는 말한다. 밀턴의 아담은, 분명히 플라톤을 읽었기 때문에, 『실낙원』에서 다음과 같이 선언한다. "나는 그대를 내 영혼의 부분으로 추구하고, 그대를 나의 다른 반쪽이라고 주장한다"(4. 487, 8).

요약하자면, 아리스토파네스는 우리가 신들 앞에서 질서를 추구해야만 하고, 그렇지 않으면 인류가 다시 둘로 쪼개질 수 있다고 경고한다. 더 나아가, 우리는 온전함을 추구하기 위해서 사랑에 의해 인도되어야만 하고, 신들한테 미움받을 행동을 피해야만 한다. 단지 그럴 경우에만, 우리는 우리에게 예정된 소년 애인을 발견할 것인데, 이는 소수만이 도달할 것으로 여겨지는 목표이다. 그다음에 에릭시마코스를 돌아다보고, 그는 그의 연설이 희극으로 치부되어서는 안 된다고 주장한다. 그가 남자 반쪽을 찾는 남성 유형에 대해 말할 때, 파우사니아스와 아가톤을 염두에 두었던 것은 아니다. 비록 그는 이들이 아마도 그런 부류에 속할 것이라는 점을 인정하지만, 전체로서의 인간, 즉 남자와 여자 모두에 대해 말한 것이라고 주장한다. 궁극적으로, 에로스는 우리를 복되고 행복하게 만들어 준다.

앨런(R. E. Allen)은 아리스토파네스의 신화는 희극으로 시작하지만, 비극은 아닐지라도, 인간 조건에 대해 에피쿠로스, 스토아학파, 혹은 부처하고도 비교할 수 있는 '삶을 부정하는' 시각으로 끝난다고 주장한다.[26] 온전함은 실제로 절대 도달될 수 없다는 의미에서, 즉 욕망의 궁극적 대상이 획득될 수 없다는 의미에서, 아리스토파네스의 신화에는 확실히 비극적 요소가 있다. 그러나 이로부터 '삶을 부정하는' 이라

26 R. E. Allen, 1991, 35쪽.

는 주장이 귀결될 수는 없는데, 특히 에피쿠로스, 스토아학파 혹은 부처와 비교할 때 그러하다. 이들은 욕망이 고통의 원천이라고 주장하고서 욕망으로부터의 해방을 논하지만, 아리스토파네스는 욕망에서 삶의 역동적 성격을 본다. 만일 사랑이 에릭시마코스가 기술하고 있는 우주에 활력을 주는 원리가 아니라면, 그것은 분명히 인간 삶에 활력을 불어넣는 것이다. 그것은 삶을 확고히 긍정하게 하는 것이다. 이보다 더 관련성이 있는 것은, 아리스토파네스에게 있어서 온전함을 추구하고자 하는 추동력은, 비록 그것이 도달될 수는 없을지라도, 결핍을 채우려는 충동에 의해 추동되는, 결핍된 어떤 것으로서 에로스를 특징짓는 소크라테스와 디오티마의 견해를 앞서 보여 준다는 점이다. 유사한 방식으로, 철학자는 지혜에 대한 그 혹은 그녀의 추구에 의해 특징지어진다. 비록 그 어떠한 궁극적인 깨우침이, 도대체 그게 가능하다면, 단지 오랜 노력 후에만 가능하다는 것을 인정한다 할지라도 말이다. 소크라테스가 그의 철학적 작업을 자주 산파술에 비유하는 것이 상관없는 것은 아니다. 산파는 자신은 아이를 출산하지 않으면서도 다른 사람들이 아이를 낳는 것을 도와주면서 중개자로서 봉사한다. 같은 방식으로 철학자들은 그들 자신의 것을 갖고 있지 않을지라도, 다른 사람들이 생각을 낳도록 도와준다.

에릭시마코스와 아리스토파네스는 접근 방식과 논조에 차이가 있지만 둘 다 사랑을, 건강한 조화의 보존 또는 회복으로든 혹은 상처를 치유하려는 시도로든지 간에, 건강과 관련된 용어들로 생각하고 있다. 아리스토파네스는 그가 사랑에 관한 것을 일반적인 자연의 질서로부터 인간의 영역으로 되돌려 놓았다는 점에서 의사와 다르다. 사랑과 그 절박함은 인간에 속하는 것이다. 한편 양자는 사랑을 자연적 본성에 근기해 보편화하려고 한다는 점에서 파이드로스나 파우사니아스와 다르다.

에릭시마코스의 경우에 사랑이 자연 일반의 부분인 반면에, 아리스토파네스의 경우에 자연은 인간의 본성과 인간 조건에 국한된다. 사랑의 영역을 인간 상호 작용에 국한하는 의미를 이해하기 위해서, 우리는 『파이드로스』 편에서 소크라테스가 "자연적 풍광은 … 나에게 아무것도 가르쳐 주지 않고, 도시의 사람들만이 그렇게 한다"(230d)라고 한 언급을 고찰해 볼 수 있다. 소크라테스는 사랑은 전체로서의 자연에서의 화합과 조화에 관련된다는 에릭시마코스의 견해에 전적으로 동의할 수 있을 것이지만, (과학적 방법을 자연의 비밀을 캐내기 위해 고문하는 것에 비교한 프랜시스 베이컨[Francis Bacon]과 달리) 자연적 풍광에 질문하는 것이 어렵다는 것을 깨달았다. 소크라테스는 다른 사람에게 질문함으로써만 배울 수 있다는 입장을 취하고 있는데, 이는 존재의 근거와 관련해서 인간과 인간 상호 작용의 존재론적 위치를 고양하는 입장이다. 사랑이 관계하는 것은 단지 인간의 영역뿐이다. 어떤 방식으로든, 이들은 사랑과 그 유익함을 사회적 관습의 차원을 넘어서 상승시켰다. 아가톤과 소크라테스의 대화를 통해 나타나는 다음 단계는 자연적인 것을 넘어 초월적인 것으로 우리를 데려간다.

아리스토파네스의 연설은 참석자들한테서 호의적인 반응을 얻었고, 다른 막간극으로 이끈다. 에릭시마코스는 대체로 연설을 칭찬하고서, 만일 아가톤과 소크라테스가 사랑에 관한 전문가가 아니라면 이 주제에 대해 더 이상 무엇이 보태질 수 있을지 상상하기 힘들 것이라고 덧붙여 말한다. 소크라테스는 그러한 연설들 다음에 아가톤까지 연설한 이후에 자신이 말해야 되기에 걱정스럽다는 것을 희극적으로 표현한다. 여기서 소크라테스는 아가톤이 극장의 관객 앞에 나타났을 때 지휘하는 것처럼 보였다는 것을 그에게 상기시킨다. 그러나 아가톤은 분별없는 다중보다 소수의 분별 있는 사람들 앞에 서는 것이 더 무서운 일이라고 응수한다. 이에 대해 소크라테스는 아가톤은 그가 현명하다고 생각하는 사람들에게 분명히 더 신경을 쓰리라는 것을 확신하지만, 그 극장의 관객이었던 이 그룹의 사람들은 분명히 그런 사람이 아니라고 말한다. 그다음에 소크라테스는 아가톤을 교묘하게 유인하기 위해, 현명한 사람들 앞에서 어떤 추한 일을 할 경우에 이를 부끄러워할 것인지 그에게 묻는다. 아가톤이 긍정적으로 대답하자, 소크라테스는 그 말이 다수의 보통 사람들 앞에서는 추한 일을 할 것임을 뜻하는지 재차 묻는다. 그러나 그가 대답하기 전에, 파이드로스는 소크라테스가 향연의 관례를 벗어나서 자신에게 더 익숙한 탐구 방식으로 이동하려고 한다는 것을 인지하고서 끼어들게 된다. 그는 좌장의 역할을 하면서 아가톤에게 연설할 것을 지시한다.

3.1.7. 아가톤의 연설(194e-197e)

아테네 출신의 비극 작가 아가톤(기원전 약 447–401)은 이때 약 서른 살이었고 파우사니아스의 연인이었다. 그는 소피스테스 프로디코스의 학생이었고, 『프로타고라스』에도 등장한다.[27] 그는 또한 여러 연극에서 아리스토파네스의 공격 목표였는데, 특히 *Thesmophoriazusae*(『테스모포리아 축제에 참가한 여인들』)가 주목할 만하다. 이 작품에서 비극 작가 에우리피데스는 데메테르에게 봉헌된 축제인 테스모포리아(Thesmophoria)의 여인들이 그가 여자를 싫어한다는 소문 때문에 그가 죽기를 원한다는 것을 알게 된다. 이 문제를 해결하기 위해서, 그는 아가톤이 여인으로 변장해서 그를 옹호하는 연설을 해 줄 것을 제안한다. 비극 작가는 이런 '기막힌 생각'을 거부하고, 그래서 그 역할은 에우리

27 D. Nails, 2002, 8쪽.

피데스의 불운한 친척에게 맡겨진다. 아리스토파네스는 여자 같다는 아가톤에 대한 평판과 그가 여자로 간주될 수도 있었다는 가정을 이용하고 있다.

아가톤은 "나는 내가 어떻게 말해야만 하는지 먼저 말하고 나서, 그 다음에 말하고 싶다"(194e)고 선언하고, 고르기아스의 화려하고 자기 과시적인 스타일을 보여 주는 유창한 수사를 사용해서 말하기 시작한다. (아가톤의 연설에는 '꾸밈을 즐기기'[camp]에 대한 수전 손탁[Susan Sontag]의 1966년 설명과 매우 일치하는 경박함과 연극조의 특징이 있다.) 앞서의 연설들과 자신을 관련시키면서, 아가톤은 아무도 에로스로부터 생기는 유익한 것들을 축하하는 만큼 그렇게 신 자신을 칭찬하지는 않았다고 주장한다. 그는 먼저 에로스의 신체적 특성을 말하고, 그다음으로 그의 도덕적 특성을 말하겠다고 제안한다. 에로스는 가장 아름답고 가장 훌륭하기 때문에 신들 가운데서 가장 행복하다. 이는 파이드로스의 견해와는 반대로 에로스가 신들 가운데서 가장 젊기 때문이다. 그는 이 결론을 에로스가 젊음과 아름다움을 좋아하고 노령과 추함을 피한다는 사실로부터 도출한다. 아가톤은 자기위주로 생각하면서 노인은 더 이상 사랑할 수 없거나, 또는 확실히 젊은이는 아마도 노인을 사랑할 수 없을 것이라고 암시한다. 이렇게 하면서, 그는 같은 침상에 자기 옆에 앉아 있는 나이 들고 못생긴 것으로 유명한 소크라테스를 장난스럽게 괴롭히고 있는 자신을 쉽게 상상할 수 있을 것이다. 아가톤은 에로스가 젊은이와 언제나 함께하고 (에릭시마코스의 견해와는 반대로) 비슷한 것은 비슷한 것에 끌리기 때문에 에로스가 젊다는 것이 분명하다고 말한다. 헤시오도스와 파르메니데스가 묘사한 격렬한 감정들은 에로스보다는 오히려 필연의 산물이다. 어떤 면에서, 이 명제는 『파이드로스』에서 "모든 사람은 각자의 방식에 맞게 사랑을 선택한다"(252d)는 소크라테스의 주장을 닮아 있는 것으로 보인다. 『파이드로스』와 『향연』 두 편 모두의 소크라테스의 설명에서, 이끌림은 물론 육체적 유사성이 아니라 내적인 아름다움의 친밀함, 즉 유사한 성향의 인정에 따른 것이다.

다음에 아가톤은 에로스가 신들 중에서 가장 '부드럽고 가냘프다'(*hapalos*)고 논증한다. 그 증거로, 그는 호메로스의 『일리아스』(19.92–93)에서 부드러운 여신 아테(Atē: 미망)는 땅 위로 걸어 다니지 않고 사람들의 머리 위로 걸어 다닌다는 한 구절을 인용한다. 이 대목에서 그는 잠깐 멈추고서, 당연히 사람의 머리는 부드럽지 않기 때문에 그가 사람들과 신들의 영혼을 의미한 것이라고 설명한다. 그다음에 그는 에로스가 본성이 신들 중에서 가장 유연하고, 가장 우아하며 가장 균형 잡혀 있고 매우 아름다운 형색을 지니고 있다고 덧붙인다.

에로스의 신체적 특성을 아가톤 자신을 매우 닮은 모습으로서 묘사한 뒤, 그는 에로스의 도덕적 특성에 대해 말한다. 그는 에로스가 정의(*dikaiosynē*), 절제(*sōphrosynē*), 용기(*andreia*), 지혜(*sophia*)라는 주요한 덕(*aretē*)들의 원인이라고 논증한다. 그의 기본적 논증은 의미론적이고, 만일 우리가 어떤 것을 사랑으로부터 행한다면 그것은 강요된 것이 아니라고 주장한다. 오히려 모든 사람은 에로스에 자발적으로 봉사한다. 이처럼, 에로스는 인간들이나 신들에게 불의를 행하지도 않고, 인간들이나 신들에 의해 불의를 당하지도 않는다. 그는 불의의 희생자도 아니고 그 어떤 자를 희생시키는 자도 아니다. 정의의 덕을 '국가의 왕인 법률'(196b)에 대한 자발적인 복종으로 좁게 이해하면, 정의는 국가의 모든 구성원이 서로 화합하고 자발적으로 법률을 사랑하는 정치적 조건이다. 유사하게, 절제의 덕은 쾌락에 대한 욕망을 자발적으로 누그러뜨리는 것이다. 에로스는 쾌락과 욕망의 강한 감정을 지배하기 때문에, 그는 절제가 있음에 틀림없다. 에로스가 용기를 통제한다는 주장을 뒷받침하기 위해서, 아가톤은 아프로디테를 향한 아레스의 사랑에 관한 호메로스의 설명(『오디세이아』 8.266-366)을 논급하고, 소포클레스의 비극 『티에스테스』(*Thyestes*)로부터 한 구절을 인용한다.[28] 여기서 용기 있는 전쟁의 신은 여신을 향한 사랑에 의해 조절되거나 통제된다. 최종적으로 지혜에 관해 말하면서, 아가톤은 에릭시마코스가 그 자신의 기술을 칭찬한 것을 상기한다. 만일 의사[에릭시마코스]가 에로스를 불화를 치유하고 질서와 조화를 확립하는 의사로서 생각했다면, 시인[아가톤]은 아폴론이 의술뿐만 아니라 시가(詩歌)의 신임을 주목하고서 에로스가 시인임을 주장한다. 이처럼 에로스는 시인이고 그에게 헌신하는 자들을 시인으로 만든다. 그는 다른 사람들을 창조적으로 만들기 때문에, 그 자신이 창조적임이 틀림없다. "어느 누구도 자신이 갖고 있지 않거나 알고 있지 못하는 것들을 다른 사람에게 주거나 가르칠 수 없을 테니까" (196e). 숙련되거나 창조적으로 되는 것은 자신의 기술을 사랑하는 것이고, 그래서 에로스는 다양한 기술들에 대한 앎을 포함한다.

아가톤은 만듦, 제작 혹은 창조를 뜻하는 포이에시스(*poiēsis*)의 글자 그대로의 의미를 이용해 에로스를 시인으로 특징지음으로써 예술에 대한 표현주의자의 모델을 개념적으로 이해할 수 있는 길을 간단히 열고 있는데, 나중에 디오티마 자신이 이 주제를 끄집어낼 것이다. 여기서 시인은 어떤 것을 재현하는 것이 아니라 존재 그 자신의 질서를 창조한다. 그러나 아가톤 자신은 기술(*technē*)의 숙련과 관련되는 시의 재현적 모델로 재빨리 돌아간다. 우리는 『파이드로스』(245a)에서 시와

---

28 Plato, 1998, 164쪽.

시적인 광기에 대한 소크라테스의 논평을 상기할 수 있다. 어떤 기술에서 지혜롭다는 것은 그 기술에 대한 지식에서 숙련되는 것이다. 아가톤에게 있어서, 시인을 위해 요구되는 기술 혹은 지식은 일종의 지혜이다. 의술, 예언술, 궁술 그리고 음악에 대한 아폴론의 지식은 시적인 기술들이며, 청동에 대한 헤파이스토스의 지식, 직조에 대한 아테네의 지식, 그리고 통치술에 대한 제우스의 지식과 같은 것이다(197b). 그렇다면, 에로스는 지혜로의 안내자이다.

다양한 특징들을 함께 끌어모아서, 아가톤은 에로스가 신들 중에서 가장 아름답고, 에로스로부터 우리는 아름다움을 추구하고 갈등을 피하기 때문에 에로스의 현존이 바로 불화를 잠재운다고 주장한다. "이 신이 태어난 뒤로는, 아름다운 것들에 대한 사랑으로 말미암아 모든 좋은 것이 신들과 인간들에게 생겨났다"(197b). 그의 주제에 고무되어, 그는 시적인 운율을 넣어 말한다. "인간에게 평화를, 바다에는 바람 없는 잔잔함을, 바람에게는 휴식을, 또 근심 걱정이 있는 자에게는 잠을"(197c). 최종적으로, 아가톤은 수사적인 기교를 동원해 에로스에 대해 열광적으로 말하면서 다음과 같이 결론짓는다. "에로스는 훌륭한 사람들은 돌보되 나쁜 사람들은 돌보지 않네. 고생 가운데, 두려움 가운데, 갈망 가운데, 이야기하는 가운데 가장 훌륭한 키잡이요 배에 탄 전사요 동료 수호자요 구원자라네. 그분은 모든 신과 인간의 장식이요 가장 아름답고 가장 훌륭한 인도자이니, 모든 사람은 그분이 모든 신과 인간의 마음을 황홀하게 하면서 부르는 그 노래를 함께 아름답게 따라 부르면서 그분의 뒤를 따라야만 하네"(197e). 그의 말들은 바울의 고린도전서에서의 사랑에 대한 설명을 앞서 보여 주고 있는 것으로 여겨지는데, 어떤 신학자들은 그것들이 동일한 개념을 나타내고 있다고 주장할 것이다. "사랑(*agapē*)은 오래 참고, 친절합니다. 사랑은 시기하지 않으며, 뽐내지 않으며, 교만하지 않습니다. 사랑은 무례하지 않으며, 자기의 이익을 구하지 않으며, 성을 내지 않으며, 원한을 품지 않습니다. 사랑은 불의를 기뻐하지 않으며, 진리와 함께 기뻐합니다. 사랑은 모든 것을 덮어 주며, 모든 것을 믿으며, 모든 것을 바라며, 모든 것을 견딥니다"(고린도전서 13장 4–7절).[29] 바울은 물론 사랑을 에로스(*erōs*)가 아니라 아가페(*agapē*)로 표현하고 있지만, 그것은 플라톤의 용어로 기독교를 생각해 보려는 후대의 신학자들을 위한 통로가 된다.

아가톤은 발언권을 좌장에게 양도하면서 파이드로스에게 다음과 같이 말한다. "그것을 그 신께 바치도록 하세. 그 일부는 놀이 삼아, 또 일부는 적절한 진지함을 갖도록 최선을 다했네"(197e). 여기서 아리스토데모스는 참석자들 모두가 환호했다고 보고한다. 그리고 소크라테스는 에릭시마코스를 돌아보며, 그가 아가톤의 연설 다음에 말하는 것을 두려워한 것이 어리석다고 아직도 생각하는지 농담조로 묻는다. 의사는 소크라테스가 연설의 우수성에 관해서는 참으로 예언자처럼 말했지만, 그가 막막해할 것이라고는 생각지 않는다고 대답한다. 참으로, 그의 예언은 소크라테스의 것보다 더 예언적임이 입증될 것이다.

빈정대는 투의 일련의 찬사를 통해, 소크라테스는 아가톤의 연설에 대해 그 말솜씨와 현란함을 칭찬하고, 이 연설 전체가 똑같은 정도로 놀랍지는 않을지라도 끝부분은 아름다운 단어들과 구절들로 넋을 잃게 만든다고 덧붙인다. 그 머리가 사람을 돌로 변하게 만드는 고르고(Gorgō)의 이름을 갖고 농언을 하면서, 그는 아가톤이 고르기아스(Gorgias)의 머리를 갖고서 자신을 말 못하게 만들었다고 상상한다. 달리 말해서, 아가톤의 연설은 수사적인 효과는 뛰어나지만, 그것은 실질

---

29 역자 주: 『성경전서』, 표준새번역 개정판, 대한성서공회, 2001 번역 참조.

적으로는 모자란 것이고, 훌륭하기보다는 기교에 가까운 것이다. 다음에, 소크라테스는 그가 주제넘게 에로스를 찬미하는 경쟁에 뛰어들고, 자신이 에로스의 문제들에 관해 전문가라고 주장한 것을 한탄한다. 그는 소크라테스적인 무지의 입장을 상정하고서 다음과 같이 주장한다. "나는 어떤 것이든 찬양하는 것의 진실을 알고 있으니까 말을 잘할 수 있을 것이라고 아주 자신만만했었지"(198d). 그리고 전체 경연에 대해 아이러니하게도 다음과 같이 덧붙인다. "그러나 그 어떤 것을 아름답게 찬양하는 것은 이런 것이 아니라, 실제로 그렇든 그렇지 않든 간에 그 대상에게 가장 위대하고 가장 아름다운 것들을 바치는 일이었던 것 같네"(198e). 어떤 것에 관해 진술하는 능력은 그러한 진술들의 진리성 여부와 독립적인 것이다. 오히려, 각각의 연설은 에로스 그 자체보다는 연설자에 관한 것, 즉 그가 무엇을 사랑하고 욕망하는지, 그가 어떻게 보이고 생각될지에 관해 더 잘 말하고 있다. "우리 각자가 에로스를 실제로 찬양할 것이 아니라 찬양하는 것으로 보여야 한다고 앞서 요구된 것처럼 보이네. 내 생각으로는 이 때문에 자네들은 온갖 말을 잘 뒤섞어서 에로스에게 바치면서 그분이 이와 같은 분이고 그렇게 많은 것의 원인이라고 말하고 있는 것으로 여겨지네. 그분이 가능한 한 가장 아름답고 가장 훌륭하게 보이도록 말일세. 알지 못하는 자들에게는 그렇게 보이는 것이 분명하겠지만, 아는 자들에게는 그렇지 않을 것이네"(198e).

연설들에 대한 소크라테스의 평가를 자신의 연설이 부분적으로는 놀이이지만 "일부는 적절한 진지함을 갖도록 최선을 다했다"(197e)는 아가톤 자신의 평가와 대립시켜 보는 것은 유용하다. 같은 것이 또한 다른 연설자들에게도 마찬가지로 적용될 수 있다. 첫째로, 향연의 풍조와 관습에 충실하게, 연설들이 진지하게 이루어져야 한다는 요구는 없다.

그것들은 놀이와 농담을 하는 것이고 과장과 자기 풍자로 특징지어진다. 이 모든 것은 게임의 일부이다. 이를 언급한 다음에, 아가톤은 그가 사랑의 힘에 관해 말한 것의 많은 부분을 믿고 있고, 그의 방법의 한계를 알고 있으며 그가 할 수 있는 한 최선을 다해서 설명하고자 했다는 것을 인정한다. 이 점에서 그는 자신을 고르기아스와 구별하고 있는데, 고르기아스는 그의 『헬레네 찬가』를 '나 자신을 위한 유희'라고 특징지은 바 있다.[30]

소크라테스는 아가톤의 찬양이 아름답고 신을 공경하는 것임을 인정하지만, 자신은 찬양의 방법에 대해 무지하다고 주장한다. 에우리피데스의 『히폴리토스』(612)에서 가져온 적절한 비유를 사용해, 그는 '혀로는'(*hē glōssa*) 에로스를 찬양하겠다고 약속했지만 '마음으로는'(*hē phrēn*) 그러지 않았다고 주장한다. 그래서 그는 또 다른 찬양을 하기를 거부한다. 대신에 참석자들이 허락한다면, 그는 자신의 방식으로 진실을 말할 것이다.

다음 장에서 소크라테스의 연설에 관해 말하기 전에, 처음 다섯 연설을 요약하고 이것들이 소크라테스가 말할 것과 어떻게 관련되는지 예상해 보는 것은 가치 있는 일이다. 파이드로스, 파우사니아스, 에릭시마코스, 아리스토파네스, 그리고 아가톤의 연설은 에로스의 문제에 대한 관습적 혹은 전통적 지혜(*endoxa*)에 관해 최선을 다해 개관하고 있다. 셰필드(F. Sheffield)는 『향연』을 '통념에 대한 훌륭한 토론회'로 멋지게 이름 붙인 바 있다.[31] 그러면, 문제는 사랑에 대한 소크라테스의 설명이 처음 다섯 명의 연설자들에 의해 전개된 묘사에 기초하는 것인지 아니면 그것들을 거부하는 것인지이다. 『향연』 전체에 걸쳐 전반적

---

30 Gorgias, 2003, 84쪽.

31 F. Sheffield, 2006, 23쪽.

인 주제적 발전과 연속성이 있는가 아니면 플라톤이 관습적인 지혜를 물리치기 위해, 일종의 전투 준비를 하려고 단순히 그것을 요약하고 있는가? 다양한 연설들은 플라톤 자신의 예술적이고 수사적인 기술들을 단순히 보여 주려는 것인가 혹은 그는 그것들을 생략할 수 있었는가? 로우(C. Rowe)가 『향연』의 번역서에서 "우리는 어떤 의미로든 에로스에 대한 점차적으로 발전하는 그림이 있거나 그러한 것이 의도되었다고 상정하는 것에 신중해야 한다…"고 경고할 때, 그는 후자의 견해를 요약적으로 밝히고 있는 것이다.[32] 로우는 소크라테스가 모든 사람이 에로스를 실제로 찬양하기보다는 찬양하는 것으로 보이는 데 더 관심이 있는 것으로 보이며 어떤 사람도 이 문제에 관한 진실을 실제로 알지 못하는 것으로 여겨진다는 일반적인 불만으로 그의 연설을 시작하고 있음을 주목한다. 그다음에 그는 소크라테스가 아가톤의 연설을 타파할 것이라고 주장한다. 로우는 다음과 같이 결론 내린다. "파이드로스로부터 아가톤으로 이어지는 일련의 내용에서 분명히 드러날 수 있는 공통의 설명을 구성하는 것은 어떤 경우에도 힘들다. 다섯 사람 모두는 본질적으로 개별적인 기여를 하고 있고, 각각은 분명히 우연적인 방식으로 앞의 사람보다 더 낫게 되려고 시도하고 있다."[33] 나는 이것이 사태를 과장하고 있다고 믿는다. 플라톤이 완전히 뒤엎어 버리기 위해 그렇게 조심스럽게 대안들을 제의했으리라는 것은 직관에 반하는 것으로 여겨진다.

플라톤은 논문을 쓰는 것이 아니라 예술 작품을 창조하기를 선택했다. 전통적인 지혜 문학에서 그렇게 하듯이, 그는 기억되고 사라지는 일련의 현명한 격언들로 환언될 수 있는 이론을 전달하고 있지 않다.

---

32 Plato, 1998, 8쪽.

33 Plato, 1998, 8쪽.

유사한 방식으로, 우리는 피타고라스 정리의 공식 혹은 증명의 단계들을 단순히 기억하고 있기 때문에 이 정리를 이해한다고 말할 수 없다. 단계들을 아는 것과 그것들을 이해하는 것은 아주 다른 것이다. 오히려 플라톤은 일부는 서술적으로 일부는 극적인 형식으로 예술 작품을 창조함으로써, 다양한 부분들이 전체에 영향을 미치는 좀 더 유기적으로 얽혀 있는 과정에 우리를 관여하게 한다. 우리가 셰익스피어의 『햄릿』의 5막으로 바로 건너뛰어서는 이 작품의 충격을 경험했다고 말할 수 없듯이, 『향연』의 앞의 연설들을 건너뛰고 소크라테스 혹은 디오티마가 말한 것을 알기 쉽게 설명하는 것으로 이 작품을 파악했다고 생각할 수 없다. 디오티마의 입문의 비유는 중요하다. 우리는 과정 전체를 따라가야만 한다. 단지 그때에만 우리가 이해하고자 하는 것을 파악할 수 있다.

셰필드는 연설들은 어떤 종류의 발전을 향해 나아가고 있다는 대안적인 견해를 내놓는다. "플라톤은 이 대화편을 구성하면서 철학적 이해는 통념(*endoxa*)을 통해 작업하는 과정에서 궁극적으로 생겨난다는 것을 암시할 수 있었다."[34] 셰필드는 그가 강한 변증술적 독해라고 부른 것과 약한 독해를 구분한다. 강한 독해에서, 다섯 연설들은 진리의 요소들을 포함하고 있고 탐구의 본성에 대한 근거를 제공한다. 유비적으로, 그는 아리스토텔레스가 통념을 유사한 방식으로 사용하고 있음을 주목한다. 그러나 그는 약한 변증술적 독해가 더 마음을 끄는 것으로 파악한다. "실상 연설들은 적절한 설명으로 해결될 수 있을 올바른 종류의 생각들과 문제들을 제기하고 있다고 볼 수 있으며, 그래서 그것들은 주의를 기울여 철학적 과정의 부분으로서 검토될 필요가 있다. 이런

---

34 F. Sheffield, 2006, 31쪽.

견해에 따를 때, 연설들은 유용한 허구들, 즉 참은 아니지만 그 밑에 놓여 있는 수수께끼들이 당면한 문제에 관련된 방향으로 탐구를 촉진하는 견해들을 포함할 수 있다."[35] 셰필드의 노선을 따라서, 우리는 주요한 것으로 드러나는 주제들을 요약해 볼 수 있다.

파이드로스의 설명에서 사랑은 덕과 행복을 얻게 해 주는 가장 강력한 힘이다. 이 힘은 고귀한 활동들과 관련해서는 행복의 느낌을 산출하고 천박한 활동들과 관련해서는 수치심을 산출하는 사랑의 능력에서 나온다. 여기서 해결의 열쇠는 사랑이 어떻게 고귀한 아름다움(*kalon*)에 대한 사랑을 심어 주는 능력을 갖는지 설명하는 것이다. 그러나 그는 욕망의 고유한 대상인 참된 아름다움을 거짓된 아름다움과 구분하지 않고 있다. 아름다움을 추구함에 있어, 왜 우리는 덕 대신에 단지 성적인 만족을 추구할 수 없을까?

파우사니아스는 사랑이 덕으로 이끌 수 있다는 점에 파이드로스에게 동의한다. 그러나 그는 모든 사랑이 덕을 추구하는 것은 아니라는 점을 인식하고 있다. 이러한 이유로, 그는 사랑의 두 유형을 구분한다. 훌륭한 에로스는 육체를 넘어 영혼을 추구한다. 육체에 대한 사랑은 육체적 만족에 관한 것인 반면에, 영혼에 대한 사랑은 정신적 만족에 관한 것이라고 우리는 말할 수 있다. 이러한 정신적 만족은 개선으로부터 생기는 즐거움인데, 이것은 사랑하는 자에 의한 사랑받는 자의 개선에서 얻어진 만족이나 혹은 사랑받는 자가 사랑하는 자에 의해 개선되기를 욕망하는 것에서 생겨날 수 있다. 이런 방식으로 사랑은 덕의 계발에 관한 것, 탁월함의 성취에 관한 것이고, 이러한 탁월함은 또한 지혜의 성취에 관한 것이다. 그러나 파우사니아스는 그가 '지혜'에 의해서 어떤

35 F. Sheffield, 2006, 31쪽.

긍정적인 지식에 대한 관습적인 지칭 말고 정확히 무엇을 의미하고 있는지 명확하게 말하지 못한다.

에릭시마코스는 사랑의 고유한 목표가 덕이란 점에 대해서 파이드로스와 파우사니아스에게 동의한다. 그는 더 나아가 영혼에 대한 사랑과 육체에 대한 사랑 사이의 파우사니아스의 구분에도 동의한다. 그러나 그에게 에로스는 단지 아름다운 육체나 영혼에 끌리는 것보다 더 폭넓은 현상이다. 그는 사랑을 인간에 한정된 것으로서 생각하는 대신에, 보편화해서는, 전체로서의 자연의 작용과 동일시하고 대립적인 힘들의 이끌림과 결합에 관계하는 것으로 생각한다. 그는 지혜의 문제를 그의 전문적인 직업의 관점으로부터 취급하기를 원한다. 의사로서 그는 자연의 작용에 관한 지식이 있고 조화와 화합을 재확립하는 기술, 즉 대립적인 것들을 함께 결합하는 기술을 소유하고 있다. 그에게 있어 사랑은 바로 물질적인 본성과 육체적 건강에 관한 것이다. 이것은 히포크라테스 전통의 본질적 부분이고, 그는 이러한 지식을 철학적 지혜와 동일시한다. 의사가 대립적인 요소들 사이의 적절한 조화를 확립하는 것에 관계하듯이, 마찬가지로 사랑에 관한 전문가는 정의와 절제로 특징지어지는 건강한 인간 상호 간의 관계를 창조하는 데 관심을 갖는다.

아리스토파네스는 의술적 주제를 포착하고, 치유의 개념을 이용해서 사랑의 이로움을 파악한다. 그러나 그에게 있어 사랑은 대립자들 사이에서 조화를 확립하는 것이 아니라 단일성 혹은 온전함의 재확립에 관한 것이다. 에릭시마코스와 같이, 그러나 파이드로스나 파우사니아스와는 달리, 아리스토파네스는 사랑을 성에 의해 제한된 것이 아니라 일반적인 것으로 파악하고 동성애적 관계를 우위에 두는 그들의 견해를 거부한다. 유사하게 그는 사랑을 아름다움에 이끌리는 것으로 고찰하지 않는다. 에릭시마코스와 달리, 그는 사랑을 좀 더 큰 자연 현상의 하위 범주로 생각하기보다는 오히려 인간의 용어로 생각하기를 선택한다. 두 반쪽의 결합은 대립자들 사이의 조화가 아니라 부분들보다 더 큰 어떤 것을 창조하기 위해 결합하는 것이다. 우리의 행복 혹은 안녕은 이러한 온전함 혹은 완전성에 대한 추구를 포함한다. 그러나 에릭시마코스와 달리, 아리스토파네스는 치유를 육체와 관련된 것이 아니라 심리적 혹은 정신적인 용어로 생각한다. 남녀추니의 반으로 갈라진 상처는 정신적 분열에 대한 비유이다. 사랑의 기술 혹은 전문성은 다른 사람에게서 어떤 성질을 알아보고, 우리가 자신을 치유하거나 온전하기 위해 무엇을 필요로 하는지 아는 것을 포함한다. 왜 우리가 하나됨 속에서 행복한지는 전혀 명확하지 않다.

아가톤은 사랑이 근본적인 지식을 포함한다는 점에는 에릭시마코스와 동의한다. 그러나 자연 대신에, 그는 그것을 정의, 용기, 절제, 지혜의 덕들의 원천으로 파악하고, 파이드로스와 파우사니아스에 의해 기술된 사랑의 가치를 확장하지만, 사회적 규범을 넘어서는 방식으로 그렇게 한다. 사랑은 또한 창조성의 원천이다. 그는 앞의 연설자들이 사랑의 유익함들에 대해서는 이야기했지만 그것의 본질적 성격에 관해서는 말하지 않았다는 의미에서 이들과 의견을 달리한다. 비극의 마스크가 희극의 마스크와 대립하듯이, 그는 사랑은 치유 혹은 필요의 충족에 관한 것이라는 아리스토파네스의 견해에 동의하지 않는다. 우리는 자신의 잃어버린 반쪽에 이끌리는 것이 아니라 젊음, 아름다움 그리고 덕을 소유한 우리 자신과 같은 사람들에게 이끌리는 것이다. 그것은 영혼을 치유하는 것이 아니라 영혼의 양육과 확장에 관한 것이다.

여기까지 『향연』은 아폴로도로스가 아리스토데모스의 회상을 암송하는 방식으로 사랑에 대한 다섯 가지 설명을 제시했다. 사랑은 우리를 덕이 있게 만든다. 사랑은 우리가 지혜를 추구하도록 만든다. 사랑에 대한 지식은 우리가 자연에서의 조화 혹은 화합에 도달할 수 있도록 해주는 지식을 제공한다. 사랑은 우리를 치유해서 온전하게 만들고자 한다. 사랑은 아름답고 덕이 있으며, 그 때문에 아름다움과 덕을 추구한다. 이제 소크라테스는 자신의 방식으로 에로스에 관해 말하겠다고 제안한다.

3.2. 디오티마가 설명하다

> 나는 안뜰 문 앞에 서 있다
> 손님을 환영하는 사람으로서,
> 그리고 나의 노래는 달콤하다.
> 여기에 적합한 성찬이 마련되어 있다, 자주는 아닐지라도
> 외국에서 집에 손님이 오곤 했다.

Pindar(Nemean 1. 20)

> 지상에 있는 모든 사람 중에서 축복받은 사람은
> 이러한 비의(秘儀)를 본 사람이다.
> 그러나 이 의식에 입문하지 않은 사람은 누구나,
> 이것에 참여하지 않은 사람은 누구나,
> 그런 사람은 죽어서 결코 같은 운명을 갖지 못하고
> 어둡고 컴컴한 하계로 내려간다.

Homeric Hymn to Demeter(Homer, 2003, 25, 26쪽)

사랑의 주제에 대한 소크라테스의 연설은 세 부분으로 나뉜다. "나 자

신의 방식으로 진실을 말하겠다"는 그의 요청, 즉 "그냥 떠오르는 대로 단어를 사용하고 어구들을 배열할 것"(199b)임을 상기시킨 다음에, 처음 두 부분은 소크라테스의 논박술의 예들을 제공한다. 논박술은 소크라테스가 그의 대화자들의 다양한 주장들이 어떻게 서로 모순되는지를 보여 줌으로써 그들 스스로 논박하도록 유도해서, 그들의 명제들에 이의를 제기하는 문답법이다. 첫 부분에서, 소크라테스는 아가톤에게 질문을 하고, 그가 사랑에 관한 자신의 주장을 포기할 수밖에 없도록 만든다. 두 번째 부분에서, 그는 디오티마(Diotima)란 이름의 지혜로운 여인에 의해 자신이 어떻게 유사한 방식으로 논박되었는지를 설명한다. 세 번째 부분에서, 소크라테스는 논의 방향을 바꾸어서, 디오티마가 그에게 이야기한 사랑에 대한 설명을 상기한다. 소크라테스가 『파이드로스』(244a)에서 스테시코로스가 원래 두 번째 연설을 했다고 주장한 것과 마찬가지로, 그는 디오티마한테서 배운 것을 단지 되풀이해서 이야기할 뿐이라고 주장하는 것에 주목하는 것은 재미있다. 교묘한 방식으로, 플라톤은 소크라테스가 디오티마와 관계하는 입장을, 아리스토데모스가 소크라테스에 대해, 그리고 아폴로도로스가 아리스토데모스에 대해 관계하는 것과 유사하게 만들고 있다. 각각은 그 자신의 방식으로 청중과 이야기의 출처 사이에 중개자로서 기능한다.

3.2.1. 아가톤에 반대하는 소크라테스(199c-201c)

소크라테스의 연설과 아가톤의 연설은 기본적인 의도에서는 일치하는 반면에, 개별적인 내용들에서는 일치하지 않는 것으로 짝지을 수 있다. 소크라테스는 아가톤이 "먼저 에로스가 어떤 분인지를 밝히고, 그다음에 그분의 하는 일들을 밝혀야 한다"(199c)고 말함으로써 '아름답게' 시작했다고 아가톤을 칭찬하면서 그의 이야기를 한다. 그는 사랑 자체의 본성에 대한 아가톤의 특정한 결론들을 논박할 것이지만, 그럼에도 그가 사랑의 본성을 기본적으로 먼저 확립하고자 한 점, 즉 그것이 사랑의 유익함을 이해하기 위한 본질적인 선결조건이라고 본 점에는 동의한다. 그가 이 연설을 '아름다운' 것으로서 특징짓고, 나중에 그의 논박(201b) 후에도 아름다운 말이고 '훌륭한 시도'라고 반복해 말하고 있는 것은 아이러니로 읽을 수 있다. 그러나 아가톤의 연설이 단지 화려한 난센스 이상의 것임을 발견하는 것이 가능하다. "나 자신의 방식으로 진실을 말하겠다"는 소크라테스의 바람은 그가 논박술의 대화적 방식에서 어떤 장점을 파악하고 있음을 제시한다. 우리는 『테아이테토스』 편에서 소크라테스가 "논쟁은 재미 삼아 하는 것이고 가능한 한 상대방을 넘어뜨리는 것인 반면에, 대화는 진지하게 하는 것이며, 대화 상대방 그 스스로가 혹은 이전의 친교로 말미암아 잘못 인도되어 범한 실수들만을 밝혀 보여 줌으로써 대답을 바로잡을 것이다"(167e)라고 말한 것을 상기할 수 있다. 찬양이 논쟁의 영역에 속하든 혹은 논쟁과 대화 사이의 어떤 지점에 속하든지 간에, 소크라테스가 대화의 방식(혹은 적어도 디오티마의 경우에는 허구적인 대화)으로 이동한다는 것은 그 밑에 놓여 있는 진지함과의 공감을 암시한다.

사랑의 본성에 대한 소크라테스의 논증은 에로스는 성질상 본래 아름답고 좋은 것이라는 아가톤의 주장에 이의를 제기한다. 이를 위해 그는 다음과 같은 두 가지 명제를 발전시킨다. (A) 에로스는 어떤 것에 대한 사랑이라는 것(200a), 그리고 (B) 에로스는 그가 현재 결여하고 있는 것들을 사랑한다는 것(200e).

소크라테스는 첫째로 아가톤에게 에로스(의 본성)가 어떤 것에 대한 사랑인지 아니면 아무것도 아닌 것에 대한 사랑인지를 묻는다(199e). 그의 질문을 명확하게 하기 위해서 그는 여러 가지 유비를 제공한다.

아버지는 어떤 자에 대한 아버지인가 아닌가? 즉각적인 답변은 아버지는 아들이나 딸의 아버지라는 것이다. 유사하게, 형제는, 그가 형제인 한, 어떤 자에 대한 형제이지 아무것도 아닌 것에 대한 것은 아닌데, 이 경우에 그는 형제 혹은 자매에 대한 형제이다. 원래 질문으로 되돌아가면, 그 대답은 틀림없이 에로스(의 본성)는 어떤 것에 대한 사랑이고 아무것도 아닌 것에 대한 것은 아닐 것이다.

당분간 어떤 것(사랑의 대상)이 무엇인지 하는 물음은 제쳐두고, 소크라테스는 에로스가 사랑하는 그 어떤 것을 욕망하는지를 묻는다. 다시 아가톤은 그래야만 한다고 동의한다. 그다음에 소크라테스는 다음과 같이 묻는다. 에로스가 욕망하고 어떤 것을 사랑할 때, 그는 그때 욕망의 그 대상을 실제로 소유하고 있는가 아닌가? 아가톤은 그가 사랑하고 욕망하는 것을 갖고 있지 않다는 것이 '그럴 법' 하다고 망설이면서 동의한다. 그러나 소크라테스는 그가 자신의 사랑과 욕망의 대상을 소유하고 있지 않다는 것은 필연적이라고 말하도록 아가톤을 압박한다. 그가 그것을 갖고 있다면, 그는 그것을 욕망하지 않을 것이기 때문이다. 그래서, 예를 들어, 키가 큰 사람은 키가 크기를 바라지 않고, 힘이 센 사람은 힘이 세기를 바라지 않는다. 각각은 이미 바랐던 크기나 힘을 갖고 있기 때문이다. 그렇다면 에로스는 그가 현재 결여하고 있는 것들을 사랑한다.

그러나 건강한 사람이 건강하기를 바란다고 말하거나 혹은 키가 큰 사람이 키 큼을 사랑한다고 말하는 것을 듣는 것은 일반적이지 않는가? 제기될 수 있는 그러한 반대들이나 애매성을 예상하고서, 소크라테스는 우리가 키가 큰 사람이 키가 크기를 바란다거나 혹은 건강한 여자가 건강하기를 바란다고 말하는 것을 들을 때, 그들이 실제로 의미하는 것은, 그들이 이미 현재 갖고 있는 어떤 것을 욕망하는 것이 아니라 그들이 미래에 갖지 못할 수도 있는 어떤 것을 욕망하는 것이라고 분명히 한다. 즉 "당신은 '나는 내가 갖고 있는 것을 욕망한다' 고 말할 때마다, 당신은 '나는 내가 지금 갖고 있는 것들을 앞으로도 갖기를 욕망한다' 를 의미하는 것은 아닌지 스스로 물어보라" (200d). 우리는 이 명제를 (C)라 부를 수 있다. 그러므로, 우리가 이미 갖고 있는 어떤 것을 사랑한다는 주장은 에로스가 현재 결여하고 있는 것들을 사랑한다(B)는 중심 명제에 위배되지 않는다. (C)가 얼마나 중요한 주장인지는 아래 디오티마의 연설에서 분명해질 것이다.

언급된 것들을 함께 모아서, 소크라테스는 다음과 같이 결론 내린다. "그렇다면 이 사람도 그리고 욕망하는 다른 모든 사람도 갖추고 있지 않은 것과 현재 없는 것을 욕망하는 것이네, 그리고 그가 갖고 있지 않은 것과 그 자신이 아직 아닌 것과 그가 결여하고 있는 것, 바로 이런 것들이 욕망과 사랑의 대상이네" (200e). 소크라테스는 이 결론을 에로스는(아무것도 아닌 것이 아니라) 어떤 것을 사랑한다는 전제와 연결시킨 다음에, 신들의 싸움은 그들이 추한 것들이 아니라 아름다운 것들을 사랑함으로써 없어졌다(197b)는 아가톤의 앞서의 주장으로 돌아간다. 만일 이게 그렇다면, 그것은 에로스가 아름다움에 대한 욕망을 갖고 있다는 걸 의미한다. 그러나 우리는 현재 결여하고 있거나 자신의 부분이 아닌 것을 욕망한다는 전제에 의해서, 아름다운 것들에 대한 에로스의 욕망은 그가 아름다움을 갖고 있지 않다는 것을 함축한다고 결론 내려야만 한다. 그러므로 아가톤의 원래 주장과 반대로, 에로스는 결코 아름다운 것일 수 없다. 그의 입장의 비일관성을 깨닫고서, 아가톤은 흔쾌히 인정한다: "소크라테스님, 저는 이전에 제가 말했던 것들에 대해 아무것도 알지 못하는 것 같습니다" (201b). 소크라테스는 그의 논의를 다음과 같이 확장한다. 대부분의 사람은 아름다운 것들이 또한 좋은 것들이라고 동의하기 때문에, 아름다움에 대한 에로스의 욕망은 그것이 그 자체로 아름다운 것이 아님을 함축한다면, 마찬가지로 좋음에 대한 그것의 욕망은 그것이 그 자체로 본래적으로 좋은 것이 아님을 함축한다.

이제까지, 소크라테스는 특히 초기 대화편들에서 발견되는 논박술의 일반적인 방식을 따랐다. 그러나 이 방법은 어떤 것이 무엇이 아닌지를 분명히 결정하는 것이지, 역으로 그것이 무엇인지를 결정하는 것은 아니다. 이처럼 사랑이 무엇이든지 간에, 우리는 그것이 그 자체로 아름답거나 좋은 것은 아니라고 확실하게 말할 수 있다. 그러나 이 논증은 사랑이 무엇인지의 문제를 미해결로 남겨 놓는다. 그렇지만, 이제 소크라테스는 논의 방향을 바꿀 것을 제안하고 사랑 그 자체에 대한 설명을 제공한다.

3.2.2. 소크라테스에 반대하는 디오티마(201c-203b)

소크라테스는 사랑에 대한 자신의 이야기를 제공하기보다는, 만티네아 출신의 여인 디오티마와 나누었던 두 대화에 기초해 에로스에 대한 이야기를 할 것임을 선언한다. "나는 아가톤과 내가 동의했던 것을 토대로, 할 수 있는 한 나 혼자서 그녀의 이야기를 모두 이야기해 보도록 하겠네"(201d). 이러한 제안은 여러 차원에서 역설적이다. 첫째로, 이런 방식으로 이야기를 구성함으로써 플라톤은 소크라테스의 이야기하는 입장을 아폴로도로스와 아리스토데모스와 유사하게 만들고 있다. 논박술에 의해 그의 명제들의 진리를 발견하고 시험하기보다는, 그는 소크라테스가 주어진 지식의 체계를 회상하고 전달하도록 만들고 있다. 둘째로, 플라톤은 그 본성상 순전히 남성의 전통을 전달하기 위한 수단이었던 본질적으로 남성들의 모임 한가운데 여성을 끌어들임으로써, 향연에 새로운 차원을 포함시키고 있다. 이 여성은 아울로스 연주자나 곡예사로서의 예속적인 위치 대신에, 권위자의 역할을 한다.

소크라테스는 디오티마를 다음과 같이 묘사한다. “이것[에로스] 이외에도 많은 것들에 관해 지혜로웠던 여인인데, 한번은 그녀가 아테네인들에게 역병이 나기 전에 제물을 바치게 해서 그 병이 10년 동안 늦춰지도록 해 준 적도 있었네. 바로 그녀가 에로스 관련 일들을 내게 가르쳐 주었다네…”(201d). 이 구절을 이해하기 위해서는 몇 가지 점에 주목해야 한다. 첫째로, 역병을 유예시킨 그녀의 능력은 아마도 그녀의 권위에 신뢰성을 부여한다. 그리스 공동체들이 유행병 문제와 관련해서 종교적 권위에 호소했다는 여러 설명이 있다.[36] 플라톤의 『법률』 편은 크레테 사람인 에피메니데스가 페르시아인들이 10년 안에는 침략해오지 못할 것이고, 그들이 그렇게 하면 패퇴될 것이라고 어떻게 예언했는지 이야기하고 있다. 소크라테스가 이러한 권위를 불가피한 역병을 완전히 막기보다는 오히려 그것을 유예시키는 방식으로 이야기하고 있다는 것은 흥미로운 일이다. 자연적 혹은 신적인 힘들은 변경될 수는 있지만, 결코 넘어서거나 제거될 수 없다. 둘째로, 디오티마를 에로스에 관한 교사로서 기술한 것은 미소를 자아낼 수 있다. 예를 들어, 코린토스에 있는 신전에서 아프로디테를 섬기는 여사제들은 매춘부들, 즉 ‘코린토스의 소녀들’로서 기능했다. 그러나 소크라테스는 실제로 디오티마에 대해 그녀가 그 어떠한 신성한 결연을 맺고 있는 것으로 명확히 말하고 있지 않다. 더 정확히 말해서, 비록 『향연』을 읽는 현대의 다수의 독자들이 디오티마를 여사제로서 기술하지만, 소크라테스는 그렇게 하지 않았다. 디오티마는 의학적 지식을 소유하고 있는 것으로 보이며,

---

36 Plato, 1980, 138쪽 주 201d3.

이러한 기술의 일부는 예언력, 즉 신들의 뜻을 간파하기 위해 자연의 징조들을 읽어 내고, 조화와 화합을 보존하기 위해 필수적인 제물들을 바치도록 하는 그녀의 능력과 관계된다. 좀 더 의미 있게 말해서, 우리는 그녀에 대한 묘사에서 의술을 예언력과 연관시켰던 에릭시마코스의 모습을 볼 수 있다. 예언술에 대한 그의 말을 상기해 보자. "예언술의 일은 이들 두 에로스를 살펴보고 치유하는 것이다. 그래서 예언술은 어떤 것들이 온당함과 경건함으로 이르게 하는 것인지를 앎으로써 신들과 인간들 사이에 친애를 만들어 내는 것이다"(188c). 그녀는 인간과 신들 사이의 중개자로서 위치한다. 소크라테스는 그녀가 예언가로서의 역량을 성공적으로 발휘했으며, 나아가 에로스에 대한 전문가로서의 신뢰성도 얻은 것으로 보인다고 암시한다.

디오티마가 실존했던 여인에 근거한 것인지 아니면 플라톤의 '고귀한 허구들' 중의 하나인지는 논쟁적인 문제이다. 와이더(K. Wider, 1986)는 그녀가 실존 인물이었다는 것을 입증하는 문헌을 조사했고, 핼퍼린(D. Halperin, 1990, 119-130쪽)은 그녀가 허구라는 문헌을 조사했다. 어떤 사람은 아테네의 유명한 정치가인 페리클레스의 동료, 밀레토스 출신의 아스파시아(Aspasia: 기원전 약 470-400)의 모습에서 디오티마의 원형을 찾았다. 아스파시아는 반-페리클레스 정서가 남아 있는 상황에서 때때로 곤욕을 치루기도 했지만, 그녀의 기지와 지성 때문에 유명했다. 플라톤의 대화편 『메넥세노스』에서, 소크라테스는 아스파시아가 그에게 장례식 연설을 가르쳐 주었다고 주장한다. 메넥세노스가 소크라테스에게 그녀가 말했던 것을 기억할 수 있는지 묻자, 그는 다음과 같이 대답한다. "내가 완전히 잘못되지 않았다면, 그러하다. 나는 그녀에게서 배웠고, 내가 잊어버릴 때마다 곧 매를 맞았기 때문이다"(236c). 어떤 학자들이 『메넥세노스』의 진위를 문제 삼는다는 사실을 별도로 하고서, 대부분은 이것을 아스파시아 자신에 관한 진술이라기보다는 반-페리클레스적인 풍자로 읽는다. (기원전 125년에 번성했던) 크라테스학파(Cratetean)의 헤로디코스(Herodikos)에 의해 쓰인 '소크라테스의 찬양자들에 대한 답변'이라는 제목이 붙어 있는 후대의 반-소크라테스적인 논설은 아스파시아가 소크라테스의 연애술 선생(*erōtodidaskolos*)이었다고 주장한다.[37] 『회상』에서 크세노폰은 소크라테스가 매춘부 테오도테(Theodotē)를 방문해서, 그녀가 화가를 위해 자세를 취하는 모습을 보게 되었던 일을 기록한다. 소크라테스는 그의 동료들에게 말하기를, "친구여, 테오도테가 우리에게 그녀의 아름다움을 보여 주었기 때문에 우리가 그녀에게 더 감사해야 하는가 아니면 우리가 그녀를 보아 주었기 때문에 그녀가 우리에게 감사해야 하는가? 만일에 보여 줌이 그녀에게 더 이익이 되었다면 그녀가 우리에게 감사해야 할 것이고, 바라봄이 우리에게 더 이익이 되었다면 우리가 그녀에게 감사해야 하지 않겠는가?"(Xenophon, 1923, 3.11). 우리는 또한 『크리톤』에서 소크라테스가 꿈에서 "흰 옷을 입은 절세미인"이 "당신은 셋째 날에 프티아의 비옥한 땅에 도착할 겁니다"(44a-b)라고 수수께끼 같은 예언을 한 것에 관해 말하고 있는 것을 상기할 수 있다. 이것이 아마 『철학의 위안』(*De Consolatione Philosophiae*)에서 보에티우스에게 여성 철학자에 대한 영감을 주었을 것이다.

디오티마의 배후에 있는 역사적 사실이 무엇이든지 간에, 플라톤은 그녀와 그녀의 이야기를 『향연』의 주제 및 동기와 매우 밀접히 통합시키고 있기 때문에 그녀를 극적으로 서술된 허구로부터 분리하기는 힘들다. (물론, 같은 점이 소크라테스 자신을 포함해서 『향연』의 모든 등

---

37 R. Halperin, 1990, 123쪽.

장인물에 대해 이야기될 수 있다.) 만티네아는 펠로폰네소스에 있는 실제 도시이고, 기원전 418년 스파르타가 승리한 장소였는데, 이 승리로 말미암아 알키비아데스는 정치적으로 거의 파멸에 이르게 되었다. 소크라테스의 제자를 거의 파멸에 이르게 하였던 장소와 소크라테스의 선생이 연관되어 있다는 사실에는 어떤 아이러니가 있다. 비유적인 측면에서, 핼퍼린은 '만티네아의 디오티마'라는 이름이 글자 그대로 '예언자-도시 출신으로 제우스[신]를-영예롭게 하는 자'로 번역될 수 있음을 지적한다.[38] 더 나아가 이 이름은 *mantikē*(예언술)를 쉽게 연상시킨다.[39] 그리스-로마 역사가 플루타르코스는 알키비아데스가 암살당할 때 Timandra라는 이름의 매춘부와 함께 살았다고 주장하였는데, 이 이름은 글자 그대로는 '인간을 영예롭게 하는 자'(honor the man)란 뜻이다. 만일 이것이 사실이라면, 플라톤은 소크라테스의 여인인 '신을 영예롭게 하는 자'(god-honor)와 알키비아데스의 여인인 '인간을 영예롭게 하는 자'(man-honor)의 교묘한 대비를 염두에 두었을 것이다.[40]

소크라테스가 『테아이테토스』 편에서 그의 어머니 파이나레테가 산파였다는 것을 밝히고(149a), 그 자신의 철학적 작업을 산파술에 비교한 유명한 이야기를 상기하는 것 또한 유용하다. "나의 산파술은 일반적으로는 그들의 것과 같다 … 그런데 나는 육체가 아니라 산고의 고통을 겪고 있는 영혼에 관심을 갖고 있다. 그리고 내 기술의 가장 훌륭한 점은 젊은이의 생각이 거짓된 환영을 낳는지 아니면 생산적이고 진실된 것을 낳는지를 모든 방식으로 시험할 수 있는 힘이다"(150b-c). 산

38 R. Halperin, 1990, 121쪽.

39 R. Hunter, 2004, 81쪽.

40 M. C. Nussbaum, 1986, 177쪽.

파와 마찬가지로 그는 스스로 진리를 출산하지 않지만, 다른 사람들이 그렇게 하는 것을 돕는다. 그는 '영혼의 아이'(지혜)의 출산을 유도하고 당혹감의 고통을 완화하는 역할을 한다. 다이몬(*daimōn*)의 모습을 예기하면서, 그는 그의 환자들이 '그들 스스로 자신들로부터' 진리를 발견하도록 돕는 중간자의 역할을 한다. "그러나 신뿐 아니라 나도 산파의 일에 책임이 있다"(150d). 이 모든 것은 디오티마의 모습과 공명(共鳴)하고 그녀를 철학자의 소명과 연결시킨다. 그녀는 자신의 모습 속에 의사 혹은 산파, 예언자, 그리고 철학자를 결합시키고 있는데, 이 세 가지 모두는 인간성과 신성 사이의 중간자의 기능을 하는 것으로서 여겨졌다. 이 점과 밀접히 연관해서, 디오티마는 비밀스러운 입교 의식과 신성한 이야기들(*hieroi logoi*)을 갖고 있는 신비 종교들의 특유한 말로 그녀의 에로스에 관한 앎을 표현하고 있다.[41] 또한 플라톤의 에로스 이론은 "비의(秘儀)-경건함의 맥락 속에서 이전에 독립적으로 존재해 왔다"는 것을 지적하고 있는 니그렌(A. Nygren)을 참고하라(1953, 163쪽).

소크라테스는 그가 아가톤에게 질문했던 것들과 놀랍게도 유사한 말로 디오티마가 그에게 에로스에 관해 질문했다는 것을 설명함으로써 디오티마에 관한 이야기를 시작한다. 어떤 사람들은 이런 주장을 소크라테스의 아이러니로 돌리기도 하고, 다른 사람들은 소크라테스 역시 같은 잘못을 저질렀다는 것을 제시함으로써 아가톤이 그 자신의 잔치에서 반대에 부딪히게 되는 난처한 처지를 완화하려는 소크라테스의 시도로 돌리기도 하였다. 언급된 것에 따르면, 아가톤은 그의 패배를 기분 나빠하지 않고 기꺼이 받아들인 것으로 보인다. 이 점을 더 적절

41 W. Burkert, 1985, 276-304쪽 그리고 M. Eliade, 1978, 290-301쪽.

하게 말하자면, 향연에 통상적으로 있는 활발한 의견 교환은 그와 같은 패배를 게임의 일부이고 그 어떠한 모욕감도 일으키지 않는 것으로 받아들이게 했을 것이다. 오히려 나는 소크라테스의 말을 액면 그대로 받아들이지 않을 이유는 없으며, (적어도 이 이 고귀한 허구에서는) 아가톤과 소크라테스 사이에는 근본적인 단절은 없고 연속성이 있다는 것을 논증할 것이다. 그러므로 소크라테스는 같은 선상의 논증을 사용하여, 그가 아가톤과 그만두었던 지점에서 다시 시작한다. "나도 그녀에게 에로스는 위대한 신이며 아름다운 것들에 속할 것이라고, 아가톤이 방금 전 내게 이야기한 것들과 거의 같은 이야기들을 했네"(201e). 그 다음에 소크라테스는 그가 에로스는 아름다운 것도 좋은 것도 아니라는 것을 아가톤에게 보여 주었던 바로 그 방식으로 디오티마가 어떻게 그의 입장을 논박했는지 설명한다.

논리적 함정에 빠져서, 의심쩍어하는 소크라테스는 이 주장이 에로스는 추하고 나쁜 것이어야만 한다는 것을 의미하지 않는지 묻는다. 이에 대해 디오티마는 어떤 것이 아름답지 않다면 그것이 반드시 추한 것인지 되묻는다. 유비를 이용해서, 그녀는 어떤 것이 지혜롭지 않다면 그것은 무지한 것이어야 하는지 묻는다. 지혜와 무지 사이에 어떤 것이 있어야만 하지 않는가? 혼란스러워하는 소크라테스에게, 그녀는 "그것은 설명(*logos*)을 제공할 수 없는 올바른 믿음(*orthē doxa*)"(202a)이라고 대답한다. 앎 혹은 지혜는 설명을 제공할 수 없는 것일 수 없기 때문에 이러한 중간 처지는 참된 의미에서의 아는 것과 같은 것은 확실히 아니지만, 올바른 믿음이 올바르지 않다고 말하는 것은 불합리할 것이기 때문에 그것은 또한 무지일 수도 없다. 그녀는 말을 약간 바꾸어서, 그러면 '올바른 믿음'의 특성은 "지혜(*phronēsis*)와 무지(*amathia*) 사이에 있는 것"(202a)이라고 요약한다. 여기서 재미있게도, 디오티마는 그녀가 이전에 *sophos*를 사용했던 곳에 프로네시스(*phronēsis*)를 대치해 놓는다. 비록 대부분의 학자들은 그녀가 여기서 이것을 '지혜'에 대한 동의어로 사용하고 있다고 가정하지만,[42] 프로네시스는 지성, 실천적 이성, 혹은 좀 더 이론적인 지식을 의미하는 *sophos*와 구별해서 삶의 고유한 목적에 대한 앎으로 다양하게 번역된다. 같은 추론에 의해서, 에로스가 아름다운 것도 좋은 것도 아니라는 이유로 그것이 추하고 나쁜 것임이 귀결되지는 않는다. 오히려 '올바른 믿음'(*orthē doxa*)과 마찬가지로 에로스는 이들 사이에 있는 것이다.

"그러나 모든 사람은 [에로스]가 위대한 신이라고 동의한다"고 소크라테스는 주장한다(202b). 그가 『파이드로스』에서 에로스에 대한 부정적 언명으로 해서 불경스러운 짓을 했을 수 있다고 걱정했을 때 유사한 주장을 했음(242d)을 상기해 보라. 전통적 혹은 대중적인 앎이 문제가 있다는 것을 강조하는 태도를 보이면서, 디오티마는 소크라테스의 이야기를 듣고 웃음을 터트리고, 그가 '모든 사람'에 의해 무지한 자를 의미하는지 묻는다. 그다음에 그녀는 에로스는 아름답지도 좋은 것도 아니라고 했던 그의 주장이 에로스는 위대한 신이라는 그의 다른 주장과 모순된다고 설명한다. 신들은 분명히 좋고, 아름답고 그리고 행복하지 않은가? 이것은 아가톤 그 자신이 주장했던 것(195a)을 되돌아보는 명제이다. 만일 그렇지 않다고 말한다면, 그것은 불경스러운 일이 될 것이다. 신들은 이미 좋고, 아름답고 그리고 행복하기 때문에, 이들은 이런 상태들을 욕망할 필요가 없다. 그러나 에로스는 좋은 것과 아름다운 것을 필요로 하고 욕망하기 때문에, 그는 이미 그것들을 소유하고 있어서는 안 된다. 따라서 이것들을 결여하고 있기 때문에, 에로스는

42 Plato, 1998, 174쪽 주.

신이 되기 위한 조건을 만족시키지 못한다. 그래서 그는 신이 아니지만, 분명히 가사자(可死者)도 아니다. 오히려 에로스는 가사자와 불사자(不死者) 사이의 것이다(202d). 디오티마는 그를 "위대한 신령(*daimōn*)이라고 부른다. 사실 신령한 것은 모두 신과 가사자 사이에 있기 때문이다"(202e). 논증의 다음 단계로 넘어가기 전에, 한발 뒤로 물러나서 다이몬(*daimōn*)이란 말에 관해, 즉 그리스 문화, 소크라테스 그리고 플라톤에서 그것의 기능에 관해 좀 더 말하는 것이 필요하다.

daimōn(신령)과 그 형용사인 *daimonios*(신령한 혹은 신령스러운)라는 말은 번역하기가 어려운데, 그 까닭은 부분적으로는 고대 그리스 문화가 그 말을 일관되지 않게 사용하기 때문이다. 영어 단어 *demon*과 *demonic*은 *daimōn*으로부터 유래하지만, 그리스어에서 이 말은 그 자체로 악마나 어떤 악의적인 힘을 함축하지 않는다. '행복한' 사람은 *eu*-daimon한 사람, 글자 그대로의 의미로는 좋은 혹은 행운의 *daimon*을 지니고 있는 사람이다. 아리스토텔레스에 있어서 최고로 실현할 수 있는 좋음인 에우다이모니아(*Eudaimonia*)는 관례적으로 'happiness' 혹은 'well being'으로 번역되는 반면, 불행한 사람은 *kakodaimon* 혹은 *dysdaimon*이다.[43] 어떤 맥락에서는 *daimōn*은 의인적인 신(theos)과 구별되는, 일반적인 의미의 신성이란 뜻으로의 신 또는 여신을 나타내기 위해 사용될 수 있다. 이에 대한 하나의 예외는 '좋은 다이몬'(*Agathos Daimōn*)을 부르는 의식인데, 디오니소스에 대한 첫 번째 헌주는 그를 기리며 바쳐졌다.[44] 플라톤의 『향연』의 맥락에서, 아가톤의 이름을 갖고 말장난하는 것은 불가피하고, 당연히 아가톤의 손님들은 그 신을 기리는 노래를 하고 헌주를 하는 것으로 향연을 시작했다

43 W. Burkert, 1985, 181쪽.

44 W. Burkert, 1985, 180쪽.

(176a). 다른 맥락에서, 그것은 개인의 '특질' (말하자면 개인의 기질)을 나타내기 위해 사용된다. 헤라클레이토스는 인간의 품성은 그의 수호신이다(*ēthos anthrōpō daimōn*)라고 선언했다.[45] 어떤 경우에 그것은 또한 죽은 자의 영혼들을 나타낼 수 있다. 예를 들어서, 에우리피데스가 기원전 438년에 쓴 비극 『알케스티스』에서, 여주인공은 그녀가 죽은 다음에 '복을 주는 수호신' (1003)으로 기술되고 있다. (요점을 왜곡할 위험을 무릅쓰고, 우리는 알케스티스에 대한 파이드로스의 언급[179d]을 상기할 수 있다.) 마술적인 주문을 걸기 위해 만들어진 주문평판인 *Defixiones*는 탄원자를 돕기 위해서 죽은 자의 혼령과 접신된 다이몬들에게 자주 호소했다.[46] 또한 원시 종교들에서 초자연적인 힘과 다이몬은 비교될 수 있다. 다이몬은 또한 신비로운 힘, 우리를 움직이는 외적인 힘들과 관계된다. 『일과 역일』에서 헤시오도스는 다이몬들을 불사적인 신들과 사멸적인 인간들 사이에 있는 황금시대의 인간들의 혼들을 나타내기 위하여 사용한다. "대지가 이 종족을 덮어 버리자, 이들은 위대한 제우스의 뜻에 따라 지상에서 사멸하는 인간들을 지켜주고, 부를 가져다준다."[47] 이 마지막 용례는 디오티마의 설명에 가까워 보인다.

플라톤의 다수의 대화편에서(예를 들어, 『에우티프론』 3b, 『에우티데모스』 272e, 『파이드로스』 242b, 그리고 『테아이테토스』 151a) 그리고 크세노폰의 『회상』과 『변론』에서, 소크라테스의 영적인 것(*daimonion*) 혹은 그의 '영적인 알림', 그의 '익숙한 알림' 혹은 '작은 목소리' 에 대한 다양한 언급들이 있다. "나는 일종의 소리로서 내게 나타나

45 C. H. Kahn, 1981, 80쪽.
46 J. G. Gager, 1992, 101쪽.
47 Hesiod, 1988, 40쪽.

는 신적인 것 혹은 영적인 것을 경험했는데, 이것이 나타날 때는 내가 하고자 하는 것을 언제나 말리지 적극적으로 나를 권유하는 일은 결코 없다"(『변론』 31c-d).[48] 유사하게 『파이드로스』에서 그는 그 자신에 대해 다음과 같이 말한다. "나는 예언가(*mantis*)이지만 대단치는 않고, 간신히 글을 읽고 쓸 수 있는 사람처럼 나 자신에 한해 충분한 정도는 되네"(242c). '영적인 것'의 실제적인 존재론적 특성이 무엇이든 간에, 소크라테스는 그것을 실재적인 것으로 이해했던 것으로 생각되지만, 그것은 이성적인 설명이나 분류의 영역 밖에 있는 것이다. 프리드랜더(P. Friedländer)는 "우리는 이름들이 아니라 능동적인 힘들을 취급하고 있다"[49]고 지적한다. 우리는 '영적인 것'이 플라톤에게 지식에 대한 그의 설명에 비합리적인 것을 도입하도록 허용한다고 말할 수 있다. 우리는 또한 그것이 개별적인 혼들과 독립해서 존재하는 힘들에 의해서 이러한 지식을 생각하도록 그에게 허용하고 있다고 말할 수 있다. 데카르트 이후의 그리고 프로이트 이후의 우리 관점에서 볼 때, 소리를 듣는다거나 광기에 사로잡힌다는 개념은 주관적인 측면을 보여 주는 것으로 여겨진다. 그러나 소크라테스와 디오티마에게 있어서는, 우리의 이성적인 통제 밖에 있는 이러한 느낌들에 사로잡힌다는 것은 바로 그것들이 독립적인 존재라는 표시이다. 벼락을 맞았다는 것이 맞은 사람 밖에 있는 어떤 것을 가리키듯이, 다이몬들에 의해 사로잡힌다는 것은

48 소크라테스의 법정 변론에 대한 크세노폰의 설명[『변론』(*Apology*)]에서, 소크라테스는 그의 작은 목소리가 새로운 신의 창조를 나타내는 것이 아니며, 그의 경험과 새들의 전조나 신탁을 해석하는 사람들 사이에는 어떤 차이도 없다고 불평한다. "그들과 나 사이의 유일한 차이는 그들이 예언의 원천을 '새들', '신들린 말들', '복점', '예언자'라고 부르는 반면에, 나는 그것을 '영적인 것'이라 부른다는 점이다. 그리고 나는 그렇게 부름으로써 신들의 힘을 새들에 귀속시키는 사람들보다 더 진실되게 더 경건하게 말한다고 생각한다"(Xenophon, 1923, 14쪽).

49 P. Friedländer, 1958, 35쪽.

자아 밖에 있는 어떤 것을 가리키는데, 이는 형이상학적 실재론을 의미하는 것이다.

소크라테스가 이러한 다이몬들의 기능에 관해 물을 때, 디오티마는 이들은 인간들로부터의 탄원과 제사를 신들에게 '해석해 주고(*hermēneuon*)' '전달해 주며(*diaporthmeuon*)', 그리고 역으로 인간들에게는 신들로부터의 명령과 제사의 대가를 가져다준다고 말한다. 불사적인 신들과 사멸적인 인간들 사이의 간격을 메워 줌으로써, "그들은 전체를 완성하고 모두가 서로 결속되게 해 준다"(202e). 이는 아리스토파네스의 연설(191d)과 합치되는 기술이다. 덧붙여서 디오티마는 신들이 인간들과 직접 섞이는 것은 아니라고 설명한다. 신들은 너무 떨어져 있고 접근불가능하기 때문에 다이몬들의 중개를 통해서만 인간들과 교류한다. 모든 예언술은 이들을 통해서 이루어진다. 이러한 기술들에서 지혜로운 사람은 '신령한 사람'인 데 반해, 다른 방식으로 지혜로운 사람은 '단지 기능공'일 뿐이다(203a). 여기서 디오티마는 참된 지혜(*sophos*)로서의 지식과 기술(*technē*) 혹은 정보로서의 지식 사이의 플라톤적인 구분을 되풀이하고 있다.

에로스는 다양한 다이몬들 가운데 하나라고 디오티마는 말한다. 다이몬으로서, 에로스는 개별적인 혼과 독립해서 존재한다. 즉 그것은 실재적인 것이다. 이를 수용한 다음에, 소크라테스는 에로스의 부모에 관해 묻는다. "그것은 오히려 긴 이야기입니다. 그렇지만 당신에게 그것을 말해 드리지요"(203b)라고 디오티마는 대답한다. 그다음에 그녀는 정교한 우화를 이야기한다.

3.2.3. 디오티마: 더 작은 비의(203b-209e)

디오티마 이야기 혹은 신성한 이야기(*hieros logos*)는 파우사니아스와 아가톤 두 사람의 이야기에 포함되어 있는 내용으로 시작된다. 아프로디테가 태어났을 때, 신들은 잔치를 열었다. 이 잔치에 메티스(Metis)의 아들 포로스(Poros)도 참석했다. (포로스란 이름은 '길' 혹은 '방도'를 메티스는 '계책'을 뜻하는데, 이 둘은 함께 '방도를 찾는 데 능한' 혹은 '지략이 뛰어난'을 의미한다. 헤시오도스에 따르면 메티스는 제우스의 부인이었고, 아테나의 어머니였다.) 포로스는 신주(神酒: nectar)를 너무 많이 마셔서, 취해 버렸고 제우스의 정원에서 잠들게 된다. 한창 잔치가 열리고 있을 때, 페니아('곤궁')는 문가에 구걸하러 왔다. 기회를 엿보다가 페니아는 술 취한 포로스 곁에 동침하여 에로스를 임신하게 된다. 디오티마의 약간 우화적인 이야기는 아가톤의 잔치의 장면을 미묘하게 반영하고 있다. '가난하고' '결핍된' 소크라테스는 방도를 찾는 데 '능한' 그리고 수사술에 '취한' 다양한 대화자들의 도움으로 사랑에 대한 이해를 마음에 품고 임신하려고 한다.

디오티마는 이 이야기를 통해 에로스는 아프로디테의 탄생 직후에 생겨났기 때문에, 그녀의 추종자가 되었고 그녀의 굉장한 아름다움에 이끌리게 되었다고 설명한다. 이러한 생각에서, 아프로디테는 에로스와 밀접하게 연결되어 있지만, 그의 어머니는 아니다. 이러한 이유 때문에, 에로스는 여신을 섬기지만 그 스스로가 신은 아니다.

에로스는 포로스와 페니아(지략이 뛰어남과 곤궁)의 아들이기 때문에 부모 모두의 특징들을 갖게 되었다. 아가톤의 주장과는 반대로, 에로스는 부드럽고 아름다운 것이 아니라 오히려 "딱딱하고 꺼칠하며 맨발에 집도 없다"(203d). 그의 어머니 때문에 그는 언제나 결핍과 함께 살지만, 그의 아버지 때문에 그는 항상 그가 소유하고 있지 못하는 아름다움을 얻을 계책을 꾸민다. "그는 용감하고, 담대하고 열렬하며 언제나 수를 궁리해 내는 영리한 사냥꾼이요, 사려 분별(*phronēsis*)을 욕망하고 그걸 얻을 지략이 뛰어나고, 전 생애에 걸쳐 애지자(*philosophos*)요, 영리한 마법사(*goēs*), 주술사(*pharmakeus* — 이 단어는 '주술사'와 '독살자' 모두를 의미할 수 있다) 그리고 소피스테스(*sophistēs*)이다"(203d). 우리는 여기서 아가톤이 에로스를 젊고, 부드럽고 아름다운 것으로서 특징지었던 것을 상기해 볼 수 있는데, 이는 실제로는 그의 자화상이다. 그러나 디오티마 혹은 디오티마를 통한 소크라테스는 에로스를 소크라테스의 모습을 나타내는 말들로서, 즉 딱딱하고, 꺼칠하며, 맨발로서 특징짓고 있다. 또한 아리스토데모스에 대한 묘사(173b)를 상기해 보라. 이러한 묘사는 만일 에로스가 아름다움, 사려분별 그리고 지혜를 욕망한다면, 그것은 반드시 이것들을 소유하고 있지 않다는 명제를 응용한 것이다. 더 면밀히 살펴볼 때, 디오티마는 에로스에 대한 여러 사람의 묘사를 종합해서 제시하고 있다. 에로스에 귀속된 일련의 특징들은 별 어려움 없이 그 자리에 있는 대화자들 모두에게 적용될 수 있다: 파이드로스는 용감하고 담대하고 열렬하며, 파우사니아스는 언제나 수를 궁리해 내는 영리한 사냥꾼이며, 의사인 에릭시마코스는 자신의 방식으로 애지자이며, 희극 작가 아리스토파네스는 그의 마술과 독/주술을 사용하는 데 능란하고, 아가톤은 소피스테스술을 사랑하는 자이다.

디오티마는 더 나아가 에로스는 인간도 신도 아니기 때문에 본성상 사멸적이지도 불사적이지도 않다고 설명한다. 그는 그의 욕망의 대상과 만날 때에는 활력을 얻지만, 그렇지 못할 때에는 죽게 된다. 불사적이지도 사멸적이지도 않은 것으로서의 이러한 에로스 개념은 아름답지도 추하지도 않은 것, 지혜롭지도 무지하지도 않은 것, 신도 인간도 아닌 것에 대한 그녀의 앞선 해석에 대응한다. 에로스가 사멸적이지도 불사적이지도 않다는 주장은, 중간적인 위치를 상상하는 것이 어렵기 때문에, 호기심을 돋우는 존재론적 문제를 야기한다. 비록 심리학적으로 말해서, 한때는 활력이 넘치다가도 그다음에 시들어 버리는 자주 변하기 쉬운 사랑의 성질을 특히 우리가 인정할 때, 그녀가 기술하는 것이 완전히 올바른 것으로 보일지라도 말이다. 이 모든 것은 사랑의 다이몬적인 특성 및 사랑은 실재적이지만 우리와 독립해서 있는 것이라는 플라톤 견해의 토대와 다시 연관된다. 예를 들어, 『파이드로스』(246b-d)에서 영혼에 대한 설명을 상기해 볼 때, 인간들은 사멸적인 부분(그들의 육체)과 불사적인 부분(그들의 영혼)을 소유한다. 사랑은 사멸적이지도 불사적이지도 않기 때문에, 그것은 육체의 부분도 아니고 영혼의 부분도 아니며, 따라서 어떤 방식으로든 그것들로부터 분리되고 구분되어야만 한다.

에로스는 또한 지혜와 무지 사이에 있다. 신들은 누구도 지혜를 사랑하거나 욕망하지 않는데, 이들은 이미 그것을 소유하고 있기 때문이다. 그리고 앞의 논의로 되돌아가서 이야기하자면, 우리는 우리가 소유하지 않고 있는 것만을 단지 욕망(사랑)한다. 유사하게 무지한 사람들은 지혜를 사랑하거나 욕망하지 않는데, 그 까닭은 그들은 무지해서 그들이 무엇을 소유하지 못하고 있는지 알지 못하기 때문이다. 다른 한편, 에로스는 지혜를 사랑하는 자인데, 그 까닭은 그가 지혜를 소유하고 있지 않지만 그가 그것을 소유하고 있지 않다는 것을 알고 있기 때문이다. 그렇다면 에로스는 그 본성상 철학자, 즉 지혜를 사랑하는 자이다. 에로스는 아름다움에 언제나 이끌리고, 지혜는 아름다운 것들의 부류에 속하기 때문이다. 소크라테스가 혼란을 겪은 까닭을 추정하면서, 디오티마는 그가 에로스는 실제로 사랑하는 자(욕망의 행위자)인데도 에로스가 사랑받는 것, 즉 사랑의 대상이라고 생각했던 것으로 보인다고 제시한다. 수단과 목적을 혼동함으로써, 그는 에로스가 아름다움과 언제나 연관되기 때문에, 실제로 이러한 욕망은 결핍과 필요를 나타내는 것인데도, 에로스가 아름다운 것임에 틀림없다고 생각했었다.

에로스의 본성을 고찰한 뒤, 디오티마는 아름다운 것들을 무엇 때문에 사랑하는지의 문제로 향한다(204d). 달리 말해서, 아름다운 것들을 사랑하는 자는 무엇을 욕망하는가? 앞선 논의를 반영해서, 소크라테스는 사랑하는 자는 (그것들을 소유하고 있지 않기 때문에) 그것들을 자기의 것으로 만들기를 욕망한다고 대답한다. 그러나 디오티마는 그가 아름다운 것들을 소유하게 될 때 그는 실제로 무엇을 갖게 될 것인지 더 묻는다.

디오티마는 그녀의 생각을 더 명확하게 하기 위해, 이 물음을 아름다운 것들 대신에 좋은 것들이란 말을 사용해서 다음과 같이 바꾸어 표현한다. 좋은 것들을 사랑하는 자는 무엇을 욕망하는가? 다시 그 대답은 그것들을 자기의 것으로 만드는 것이다. 그러면 그가 좋은 것들(그의 욕망의 대상)을 가졌을 때, 그는 무엇을 갖는가? (혹은 『니코마코스 윤리학』에서 같은 문제에 대한 아리스토텔레스의 유명한 정식화로 표현하자면, 최고로 실현할 수 있는 좋음은 무엇인가?[1095a25].) 소크라테스는 그 사람은 행복(*eudaimonia*)을 얻게 될 것이라고 쉽게 대답한다. 내가 좋은 것으로 간주하는 것을 내가 추구하는 이유는 그것이 나를 행복하게 해 주기 때문이다. 더 나아가 행복은 궁극적 목적인데, 그 까닭은 내가 행복을 넘어서 혹은 행복에 의해서 무엇을 추구할 것인지 묻는 것은 이상하고 무의미한 것으로 여겨지기 때문이다(205a). 그녀의 논증에서, 디오티마는 행복이란 말은 단지 한 가지만을 의미한다고 가정하고 있고 소크라테스는 이의를 제기하지 않는다. 행복하기를 바라는 것은 어떤 것을 욕망하는 것이기 때문에 일종의 사랑이다. 앞서의 전제들에 의거해서 말한다면, 그것은 우리가 갖고 있지 않아서 욕망하는 것이거나 혹은 우리가 갖고 있으나 영속적으로 소유하기를 원하는 것임을 함축한다. 디오티마는 더 나아가 이러한 욕망이 모든 인간에게 공통적인 것으로 보인다고 덧붙인다. 달리 말해서, 모든 사람은 행복을 바란다.

디오티마는 이제 다음과 같이 묻는다. 모든 사람은 행복을 바라고 이런 바람이 일종의 사랑이라고 하면, 왜 우리는 모든 사람을 사랑하는 자들이라고 말하지 않는가? 우리는 어떤 사람들은 사랑하고 다른 사람들은 그렇지 않다고 말한다. 이것은 우리의 전제들에 어떤 모순이 있다는 것을 함축하지 않는가? 소크라테스가 당혹해하자, 디오티마는 "우리가 사랑의 어떤 한 종류를 분리해서 거기에다 전체에 속하는 이름을 부여해서 사랑이라고 부르고 다른 것들에는 다른 이름들을 사용하기 때문이다"(205b)라고 대답한다. 이를 더 분명히 하기 위해서, 그녀는 창작(*poiēsis* — 만듦, 창조)이란 말과 유비추리를 한다. 무에서 어떤 것을 창조하거나 만들어 내는 데 종사하는 그 어떤 기술이나 직업도 글자 그대로는 일종의 창작이며, 창조하거나 만들어 내는 데 종사하는 그 어떤 사람도 글자 그대로의 의미로는 창작자이다. 그러나 우리는 배관공이나 농부를 (아마 우리가 과장할 때 이외에는) 창작자(*poiētes*)라고 부르지 않고, 시가 및 운율과 관련해서 만들고 창조하는 특수한 부류를 부르기 위해 이 말을 남겨 놓는다. 그러면 같은 것이 사랑하는 자에 대해서도 이야기될 수 있다. 좋은 것들 혹은 행복에 대한 모든 욕망은 사랑이며, 모든 사람은 좋은 것들과 행복을 욕망한다는 의미에서 모든 사람은 사랑하는 자이다. 그러나 관습적으로 우리는 '사랑하는 자', '사랑', '사랑에 빠진'이란 말을 특별한 종류의 사랑에 전적으로 자신을 바치는 사람들에게만 제한해서 사용한다. 우리가 고찰해야만 할 철학적으로 흥미로운 두 가지 문제가 있다.

첫째로, 플라톤은 그가 어휘의 한계를 알고 있음을 암시한다. 우리는 자주 부주의하거나 부정확하게 언어를 사용하는데, '사랑' 이란 말을 그 밖의 어떤 것을 의미할 때에도 사용한다. 예를 들어, '사랑' 이란 말의 의미론적 영역은 서로 연관되어 있지만 교환가능하지 않은 다수의 말을 포함한다. 몇 가지를 나열하자면, 사랑, 정열, 홀딱 빠짐, 매력, 헌신, 색욕, 호색 등이다. 이 점을 인정하면서, 플라톤은 그가 '사랑' 이란 말을 사용할 때, 이것을 특별한 의미로 사용한다고 상정한다. 이것은 단어들은 애매하거나 다양한 의미를 갖는다고 말함으로써 '행복' 이나 '사랑' 과 같은 말들 이면에는 보편적인 어떤 것이 있다는 주장에 반대하는 사람들을 그가 미리 예상할 수 있게 해 준다. 그는 이런 이의 제기에 대해 긍정적으로 대답한다. 우리는 자주 단어를 부정확하게 사용하지만 나는 이것을 다른 의미들과 혼동함이 없이 이러한 특별한 의미로 사용한다. 우리는 실재적인 사랑과 외견상의 사랑을 구분해야 하고, 유사하게 실재적인 좋음을 외견상의 좋음과 구분해야 한다.

둘째로, 디오티마가 '전체(*holon*)에 속하는 이름' (205b)으로 사랑을 기술하는 것은 『국가』(474b–476a)에서 철학자를 규정하려는 소크라테스의 시도와 강하게 공명(共鳴)을 일으킨다. 철학자는 '지혜' 를 '사랑하는 자' 라고 말하는 것이 무엇을 의미하는지 이해하고자 시도하면서, 그는 사랑하는 자를 전체를 욕구하는 자로서 기술한다. "어떤 사람이 뭔가를 사랑한다고 우리가 말할 경우에, 이에 대해 옳게 말하려면, 이 사람이 그것의 일부는 사랑하되 일부는 사랑하지 않는 게 아니라, 그 전부를 좋아한다고 말해야만 한다" (474c). 사랑하는 자는 사랑받는 자의 코, 눈, 혹은 다른 부분들을 애정이 넘치게 말할 수 있는 반면에, 그가 코와 눈은 사랑하지만 이 사람 전체는 사랑하지 않는다고 말하는 것은 (몸의 일부만을 좋아하는 변태 심리가 아니고서는) 불합리할 것이다. 우리의 이전의 구분과 관련해서 보면, 사랑하는 자는 외견상의 좋음에 대한 외견상의 사랑을 실재적인 좋음에 대한 실재적인 사랑과 혼동하고 있는 것일 것이다. 특히 지혜를 사랑하는 자에 대해, 그는 다음과 같이 말한다. "지혜를 사랑하는 자는 어떤 지혜는 욕구하되 어떤 지혜는 욕구하지 않는 자가 아니라, 모든 지혜를 욕구하는 자라고 주장하지 않겠는가?" (475b). 그러면 사랑은 지혜 전체에 대한 욕구를 포함한다. 그다음으로 소크라테스에게는 지식의 총합과 구별되는 지혜 전체 혹은 모든 지혜를 우리가 어떻게 파악할 수 있는지 하는 것이 문제가 된다. 이것은 플라톤의 형상 이론으로 향하게 한다.

희극 시인이 주목하지 않을 수 없는 아리스토파네스의 연설에 대한 시대착오적인 암시처럼 보일 대목에서, 디오티마는 어떤 이야기에 따르면 사랑하는 자들은 그들의 다른 반쪽을 찾아다니는 사람이라고 말한다(205e).[50] 그녀는 사랑하는 자는 반쪽이 좋은 것이 아니라면, 잃어버린 반쪽이나 전체를 찾아다니지 않는다고 설명하면서, 사람들은 병든 팔이나 다리를 잘라 내려고도 한다는 것을 지적한다. 오히려 우리는 어떤 것이 '좋은 것' 일 경우에만, "그것이 내게 속한다" 고 말하는 것을 기뻐한다. 달리 말해서, 내가 소유하기를 욕망하는 것은 그것을 소유하기 때문에 좋은 것이 아니라, 그것이 좋은 것이기 때문에 내가 그것을

50 아리스토데모스는 소크라테스의 연설 끝에 아리스토파네스는 소크라테스가 그의 연설에 관해 말했던 것에 반응을 보이려고 했지만, 소란 때문에 이야기할 수 없었다고 보고한다(212c). 만일 디오티마와 아리스토파네스가 남녀추니에 관해 어떤 공통된 원천을 공유하고 있지 않다면, 디오티마는 아리스토파네스의 연설을 암시할 수 없었을 것이다. 우리는 그와 같은 원천에 관해 알지 못하기 때문에, 디오티마의 암시는 아가톤의 향연에 참석한 다양한 대화자들에 대한 반응을 나타내기 위해서 소크라테스가 디오티마의 연설을 지어냈다는 증거로 간주된다. 아리스토파네스는 이 점을 주목한 것으로 보이지만, 말참견을 할 수가 없었다. 이 부분은 플라톤이 대화편의 허구적 성격을 강조하기 위해 독자들에게 신호를 보낸 것으로 간주될 수 있다.

욕망하는 것이다. 이 모든 것은 우리가 실제로 사랑하는 것은 좋은 것 이외에 다른 것이 아니라는 앞서의 명제와 다시 관계된다. 그래서 우리는 "사람들은 좋은 것을 사랑한다"(206a)라는 (A) 명제를 응용해서 이것은 "사람들은 좋은 것이 자신의 것으로 되기를 원한다"(206a)고 말하는 것과 같은 것이라는 (B) 명제를 말할 수 있다. 이것을 다시 욕망의 대상을 소유하려 하고 그것을 미래에도 유지하거나 가지려고 한다는 (C) 명제에 관련시키면, 우리는 우리의 명제를 "에로스는 좋은 것을 영속적으로 소유하기를 원한다"(206a)로 수정할 수 있다. 디오티마에 따르면, 이것이 사랑의 목적이다.

만일 사랑이 이런 것이라면, 사람들은 어떻게 그것을 추구하는지를 디오티마가 소크라테스에게 묻는다. "사랑의 실제 목적은 무엇인가?"(206b). 그가 그 대답을 알고 있다면 그녀에게 배우려고 하지 않았을 것이라고 자신의 무지함을 밝히자, 그녀는 다음과 같이 언명한다. "그것은 몸에 있어서 그리고 영혼에 있어서 아름다운 것 안에서의(*tokos en kalōi*) 출산이다"(206b). 디오티마의 그리스어에는 어떤 애매성이 있고, 소크라테스는 그녀가 방금 말한 것을 이해하기 위해서는 예언자를 필요로 할 것이라고 이의를 제기한다. *en*이라는 전치사는 '안에서'(inside)라는 뜻에서의 'in'을 의미할 수 있는데, 글자 그대로는 '아름다운 (어떤 것) 안에서'를 뜻하고, 이런 맥락에서는 성교 동안의 삽입을 함축한다. 그것은 또한 '앞에서'(in the presence of)라는 뜻에서의 'in'을 의미할 수도 있다.[51] *Tokos*는 글자 그대로는 '출산'을 의미하고, 남성이나 여성 모두에게 적용될 수 있다. 남성에 적용될 때, 그것은 관습적으로 '자식을 얻음'(begetting)으로, 그리고 여성에게 적용될

51 Plato, 1989, 53쪽 주 79.

때는 '낳음'(bearing)으로 번역된다. 이것은 정상적으로는 단지 여자에게만 적용되는 *kuein*(임신하고 있는)과 구별된다.[52] 또한 '낳다' 혹은 '아버지가 되다'로 번역될 수 있는 동사 *gennaō*가 관련 있는 말이다. *Kalon*은 우리가 그 밖의 곳에서 주목했듯이, 아름다움만이 아니라 예의바름과 고귀함을 나타낸다.

일반적으로 우리는 어떤 사람도 추한 것(안에서)과 사랑의 결합을 바라지 않고 단지 아름다운 것(안에서)과 그렇게 하기를 바란다고 말할 수 있다. 이는 출산이 신적인 어떤 것이기 때문이다. 달리 말해서, 이것은 사멸적인 것이 조금이나마 불사성에 도달하는 방식이다. 고대 그리스 전통의 맥락에서, 불사성은 신들과 인간들을 구분하는 근본적인 특징들 중의 하나이다. 우리는 낳음, 기념비적인 행위들의 수행, 혹은 위대한 자품들의 창조를 통해서 인간 본성의 한계를 넘어선다. 그녀는 조화에 대한 에릭시마코스의 논법을 자연의 한계 그리고 더 특별하게는 인간 본성의 한계로 전환시켜서 다음과 같이 말한다. "임신과 낳음, 이것은 사멸적인 동물이 하는 불사적인 것이다. 그것들은 조화하지 않는 것 안에서는 일어날 수 없다. 추한 것은 모든 신적인 것과 조화하지 않는 데 반해 아름다운 것은 조화한다"(206c–d). 성적으로 상스러운 의미를 포함하는 표현을 사용해서, 그녀는 임신한 동물들과 인간들은 아름다운 것 가까이에서는 즐겁게 되는 반면에, 추한 것 앞에서는 뒷걸음치며 '움츠러든다'(206d)는 것을 주목한다.

디오티마는 '출산'의 주제를 다음과 같이 정교하게 설명한다. "소크라테스여, 모든 사람은 몸에 있어서 그리고 영혼에 있어서 임신하고 있는데, 그러다가 어떤 나이에 이르게 되면 우리 본성은 출산하기를 욕망

52 Plato, 1980, 147쪽.

한다"(206c). 버니엇(M. F. Burnyeat)은 사랑이 임신의 원인이기보다는 임신이 사랑의 원인이 되는 이상한 반전처럼 보이는 것을 주목한다.[53] 펜더(E. E. Pender)는 '임신'(*kuēsis*)을 '아주 흥분되어 있는' 뜻에서의 '자극되어 있는'을 의미하는 것으로, 그리고 '출산'(*tokos*)을 사정(射精)을 완곡하게 표현한 것으로 해석함으로써 이를 해결하고자 한다.[54] 이러한 임신은 또한 아름다운 생각들에 의해 자극될 때 현실화되고 구체화되는 가능적인 것으로서 이해될 수 있다.

그렇다면, 에로스가 원하는 것은 아름다움 자체가 아니라 "아름다운 것 안에서의 낳음과 출산이다"(206e). 낳음은 영속적으로 진행되는 것, 즉 사멸적인 것들이 불사성 대신에 갖는 것이다. 달리 말해서, 디오티마는 명제 (C), 즉 미래에서도 좋음을 소유하려는 욕망을, 그 논리적 극단인, 좋음을 영속적으로 소유하려는 욕망으로 간주한다. 에로스는 좋은 것과 불사성 모두에 대한 욕망을 포함한다. 혹은 불사적인 다양하게 경쟁적으로 '좋은 것들' 가운데서도 좋은 것에 대한 욕망이라고 말할 수 있다. 이것이 사랑의 근본적으로 피할 수 없는 충동, 즉 자연의 영역 내에서조차 우리의 자연적 한계를 넘어서고자 하는 강력한 갈망이다.

언젠가 또 만났을 때, 디오티마는 소크라테스에게 다음과 같이 물었다. "이런 사랑과 욕망의 원인이 무엇이라고 생각하는가?"(207a). 에로스와 연관된 절박함과 고통을 우리는 어떻게 이해하는가? 분명히 사랑은 '지향적'이다. 즉 그것은 어떤 것 혹은 어떤 사람에 대한 사랑이다.[55] 그와 같은 지향성은 합리적 선택을 포함하는가? 그것은 파이드로

---

53 M. F. Burnyeat, 1977, 8쪽.

54 E. E. Pender, 1992, 74쪽.

55 K. Corrigan and E. Glazov-Corrigan, 2004, 109쪽을 참조하라.

스와 파우사니아스에 의해 옹호된 입장인, 자기 이익에 대한 계산을 보여 주는가? 그것은 에릭시마코스와 아리스토파네스에 의해 옹호된 입장인, 어떤 자연적 힘의 산물인가? "인간들은 이성적인 추론을 해서 이런 일들을 행한다고 생각할 수 있겠지요." 디오티마가 말했다. "그러나 짐승들이 그렇게 사랑을 갈망하는 상태가 되는 원인은 무엇인가요?"(207c). 여기서 디오티마는 논증이 한 단계 더 나아가기를 원한다. 인간적 맥락에서 사랑을 이해하기 위해서, 우리는 우선 그것이 모든 동물에서 볼 수 있는 현상을 나타낸다는 것을 깨달을 필요가 있다. "길짐승이든 날짐승이든 똑같이 모든 짐승은 사랑의 병에 걸려 고통을 받는다"(207b). 이것은 먼저 성적인 교접에 대한 필요와 관련된 애타는 상태에서 명백하다. 그다음에 이것은 짐승들이 그들의 새끼를 보호하기 위해 보여 주는 사나움에서 분명하다. 힘이 약한 짐승들도 죽기를 무릅쓰고라도 강한 짐승들과 싸울 것이다. 짐승들은 그들의 새끼를 먹여 살리기 위해서라면 굶어 죽을 수도 있을 것이다. 같은 행동이 인간들에게서도 관찰될 수 있다. "짐승들도 인간과 같은 이치에 따르는데, 가사적(可死的)인 본성은 가능한 한 영속적으로 살고 불사하기를 추구한다. 그리고 그건 이런 식으로만 즉 낳음으로써만 가능할 수 있다. 그것은 오래된 것 대신에 또 다른 새로운 것을 언제나 남기기 때문이다"(207d). 이러한 해석에 포함된 논증들을 정리해 보면, 우리는 두 가지 결론을 도출할 수 있다.

첫째로, 인간들은 이성을 사용하고 합리적인 선택을 할 수 있는 능력에 의해서 다른 짐승들과 구별된다. 그러나 성적인 의도는 짐승들과 인간들 모두에게서 관찰되기 때문에, 그것이 이성과 관련되는 것이 아니라는 점이 귀결된다. 인간들은 그들의 행동을 이해할 수 있지만, 그런 행동을 지배하는 것은 이해가 아니다. 우리는 에로스가 불사성에 도달하는 최선의 방식이라고 이성적으로 결정하지 않는다. 둘째로, 인간들과 짐승들은 그들의 새끼를 위해서는 해를 입거나 죽음을 당하는 것을 마다하지 않기 때문에 그것은 적어도 좁은 의미에 있어서 이기심과 관련되는 것도 아니다. 정말로 성적인 끌림에 의해 야기된 행동은 자주 이기심과 배치될 수 있다. 유사하게, 우리가 위해와 궁핍함을 견디려 하고 사랑을 자주 고통과 고난으로 특징지으려고 하는 한, 우리는 쾌락을 추구하기 때문에 행동하는 것은 아니다. 역설적으로 우리의 불사성을 위해서는 때때로 삶을 희생하는 것조차 필요하기도 하다. 사랑은 쾌락주의적인 것도 이기적인 것도 아니다.

여태까지 디오티마는 인간도 동물이라는 점에서 인간에 관한 에로스를 고찰했다. 그녀는 이제 인간으로서의 인간에로 논의를 확장하기를 제안한다. 이 일에 착수하기 위해서 그녀는 주목할 만하게도 『인간 오성에 관한 논고』(1.4.6)에서 흄(D. Hume)의 입장과 유사해 보이는 인간의 동일성에 대한 분석을 시작한다. 우리는 시간이 흘러가도 같은 사람으로 산다고 상정하는 경향이 있다. "[한] 사람은 어린아이 때부터 늙은이가 될 때까지 같은 사람으로 불린다"(207d). 그러나 실제로는 이것은 맞지 않는 말이다. "그는 부단히 새로워지는 한편, 머리카락, 살, 뼈, 피 그리고 몸 전체에서 어떤 것들을 잃어 가고 있다"(207d). 우리는 시간이 흘러갈 때 몸과 영혼과 관련해서 같은 것으로 남아 있지 못한다. "그의 성격, 품성, 의견, 욕망, 쾌락, 고통, 두려움 등 그 어떤 것도 같은 것으로 남아 있지 못하고, 어떤 것들은 그에게 생겨나는 반면에 다른 것들은 사라져 버린다"(207e).[56] 더 근본적으로는 앎의 동일

56 자기 동일성에 대한 디오티마의 기술을 흄의 것과 비교해 보라. "나로서는, 내가 자신이라고 부르는 것으로 가장 깊이 들어갈 때, 나는 언제나 다른 것, 즉 뜨거운 것 혹은 찬 것, 밝은 것 혹은 어두운 것, 사랑 혹은 미움, 고통 혹은 쾌락에 대한 어떤 특

성조차 유지되지 못한다. 새로운 앎이 생겨날 때 다른 것은 사라진다. "우리가 학습이라고 부르는 것은 앎이 우리를 떠나기 때문에 있는 것이며, 망각은 앎이 빠져나가는 것인 반면에 학습은 떠나가는 기억 대신에 새로운 기억을 다시 만들어서 넣는 것이기 때문이다"(208a). 앎은 같은 것으로 보이지만, 그렇지는 않다. 그것은 지속적으로 새로워진다. 이런 맥락에서 기억은 거기에 있는 것을 상기하는 것이 아니라 이미 떠나가 버린 것을 갱신하는 것이다. "이런 방식으로 … 사멸적인 것은 몸에 있어서든 그 밖의 어떤 것에 있어서든 불사성에 참여하지만, 불사적인 것은 다른 방식을 취한다"(208b).

달리 말해서, 우리가 짐승들 혹은 인간들에 대해서 말을 하든지, 몸 혹은 영혼에 대해서 말을 하든지 간에, 하나의 근본적인 작동 방식 혹은 원리가, 즉 불사성에 대한 욕망이 작용한다. 몸에 중점을 두고 있는 사람들에게, 이것은 글자 그대로의 낳음과 자식들의 생산 및 양육에 초점을 맞추는 것을 포함한다. 그리고 영혼에 중점을 두고 있는 사람들에게, 이것은 전승되고 기억될 행위들의 실행 혹은 작품들의 창조와 육성을 포함한다.

소크라테스는 디오티마의 이야기에 놀라며 이것이 실제로 그런 것인지를 묻는다. "그러자 그녀는 진짜 소피스테스처럼, '잘 알아 두세요(*eu isthi*), 소크라테스' 라고 말한다"(208c). 플라톤이 소크라테스로 하여금 소피스테스의 상투어를 장난스럽게 논급하도록 하기 위해 단순히 이런 언급을 하도록 한 것인지 아니면 전체 이야기에 대한 의심을 암시

별한 지각과 만나게 된다. … 나는 인류의 나머지에 대해서도 감히 다음과 같이 확언할 수 있다. 사람들은 상상할 수 없을 정도로 빠르게 서로 잇달아 일어나고 영원한 흐름과 운동 속에 있는 서로 다른 지각의 다발 혹은 모음일 뿐이다."(*A Treatise of Human Nature*, vol 1, part 4, section 6).

하려고 한 것인지는 논쟁적인 문제이다. 이것을 『에우티프론』(274a)과 『대(大) 히피아스』(287c)에서의 유사한 언급들과 비교하라. 디오티마는 상세한 설명을 계속하는데, 짐승들이 그들의 새끼를 위해서는 고통과 죽음까지도 감수할 방식에 대한 그녀의 앞선 해석을 똑같이 영혼의 '산물' 에까지 확장한다. 인간이 명예를 추구하고 이름난 자가 되기를 원하는 데에 얼마나 비이성적(*alogos*)인지를 생각해 보라고 그녀는 요구한다. 그들은 영예를 위해서라면 위험을 감수하고 돈을 쓰고 역경과 육체적 손상 그리고 죽음까지도 무릅쓰려고 하는데, 그들이 아이들을 위해서 감수하는 것보다 더 그렇게 하기도 한다(208c). 그녀는 연대적으로 맞지 않게 파이드로스의 예들을 되풀이하면서 다음과 같이 묻는다. 만일 자신들의 덕에 대한 기억이 살아남을 것을 기대하지 않았다면, 알케스티스가 아드메토스를 위해 죽었을 것인가 혹은 아킬레우스가 파트로클로스를 위해 죽음도 불사했을 것인가? 혹은 아테네의 전설적인 왕인 코드로스가 자식들의 왕권을 지켜 주기 위해 죽었을 것인가? "나는 모든 사람이 불사의 덕과 명성을 위해서 그런 모든 일을 한다고 생각한다. 그리고 사람들이 훌륭하면 할수록 그만큼 더 그렇게 하는데, 이는 그들이 모두 불사성을 사랑하기 때문이다"(208d–e).

이 점에서, 디오티마는 파이드로스의 논증을 되풀이하고 이를 개별적인 것으로부터 보편적인 것으로 전환시킨다. 사랑하는 자의 눈에 수치스럽게 보이는 것을 두려워해서 덕을 추구하는 대신에, 우리는 모든 미래의 세대에 덕 있는 사람으로 기억되기 위하여 그것을 추구한다. 몸의 불사성의 경우에서처럼, 영혼의 불사성에 도달하려는 갈망은 이성이나 이기심에 의해서 그리고 쾌락이나 유익함에 의해서 지배되는 것이 아니다. 불사성에 대한 에로스의 충동은 우리의 모든 다양한 활동을 위한 단일한 힘이다. 그것은 보편적인 것이며 짐승들과 인간들 모두에게 적용될 수 있다. 디오티마가 말하듯이, 그것은 비합리적인 것이고, 그녀의 사유방식에 의하면 그것은 보편적인 것이기 때문에, 그리고 그것은 우리의 통제 밖에 있는, 우리의 이성적인 선택과 독립적인 것이기 때문에, 그래서 그것은 객관적인 것이며, 실재성을 갖는 어떤 것을 나타낸다.

임신의 주제로 되돌아가면서 그리고 다양한 요소들을 함께 묶어서, 디오티마는 사람들이 불사성에 도달하기를 추구하는 방식에 따라서 단계들을 분류할 것을 제안한다. "어떤 사람들은 몸에 있어서 임신하고 있기 때문에 여자들에게로 더 향하고 이런 방식으로 사랑을 갈망하고, 아이 낳기를 통해 불사성을 얻고자 한다"(208e). 반면에 영혼에 있어서 임신한 다른 사람들, 아마도 그들의 몸보다는 영혼에 있어서 훨씬 더 그러한 다른 사람들이 있다. 이들은 '영혼이 임신하고 출산하는' (*ha psychē kuēsai kai tekein*)(209a) 데 적합한 것으로 임신하고 있다. 그러면 무엇이 적합한가? "지혜(*phronēsis*)와 여타의 덕(*aretē*)인데, 모든 시인(*poietai*)뿐만 아니라 창조적이라고 이야기되는 모든 장인은 이것들을 낳는 자들(*gennētores*)이다"(209a). 지혜 가운데서도 가장 중대하고 아름다운 부분은 절제(*sōphrosynē*)와 정의(*dikaiosynē*)를 포함하는데, 이것은 공동체와 가정의 질서 지음과 관계한다.

이 과정을 요약하기 위해, 디오티마는 어려서부터 절제와 정의의 덕으로 임신하고 있는 한 젊은이를 상상한다. 그는 낳고 출산하기를 욕망하고, 그래서 그가 그 안에 낳을 아름다운 것을 찾아다닌다. 달리 말해서, 그는 하나의 가능성을 임신하고 있지만, 그것을 표현하고 현실화하기에 적합한 대상을 찾아야만 한다. 그는 아름다운 덕들로 임신하고 있기 때문에, 자신과 같은 방식으로 아름다운 몸들에 자연스럽게 끌리게 되고, 만일 아름답고 고귀한 영혼을 발견하게 되면 그는 '덕에 관한 이야기/생각들' (*logoi peri aretēs*)(209c)로 곧바로 가득 차게 될 것이다. 에릭시마코스의 말로 하자면, 그는 자신의 아름다움과 조화되는 사람을 찾아다니는 것이며, 아리스토파네스의 말로 하자면, 그는 자신의 잃어버린 반쪽을 찾아다니는 것이며, 자신과 동족인 사람의 아름다움을 찾아다니는 자이다. 그는 그를 양육하고 교육하려는 덕 있는 사랑하는 사람의 연인이 되고, 이 사람은 그가 임신하도록 해 주고 또 임신했던 것들을 낳고 출산하도록 해 준다. 만일 에로스적인 것이 아름다움 안에서 불사성을 추구하는 것과 관련되는 것이라면, 가장 기초적인 단계에서 우리는 아름다운 몸에 이끌려 몸의 낳음을 통해 얻게 되는 불사성을 추구한다. 다음 단계에서, 우리는 시의 창작과 다른 창조적인 성취들을 통한 영혼의 낳음(상기)에 의해 불사성을 추구한다. 디오티마는 단순히 인간의 자식을 출산하기보다는 호메로스나 헤시오도스의 지적인 산물인, 『일리아스』나 『신들의 계보』와 같은 작품을 더 출산하기를 그 누가 욕망하지 않을 것인가라고 묻는다. 마지막으로 최고의 높은 단계에서, 우리는 제도와 법률의 창조를 통한 영혼의 낳음에 의해 도달되는 불사성을 추구한다. 스파르타의 전설적인 입법가인 리쿠르코스 혹은 아테네의 입법가인 솔론에게 주어진 영예와 영광의 지속성을 생각해 보라. "이미 그들의 불사적인 아이들[폴리스의 제도들] 때문에 그들을 기리기 위해 많은 전당들이 생겨났는데, 인간의 자식 때문에 그런 일이 일어난 적은 없다"(209e).

'덕에 관한 이야기'의 산출과 관련해서, 로우(C. J. Rowe)는 "그러나 어떤 방식으로 그렇게?"라고 묻는다.[57] 존재론적으로 이것은 타당한 논점이지만, 비유적으로 그리고 심리학적으로는 그것은 실제 경험을

---

57 Plato, 1998, 191쪽 주 b7-8.

기술한다. 우리가 생각들이 떠올랐다고 말할 수 있는 어떤 경우에도, 한 사람이 다른 사람에게서 "영감을 얻었다"고 말하는 것은 비정상적인 것이 아니다. 우리는 좀 더 우리 시대의 비유로 바꾸어서 두 사람 사이의 '화학 작용'에 대해 말할 수 있다. 더 진지하게 말해서, 디오티마의 비유는 플라톤의 인식론과 그의 교육 모델과 일치한다. 이야기 산출의 토대가 되는 형상들 혹은 이데아들은 이미 현존한다. 한편, 소크라테스의 방법은 대화자들의 믿음들을 끌어낸다. 그것은 발견되고 시험되어질 어떤 것이 제자들에게 있다고 가정한다. "소피스테스는 그의 제자를 선생의 생각들에 의해 외부로부터 채워질 빈 용기와 같은 것으로 취급한다"고 버니엇(M. F. Burnyeat)은 말한다. 대조적으로 "소크라테스는 제자 자신의 창조성을 존중하고, 올바른 종류의 도움과 더불어 젊은이가 그 자신의 마음으로부터 생각들을 산출할 것이며 그것들이 참인지 거짓인지 스스로 알아낼 수 있을 것이라는 입장을 취한다."[58] 아름다운 사랑하는 자는, 『테아이테토스』의 소크라테스적인 산파와 꼭 마찬가지로, 이미 거기에 있고, 임신하고 있는 그 생각들을 연인이 산출하도록 돕는다.

3.2.4. 디오티마: 더 큰 비의(209e-212c)

많은 학자들은 뒤따르는 이야기를 『향연』의 '상승'의 구절(209e-212c)이라고 관습적으로 부르는데, 이는 디오티마의 '사다리' 혹은 '계단'에서 정점에 이른다. 이 지점까지 사태를 평가하면서, 디오티마는 소크라테스가 여태까지 그녀가 기술했던 사랑과 관련된 의식들에는 입문(*myētheiēs*)할 수 있을 것이라고 그에게 말한다(210a). 즉 소크라테

58 M. F. Burnyeat, 1977, 9쪽.

스는 열심히 하면 아름다움 안에서 훌륭한 일들 혹은 제도들을 산출할 수 있을 것이다. 그러나 그녀는 그가 '최고의 비의(秘儀)' (*ta de telea kai epoptika*)에 도달할 수 있을지 의심하는 태도를 보이면서(210a), 자신이 알고 있는 것을 그에게 가르쳤던 것은 이러한 최종적인 비의를 위해서라고 덧붙인다. 디오티마는 사랑에 대한 그녀의 논의를 신비 종교의 언어로 구성하는데, 이는 '입교' (*myēsis*), '비전' (秘傳: *epopteia*), 그리고 '입교함' (*orgiazein*)에 의해 수행되거나 경험된 비밀 의식의 단계들로 이루어져 있다.[59] 그녀는 소크라테스의 자질에 대해 확신하지 못하면서도, 자신이 최선을 다해 말할 것이라고 그에게 언급한다.

디오티마는 이제 에로스의 방정식의 다른 면으로 이동한다. 덕들을 임신하고 있는 사랑받는 자에 대하여 말하는 대신에, 임신한 사랑받는 자를 양육함으로써 좋은 것들을 낳거나 산출하게 하는(*gennaō*) 사랑하는 자(*erastēs*)의 역할로 향한다. 그녀는 발전의 다섯 단계의 개요를 말한다. 각각은 한 항목의 아름다움을 응시하거나 관조하는 것으로부터 모든 예에서 아름다움의 가족 유사성을 인지하는 것으로의 이동을 포함한다. 모라비크(J. M. E. Moravcsik)가 주목하고 있듯이, 그것은 우리와 독립적인 어떤 것으로 언제나 '다른 것을 향하여' 있다. 즉 우리의 열망의 대상들은 우리의 영혼 밖에 있다.[60] 그것은 앞선 단계의 가치를 감소시키는 반면에 나중의 단계를 강화하는 과정이다. 연장해서 생각해 보면, 사랑하는 자는 궁극적으로 지혜를 사랑하는 자, 즉 철학자이다.

첫째로(210a–b), 사랑하는 자가 되려고 하는 사람은 젊을 때부터 자

---

59 W. Burkert, 1985, 324쪽; 더 풍부한 논의를 위해서는 Des Places, 1981, 83–98쪽을 참조하라.

60 J. M. E. Moravcsik, 1971, 292쪽.

신을 아름다운 몸들에 헌신해야 한다. 만일 그를 인도하는 자(연인을 사랑하는 자 혹은 에로스에 관한 일들 — *ta erotica* — 의 스승)가 자신의 일을 적절히 행했다면, 사랑하는 자는 하나의 몸과 사랑에 빠질 것이다. "그리고 거기서 아름다운 생각들/이야기들을 낳는다(*kai entautha gennan logous kalous*)" (210a). 우리는 소크라테스가 앞서 자신을 사랑의 기술에 관한 전문가로서 특징지은 것(177d와 198d)을 상기할 수 있다. 사랑하는 자는 어느 한 몸의 아름다움은 다른 몸의 아름다움과 형제지간이며, 지금까지 그를 끌어당긴 것은 '외적인 형태의 아름다움' (*ep' eidei kalon*)임을 곧 깨닫는다(210b). 이것은 사랑하는 자가 모든 몸에서의 아름다움을 올바르게 평가하도록 이끈다. 그런 관점에 도달하게 되면, 그는 아름다운 몸들 가운데 하나에만 몰두하는 것은 어리석은 일임을 알게 된다. "그는 아름다운 모든 몸을 사랑하는 자가 되어야만 한다" (210b).

둘째로(210b–c), 사랑하는 자는 몸에 있어서는 보잘것없는 아름다움만을 갖고 있을지라도 훌륭한 영혼을 지니고 있는, 사랑받는 자가 될 수 있는 가능성을 지닌 자들에 자신이 이끌리는 것을 알게 된다(210b). 이로 말미암아, 그는 그를 움직이는 것이 몸들의 아름다움이 아니라 사람들의 영혼 속에 있는 아름다움(*psychais kalos*)이고, 그들의 육체적 매력이 아니라 품성들의 훌륭함임을 인지하게 된다. 사랑하는 자는 이러한 젊은이를 사랑하는 데 만족할 것이고, 그를 더 나은 사람으로 만들어 줄 '생각들을 산출' (*tiktein logus*)할 것이다(210c). 영혼의 아름다움은 아름다운 '행실들' (*epitēdeumata*) 그리고 행위의 '규범이니 관습들' (*nomoi*)에서 명백히 드러나기 때문에, 사랑하는 자가 영혼을 사랑함에 있어서 사랑하는 것은 행실들과 관습들이다.

셋째로(210c–d), 사랑받는 자의 행실들과 관습들을 보고 있는 사랑하는 자는 그것들이 아름다운 앎들(*epistēmai*)에 의해 형성된 것임을 깨닫게 된다. 이처럼 행실들과 규범들을 바라 본 다음에, 사랑하는 자는 앎으로 향하고, 궁극적으로는 특정한 앎들 밑에는 '아름다움의 큰 바다'가 있다는 것을 깨닫는다.

넷째로(210d–e), 이러한 '아름다움의 큰 바다'를 바라보고서, 사랑하는 자는 "그곳에서 힘을 얻어 자라나서 어떤 단일한 종류의 앎(*tis epistēmē mia*)을 직관할 때까지 한없이 지혜를 사랑하는 가운데 많은 눈부시게 아름다운 이야기들과 생각들"(210d)을 산출한다(*tiktē*). 즉 그는 특정한 앎들로부터 전체에 대한 앎으로, 사실상 앎들로부터 앎으로 나아간다. '전체에 속하는 이름'(205b)에 대한 디오티마의 앞선 기술과 『국가』에서 "어떤 지혜는 욕구하되 어떤 지혜는 욕구하지 않는 자가 아니라 모든 지혜(*alla pasēs*)를 욕구하는 자"(475b)로서의 철학자에 대한 설명을 상기하라. 사랑하는 자는 사랑들에 대한 앎으로부터 사랑에 대한 학, 즉 특정한 모든 앎들을 형성하는 단일한 앎으로 나아갔다. 처음 네 단계는 뒤따라올 것을 위한 예비적인 것이다.

다섯째로(210e–211b), 잠시 숨을 돌린 다음에, 디오티마는 최대한 주의를 기울이도록 소크라테스에게 당부한다. 하나의 몸으로부터 몸들로, 몸들로부터 (영혼들의) 행실들로, 행실들로부터 앎으로, 그리고 앎으로부터 지혜로 적절한 단계들을 적절한 방식으로 통과한 사랑하는 자는 "갑자기(*exaiphnēs*) 놀라울 정도로 본성상 아름다운 것(*thaumaston tēn physin kalon*)을 직관"(210e)하게 될 것이다. 즉 사랑하는 자는 아름다움 자체의 순수한 형상을 힐끗 보게 된다. 디오티마는 이를 네 가지 방식으로 서술한다. 첫째로, 그것은 영원한 것이며, 생성하는 것도 소멸하는 것도 아니다. 둘째로, 아름다움은 관계적이거나 상관적인 것이 아니다. 즉 그것은 관찰자의 통상적인 안목에서 어떤 사람들에게는 아름답고 다른 사람들에게는 추한 것이 아니다. 셋째로, 그것은 어떤 특정한 것들이나 경우들에 제한되어 있는 것이 아니다. 그것은 아름다운 얼굴, 아름다운 말들, 혹은 어떤 종류의 아름다운 앎의 모습으로 나타나는 것이 아니다. "그것은 어떤 곳에서든 다른 어떤 것 안에, 이를테면 동물이든 땅이든 하늘이든 그 밖의 다른 어떤 것 안에 있는 것이 아니다"(211a–b). 달리 말해서, 아름다움의 형상은 시간성이나 공간성에 의해 제한되지 않는다. 마지막 넷째로, 그것은 불변적인 것이다. "그것은 그것 자체가 그 자체로 언제나 하나의 형상으로 있는 것이며, 아름다운 다른 모든 것들은 그것에 관여하는데, 다른 것들이 생성되거나 소멸할 때 그것은 조금이라도 작아지거나 커지지 않고 그 어떤 변화도 겪지 않는 방식으로 이루어진다"(211b).

화이트(F. C. White)가 우리를 일깨우듯이, 여기서 아름다움의 형상은 『국가』에서 소크라테스가 기술하고 있는 좋음의 형상과 다르다는 것을 강조하는 것이 중요하다.[61] 아름다움을 봄 속에서, 사랑하는 자는 훌륭한 말과 행위들을 산출하고, 궁극적인 아름다움을 봄은 우리를 좋음, 즉 우리의 훌륭한 말들과 고귀한 행위들에 대한 상기를 통해서 우리의 지속적인 불사성을 보장해 줄 성취로 이끌 것이다. "디오티마는 아름다움을 봄이 보는 자로 하여금 아름다움을 산출하게끔 한다고 말하지 않는다. 오히려 그녀 이야기의 본질은 아름다움이 그것을 넘어선 것 — 좋음을 산출한다는 것이다."[62]

디오티마는 그녀가 말했던 것을 나중에 주석가들이 '사랑의 사다리'라고 부르는 구절에서 비유를 이용해 요약한다. 이 구절의 중요성과 이후의 영향 때문에, 나는 그것을 길게 인용할 것이다.

---

61 F. C. White, 1989, 155쪽.

62 F. C. White, 1989, 156쪽.

> 에로스와 관련된 일들을 향해 올바르게 나아가는 혹은 다른 사람에 의해 인도되는 것이란 바로 이것입니다. 즉 우리가 이 아름다운 것들에서부터 시작하여 그것들을 계단처럼 이용하여 저 아름다움을 목표로 언제나 올라가는 것인데, 하나의 몸에서부터 둘로 그리고 모든 아름다운 몸으로, 그다음에는 아름다운 몸들에서부터 아름다운 행실들로, 그리고 행실들에서부터 아름다운 지식들로, 그리고 이러한 지식들(*mathēmata*)에서부터 마침내 저 아름다움 자체에 대한 배움인 저 학문(*mathēma*)에 도달하고, 그래서 종국적으로 그는 아름다운 것인 것 자체를 알게 됩니다(211c-d).

('mathematics'란 우리의 말은 그리스어 *to mathēma*에서 유래하지만, 이 단어는 독일어 *Wissenschaft*의 의미에서의 '체계적인 지식' 혹은 '학'으로 좀 더 잘 번역될 수 있다.) 그녀가 말했던 것의 의미를 해설하면서, 디오티마는 아름다움에 대한 그러한 통찰은 아름다움의 다른 모든 척도를 사소한 것으로 만들 것이라고 말한다. 그녀는 그러한 통찰을 한 사람이 보잘것없는 삶을 살아갈 것으로 결코 생각하지 않는다. 이와는 정반대로, 디오티마는 순수하고 혼합되지 않은 형상에 대한 통찰을 아름다움 안에서 출산함으로써 불사성을 추구한다는 명제와 연관시켜 다음과 같이 결론내린다. "아름다운 것을 볼 수 있는 바로 그런 방식으로 그것을 보면서 사는 사람에게만, (그는 모상을 접촉하고 있는 것이 아니기 때문에) 덕의 모상들(*eidōla aretēs*)이 아니라, (그는 참된 덕을 접촉하고 있기 때문에) 참된 덕을 산출(*tikten*)하는 일이 일어날 것이다"(212a). (명사 *eidōlon*은 '모상', '환영', 혹은 '비실체적인 모습'을 의미할 수 있다.) 우리는 이것을 아름다움 속에서 산출된 글자 그대로의 그리고 형태적인 산출물에 대한 우리의 단계적 분류와 다시 연관시켜야만 한다: 아이들, 시인의 작품들, 제작물들, 도덕적 그리고 정치적

제도들은 덕의 단순한 모상 혹은 환영들이고, 순수하지 못한 형태를 갖고 있는 단순한 근사치에 불과한 것들이며, 개별적인 것들에 부수되는 것들이다. 단지 순수한 아름다움 속에서 산출된 것들만이 참된 덕들을 낳을 것이다. "참된 덕을 낳아 기른 사람은 신의 사랑을 받는 자가 될 것이고, 만일 인간들 중에서 누군가 불사적이 될 수 있다면, 그런 사람만이 그럴 것이다"(212a–b).

여기서 소크라테스는 디오티마에 대한 그의 이야기를 끝맺고, 연회장에 있는 파이드로스를 돌아보면서 다음과 같이 언급한다. "나는 설득되었다네. 그리고 설득되었기에, 나는 인간 본성상 이 소유물들을 얻는 데 도움이 되는 것으로서 에로스보다 더 나은 자를 찾기란 쉽지 않을 것이라고 다른 사람들을 설득하려고 하네"(212b). 소크라테스의 말은 『국가』 끝에서 에르(Er) 신화에 대한 그의 설명을 마치면서 하는 말을 생각나게 한다. "만약에 우리가 혼이 불사의 것이며 모든 나쁜 것과 좋은 것을 견디어 낼 수 있다고 믿고서 내 주장에 설득된다면, 우리는 언제나 그 윗길을 가며 모든 면에서 분별을 갖고 올바름(정의)을 수행할 것이니, 이는 우리가 우리 자신과도 그리고 신들과도 친구이기(화목하기) 위해서일세…"(621c). 소크라테스는 우리 영혼의 운명에 관한 걱정을 제거하기 위한 방식으로서 『파이돈』에서 유사한 제안을 하고 있다(114d–e). 두 경우 모두에 있어, 우리에게는 소크라테스의 명제들의 증명이 아니라 파스칼(Pascal)적인 내기에 의해 지지되는 '올바른 믿음' (*orthē doxa*)만이 남아 있는 것으로 여겨진다. 다른 한편, 소크라테스는 그가 사용할 수 있는 다른 호소 수단을 갖고 있는가? 이해 혹은 파악의 차원에 도달한 사람이 어떻게 그의 이해를 그렇지 못한 사람들에게 전달할 수 있는가? 소크라테스는 『국가』에서, 특히 키잡이의 비유(488b–c)에서 같은 문제를 제기한다. 즉 배의 항해를 위해 요구되는 기술에 무지한 자들에게는, 키잡이가 사실상 가장 일에 몰두하고 있을 때, 그가 단순히 수평선을 응시하는 사람으로 보일 것이다. 유사하게, 입문하지 않은 자는 어떻게 철학자의 지혜를 설득적인 소피스테스의 민중 선동술로부터 구분할 수 있는가? 이처럼, 소크라테스적인 철학자는 사랑받는 자, 산고를 겪는 자 또는 입문자에게 권고하고 용기를 북돋우는 사랑하는 자, 산파, 혹은 비교(秘教)의 여사제가 되는 것 이외에 어떻게 지혜를 나누어 줄 수 있는가? 소크라테스적인 철학자가 지혜를 나눌 수 있는 유일한 방식은 학생들이 스스로 그것을 발견하도록 그들을 인도하는 것이다.

아가톤의 향연에 대한 디오티마의 '기여'는 우리가 좀 더 자세히 고찰할 필요가 있는 수많은 문제를 제기한다. 이것들은 세 가지 넓은 탐구 영역으로 분류될 수 있다. 첫 번째 것은 '상승'의 구절에 표현된 철학적 이론을 좀 더 충분히 살펴보고, 그것이 플라톤의 입장을 반영하는 것인지 아닌지를 고찰하는 것이다. 두 번째 것은 디오티마의 기능을 좀 더 충분히 고찰하는 것이다. 세 번째 것은 '상승'의 구절과 앞선 연설들의 관계를 고찰하는 것이다.

첸(L. Chen, 1983)은 '상승'의 구절에는 두 가지 존재적 목표와 한 가지 인식적 목표가 표현되어 있다는 것을 설득력 있게 논증한다(66쪽). 처음의 네 단계, 즉 몸에서부터 몸들로, 몸들에서부터 영혼의 행실들로, 관습들에서부터 앎으로 그리고 앎에서부터 학으로의 나아감은, 더욱더 많은 예를 포함하기는 하지만 개별자의 영역에 머물러 있는, 수평적인 운동을 나타낸다. 그것은 변화라기보다는 오히려 확장이고, 방법적으로 그리고 점진적으로 나아가지만 같은 지평 위에 있다(Chen, 1983). 단지 사랑하는 자(인식적 차원에서는 철학자)가 '아름다움의 큰 바다'를 관조함으로써 필요한 힘과 성장을 획득하는 그 지점에 '이르러서야'(until), 그는 '갑자기' 아름다움 자체를 통찰한다. 첸은 처음 네 단계를 통해 보게 되는 아름다움의 예들과 최종적인 단계에서 보게 되는 최종적인 통찰 사이의 인식적 그리고 존재적 간격을 강조하기 위해 디오티마가 말하고 있는 '이르러서야'(*heōs*)와 '갑자기'(*exaiphnēs*)란 표현들에 밑줄을 긋는다(L. Chen, 1983, 69쪽). 존재론적으로 볼 때, 예들의 아름다움은 아름다움 자체와 다르다. 인식적으로 그것은 사유의 다른 방식을 나타낸다. 첸은 이 과정을 '탈개별화'의 과정이라고 부른다. "그의[사랑하는 자의] 앎의 대상은 탈개별화된 것으로서, 즉 그것의 소유자와 관계없는 것으로서 참으로 이러한 혹은 저러한 아름다운 몸이다"(67쪽). 이처럼 사랑하는 자는 "모든 아름다운 몸 안에 있는 아름다움 자체"(67쪽)가 아니라 모든 특정한 몸들을 무차별적으로 사랑한다. 굴드(T. Gould)는 유사한 지적을 한다. "일이 잘 진행되면, 우리는 심오한 지성, 참된 이해, 영혼의 빛남의 가치를 평가하게 되고, 처음에 이러한 것들에 대한 우리의 앎을 자극했던 개별적인 것을 실제로 완전히 잊게 된다."[63]

많은 학자들은 상승의 처음 네 단계에 묘사된 과정을 추상화와 일반화로 독해하고, 플라톤의 형상 이론을 경험 논리학에 의해 파악한다. 첸은 이런 견해를 거부하면서, 추상화는 공통적인 어떤 것으로 나아가지만 디오티마는 예들의 '바다'에 대해 말하고 있기 때문에, 우리는 추상화와 일반화를 찾아볼 수 없다고 논증한다. 유사하게, 경험 논리학에서 일반화의 목적은 하나의 개념을 산출하는 것이다.[64] 만일 내가 빨간 사과의 많은 예를 바라본다면, 나는 "이 모든 사과는 빨갛다"라는 일반화하는 개념을 끌어낼 수 있다. 그러나 "나는 아름다움의 형상을 파악

63 T. Gould, 1963, 55쪽.
64 L. Chen, 1983, 70쪽.

한다"로부터 "모든 아름다움은 아름답다", "모상이 없는 모상은 무엇처럼 보이는가?"라는 무의미한 동어반복이나 선(禪)의 공안(公案, *ko-an*)들을 닮아 보이기 시작하는 다른 유사한 명제들 말고 어떤 개념을 끌어낼 수 있는가? 아름다움의 형상은 절대적이고 혼합되지 않은 순수한 것이기에 합리적 혹은 경험적 기술(記述)을 넘어선다. 우리는 단지 그것을 지시할 수 있을 뿐이다. 우리는 그것이 무엇인지 말할 수단을 갖고 있지 못하다. 에로스(*Erōs*)는 일종의 지향해 가는 경향성이다.

유사하게, 모라비크는 플라톤에서 한 종류의 아름다움에서부터 다른 종류의 것으로 나아감은 다수성 안에서 공통분모를 파악하는 문제가 아님을 지적한다.[65] 정신은 낡은 차원에서의 더 낡은 종류의 아름다움에 대한 포기와 경멸의 느낌을 갖고 새로운 종류의 아름다움으로 향하는 한편, 동시에 새로운 차원에서의 아름다움의 예들에 대한 긍정적인 느낌을 형성한다. 이 모든 것은 차원들 사이의 인과적 관계 문제를 야기한다고 모라비크는 논증한다. 그는 단계들 사이에 필연적인 연관성이 있을 수 없다고 주장하고, 만일 그런 것이 있다면 누구도 육체적 아름다움의 가치를 인식함이 없이는 수학의 아름다움의 가치를 인식할 수 없을 것이라고 논증한다.[66] 수학자의 성적인 취향이 어떤 것이든 간에, 모라비크는 왜 수학의 아름다움의 가치를 인식하기 위해서 육체들의 가치를 인식하는 것이 사실상 필연적이지 않은지의 문제를 증명 없이 진실로 가정하고 논의를 전개하고 있다. 더 적절히 말하자면, 우리가 진실로 수학의 아름다움의 가치를 인식하고 있다는 주장에 대한 시금석은 무엇인가? 적합하게 '인도'되는 사랑하는 자에 대한 디오티마의 반복적인 주장뿐만 아니라 사랑 의식들의 고유한 질서에 대한 그녀

65 J. M. E. Moravcsik, 1971, 289쪽.

66 같은 책, 289쪽.

의 관심은 플라톤이 단계들 사이에 필연적인 관계가 있다고 믿었음을 제시한다. 모라비크는 또한 "우리는 단계들이 그에 뒤따르는 것들을 위한 충분조건이라고 가정할 수 없다. 그러한 견해는 어떤 사람이 나아가는 길의 첫 단계를 내딛자마자, 그는 최종 지점에 조만간 언제나 도달하리라는 것을 함축할 것이다"라고 논증한다.[67] 다시 디오티마가 올바른 과정을 'will'에 의해 기술하고 있다는 것은, 특히 상승의 사다리를 올라가는 처음의 네 단계와 관련해서는, 비록 좀 더 잠정적인 주장으로 여겨질지라도, 전환의 인과적 충분성에 대한 믿음을 제시하는 것처럼 보인다. 모라비크는 상승의 앞선 단계들이 그에 뒤따르는 것들에 '기여하는 원인'의 역할을 하는 방식에 대해서는 옳게 말하고 있다.[68]

이 모든 것은 우리가 고찰해야만 하는 '이르기까지'와 '갑자기'의 다른 중요한 측면과 관련되는데, 특히 그것은 상승의 다섯 번째 최종적인 단계와 관계된다. 즉 우리는 사랑하는 자/철학자가 아름다움 자체를 바라볼 수 있지만, 이러한 최종적인 통찰이 절대적인 확실성을 나타내지는 않는다고 또한 말해야만 한다. 비록 디오티마가 사랑의 의식들(상승의 처음 네 단계)이 올바르게 그리고 올바른 순서로 행해질 때 봄이 일어 '날 것'이라는 강한 믿음을 표현할지라도, 그녀는 문서에 의해 보증하지는 않는다. 처음 네 단계는 방법과 과정에 의해 이해될 수 있다. 그러나 다섯 번째 단계는 인식적인 도약 혹은 페튀지에르(A. J. Festugière)가 '인식적 포착'(*la sasie cognitive*)이라고 부른 것을 요구하는데, 이것은 결과를 가져올 수도 있고 그렇지 않을 수도 있다. 의식 혹은 예식은 우리를 끝에까지 이끌 수 있지만, 우리에게 최종적인 깨달음을 필연적으로 줄 수는 없다. 이 방법은 사랑하는 자/철학자를 준비

67 같은 책, 289쪽.

68 같은 책, 289쪽.

시키고 그를 적합한 위치에 놓을 뿐, 즉 정신의 적합한 상태를 갖추게 할 뿐, 그것이 그 자체로 최종적인 간격을 넘어서게 할 수는 없다. 이 모든 것은 이성의 고유한 한계를 인정하도록 만든다. 페튀지에르는 '기하학적' 방법과 변증술적 방법을 구분할 때 이 점을 기술하고 있다. 전자의 가정들은 같은 차원에 존재하는 제일원리들의 타당성을 상정하는 반면에, 후자의 가정들은 존재의 위계에서 좀 더 우위에 있는 것과 관련된다.[69] 이성은 나중에 생기는 통찰을 확립하기 위한 강력한 도구이다. 그것은 소크라테스가 『테아이테토스』에서 거짓된 개념들을 기술하기 위한 표현인 '무정란(無精卵)' 과 참된 통찰을 구분하기 위한 수단을 제공하지만, 그것이 이러한 통찰 자체를 산출하거나 발견할 수는 없다. 우리는 그 순간이 '갑자기' 일어날 때 '까지' 기다려야만 한다. 우리는 인식적인 도약 혹은 포착을 영감, 통찰, 깨달음, 이해, '아! 하는 순간' , '번쩍거리는 방전관의 작은 불빛' , 신비적인 경험, 신앙의 비약, 존재의 가능성에로의 자아의 열림에 비교할 수 있고, 혹은 디오티마의 비유를 사다리를 올라간 후에 그것을 걷어차 버린다는 비트겐슈타인(Wittgenstein)의 비유와 융합시킬 수 있다.

디오티마가 기술하는 과정과 진행은 소크라테스가 '동굴의 비유' 끝에서 말하는 것과 닮아 있다. "위로 오름과 높은 곳에 있는 것들의 구경을 자네가 '지성에 의해서[라야] 알 수 있는 영역' 으로 향한 혼의 등정으로 간주한다면, 자네는 내 기대에 적중한 셈이 될걸세 … 그게 진실인지 아닌지는 아마도 신이나 알걸세. 아무튼 내가 보기에는 이런 것 같으이. 즉 인식할 수 있는 영역에 있어서 최종적으로 그리고 각고 끝에 보게 되는 것이 좋음의 이데아이네"(517b). 위로의 오름은 어렵고,

---

69 A. J. Festugière, 1950, 170, 171쪽.

그것이 궁극적으로 참인지 아닌지는 단지 신들에게만 알려진다. 우리 자신은 강한 믿음에 의존해야만 한다. 소크라테스 자신이 실제로 최종적인 통찰에 도달했는지는 불분명하다. 그럼에도 그것은 그에게 그의 행동의 방향을 잡아 주는 밝은 희망을 나타낸다. 소크라테스가 철학의 과제는 영혼을 해방시키고 우리를 미망에 빠지게 하는 육체의 오염으로부터 순수화하기 위한 '죽음의 수련'(67d)이라고 고찰하고 있는 『파이돈』과 대조적으로, 그는 『국가』와 『향연』에서 형상들의 파악 가능성에 대하여 좀 더 낙관적인 태도를 취하는 것으로 보인다.

이것에는 또 다른 함축이 있다. 만일 방법론적 과정이 우리로 하여금 아름다움의 형상을 그 자체로 직접 알아차리도록 할 수 없다면, 그리고 우리가 (적어도 그 일이 일어난다면) 그것 자체의 시간에 따라 그 일이 일어나기를 기다려야만 한다면, 이러한 알아차림은 플라톤에 있어서 우리의 이성적 통제와 독립해 있고 우리의 인식 능력을 넘어서 있는 실재적인 어떤 것을 나타낸다. 우리는 이것을 다이몬적인 것을 자아 밖에 있는 것으로 보는 플라톤의 개념, 즉 형이상학적 실재론과 다시 관련시킬 수 있다. 단테의 『신곡』(*Divina commedia*)에서 이성의 화신인 베르길리우스처럼, 이성은 단지 그 정도까지만 우리를 데려갈 수 있다. 최종적인 통찰은 베아트리체의 개입을 필요로 하는데, 그녀는 자신을 어떤 방식으로든 개별적인 영혼 밖에 있거나 그것과 독립해 있는 신적인 선물로서 제시한다. 단지 그런 다음에라야 우리의 인식적 능력은 다음과 같은 지점까지 도달할 수 있다.

나의 정신은 번쩍이는 빛에 의해 강타당했다
그리고, 이 빛과 더불어, 그것이 구하고자 했던 것이 들어왔다.
여기서 힘은 나의 고상한 환상에 도움이 되지 못했다. 그러나 나의 욕망과 의지는 — 일정하게 회전하는 바퀴처럼 — 이미 움직였다.
태양과 다른 별들을 움직이는 사랑에 의해.

Dante(1986, 33. 140–145)

단테가 『향연』을 직접 알지는 못했다는 것이 그럴 법하지만, 그가 신적인 것을 알아차리는 과정과 경험에 대해 말하고 있는 것은 디오티마가 기술했던 것과 매우 유사하다. 그리고 디오티마의 설명과 일치되게, '기적적인 통찰(*mirabile visione*)'의 궁극적인 목표는 그 자체로 신성한 것의 아름다움이 아니라, "내가 그녀에 관해 더 고귀한 방식으로 쓸 수 있을 때까지" 절실히 초월하려는 것이다(Dante, 1973, 42쪽). 그 결과 단테는 불멸의 시인이란 칭호를 얻게 되었다.

불사성을 고귀한 작품들의 산출이나 창조에 연결시키는 디오티마의 이론은 로우(C. J. Rowe)가 『향연』에 관한 '영속적인 수수께끼'라는 이름으로 부른 다음과 같은 문제를 야기한다.[70] 디오티마는 신들만이 불사성을 갖고 있고 인간과 다른 동물들은 출산을 통해 그것에 관여한다고 주장한다(208a–b). 이것은 『파이돈』, 『파이드로스』, 『국가』에서 반복적으로 제시된 영혼은 불사적이라는 주장과 어떻게 조화될 수 있는가? 예를 들어, 루스(Luce, 1952, 137–141쪽), 도버(Dover, Plato, 1980, 148, 150쪽), 오브라이언(O' Brien, 1984, 198–205쪽) 그리고 코리건(Corrigan, 2004, 159쪽과 224–234쪽)을 참조하라. 이 수수께끼는 학자들이 『향연』을 『파이돈』, 『파이드로스』, 『국가』와 대략적으로 동시대적인 작품으로 분류하는 경향이 있기 때문에 특히 더 혼란스럽다. 디오티마가 영혼의 불사성, 혹은 육체와 영혼의 분리에 대해 그 어

70 Plato, 1998, 185쪽.

떤 것도 언급하지 않고 있다는 것은 이상하게 여겨질 것이다. 정말로, 그녀는 육체로부터 분리된 영혼에 대해 결코 말하지 않는다. 이것은 어떻게 이해 혹은 설명될 수 있는가? 그것은 플라톤이 영혼의 불사성을 거부했다는 증거인가? 이것은 디오티마의 이야기가 플라톤의 입장을 반영하고 있지 않다는 증거인가? 그것은 플라톤이 자신의 이론을 형성하기 이전에 다른 대화편들에 앞서 실제로 『향연』을 썼다는 것을 의미하는가? 혹은 불사성에 대한 디오티마의 개념과 플라톤의 불사적인 영혼을 조화시킬 수 있는 어떤 방식이 있는가?

이러한 물음들은 명확하게 해결될 수는 없지만, 몇 가지 대답이 있다. 첫째로, 우리는 육체-영혼 이원론의 문제에 대한 디오티마의 침묵으로부터 그 어떠한 결론을 도출하는 것은 논리적으로 문제가 있다는 것을 염두에 두어야만 한다. 루스(J. V. Luce)는 『파이돈』에서 영혼의 불사성에 대한 이론은 가정으로 남아 있는 형상 이론에 따라 진술되고 있다는 점을 지적한다. "『파이돈』에서 불사성은 도덕적으로 확실하다 할지라도 논리적으로는 가정으로 남아 있다."[71] 플라톤은 영혼의 불사성을 믿었지만, 그것을 입증하는 논증의 부적합성을 알고 있다. 루스와 다른 사람들은 또한 플라톤의 이원론에서 인간들은 육체와 영혼으로 결합된 복합적인 존재임을 논증한다. 그렇기 때문에, 인간의 사멸성은 육체의 죽음을 의미할 것이지만, 반드시 영혼의 죽음을 의미하는 것은 아니다. 인간들과 동물들은 단지 출산을 통해서만 불사성에 관여한다는 디오티마의 주장은 우리 존재의 육체적 측면하고만 관계될 것이다. 도덕적 행동은 이 세계 속에 있는 육체적 도덕적 행위자의 존재를 요구한다는 점에서, 유사하게 우리의 말과 행위들에 의존하는 불사성은 또

71 J. V. Luce, 1952, 138쪽.

한 우리 존재의 육체적 측면에 의존하는 것이다. 육체적 행위들은 육체적 존재들에 의해 수행된다.

디오티마는 플라톤의 입장을 반영하는가? 소크라테스는 그녀가 때로는 소피스테스와 유사할 수 있다는 것을 또한 인정할 때조차 디오티마를 믿는다고 주장한다. 문제를 플라톤과 소크라테스의 관계에 대한 난처한 주제로 몰아가는 위험을 감수하고, 나는 이 문제를 플라톤이 구성했던 많은 층을 가진 서술의 틀과 다시 관련시킬 것이다. 다른 방식으로 말해서, 플라톤은 『향연』에서 어디에 위치하는가? 우리는 마찬가지로 유사하게 셰익스피어는 『리어 왕』에서 어디에 위치하는가라고 물을 수 있다. 극적인 장르의 맥락에서 간단한 대답은 어디에도 있고 어디에도 없다는 것이다. 어떻게 생각하고 무엇을 생각할지를 우리에게 알려 주는 부연된 서문에서 자신의 연극 작품들을 해설하고 있는 조지 버나드 쇼(George Bernard Shaw)와 같은 극작가의 경우가 아니라면, 그것은 대답할 수 없는 물음이다. 대화편(실제로는 연극) 혹은 그 어떠한 문학 작품도 그 본성상 사변적이다. 텍스트는 다양한 방향으로 우리를 밀고 조종하지만, 우리는 특정한 내용에 관한 저자의 의도를 애매하지 않게 그리고 단언적으로 주장할 수 없다. 부분적으로는, 우리는 오랜 세월에 걸쳐 계속 존속하게 된 것을 볼 수도 있지만, 우리에게 전승된 것에 의해서, 플라톤이 분석적 논의의 수단보다는 문학의 수단에 의존하기를 선택했다고 우리는 분명하게 단언적으로 말할 수 있다. 플라톤은 아리스토텔레스가 아니다. 그는 문학의 수단이 표현할 수 없는 것을 표현하는 데 더 효과적이라고 느꼈다. 한 문학 작품으로부터 정확한 이론을 추출하려는 것은 문학이 가장 잘할 수 있는 것을 바로 부정하는 것이며, 환기시키고 암시하는 그것의 힘을 부정하는 것이다. 궁극적으로 나는 빅토리아 여왕 시대의 비평가이며 고전학자인 페이터(W. Pater)의 다음과 같은 말에 동의한다. "플라톤주의는 형식적인 이론이나 이론 체계가 아니라 하나의 경향, 일군의 경향 — 어떤 것들에 관해 특별한 방식으로 생각하거나 느끼고 말하는 경향인데, 이것은 플라톤 그 자신의 특성, 두드러진 특성과 그의 정신적 기질을 반영하고 있는 대화편들에서 확인할 수 있다."[72] 이를 다른 방식으로 말한다면 대화편들은 한 이론의 해설이라기보다는 일련의 도발적인 사고 실험에 관한 것이다. 정확히 이 점이, 그가 어쩌면 명확히 표명했을 수도 있는 그 어떤 특정한 이론보다도, 플라톤 사상의 지속적인 다산성을 특징짓는다.

다음 탐구 영역으로 향해서, 우리는 디오티마의 기능을 고찰해 보아야 한다. 핼퍼린(D. Halperin, 1990, 119-140쪽) 및 코리건과 글라조프-코리건(Corrigan and Glazov-Corrigan, 2004, 111-114쪽)은 탁월한 설명들에 관한 편리하게 쓰기 좋은 요약과 평가들을 제공하고 있다. 나는 다섯 가지를 언급할 것이다. 하나의 가능성은 소크라테스가 아가톤 자신의 연회에서 그를 패배시키고 잘못을 바로잡는 일이 사교적으로 난처한 일이기에 이를 완화시키기 위한 하나의 방식으로서 디오티마의 입을 빌려 자신의 견해를 제시하고 있다는 것이다. 이것은 확실히 불가능하지는 않지만, 내가 위에서 제시했듯이, 그와 같은 '교정' 은 향연의 자연스러운 측면이고, 그래서 사교적인 이유로 그와 같은 것을 꾸며 내는 것은 불필요할 것이다. 다른 가능성은 소크라테스가 소크라테스적인 아이러니와 무지의 입장을 유지하면서도 에로스에 대한 그의 견해를 표명하기 위한 하나의 방식으로서 디오티마라는 허구를 만들어냈다는 것이다. 코리건과 글라조프-코리건은 이것이 합당하지만 부수적인 설명이라고 제시한다(112쪽). 『파이드로스』와 『국가』에서, 소크

72 W. Pater, 1928, 134쪽.

라테스는 어떤 문제에 관한 그 자신의 확신을 설명하는 데 조심하지 않는다. 더 나아가 소크라테스는 디오티마의 견해에 전적으로 동의하기 때문에, 그는 아이러니한 거리를 취하거나 유지하는 데 큰 관심을 보이지 않는다. 그러나 또 다른 설명은 디오티마를 예언자로 간주하면서 신비적 의식과 연관시켜 그녀의 이야기를 더 권위 있게 만든다. 코리건과 글라조프-코리건은 이런 설명을 "플라톤이 소크라테스의 모습을 보여주는 방식으로서는 낯선 것"으로서 거부한다(112쪽). 그러나 이들의 견해는 소크라테스가 다이몬적인 것을 반복적으로 개입시키고 있을 뿐만 아니라 『변론』(21b–c, 23a–b)에서 델피 신탁의 권위를 수용하고 있는 것으로 보이는 것을 무시하고 있다. 디오티마의 기능에 대한 좀 더 흥미 있는 설명은 소크라테스적인 아이러니가 아니라 플라톤적인 거리두기와 관계된다.

『향연』에 관한 놀라운 사실들 중의 하나는, 다른 경우라면 사회적 배경이 매우 남성적일 것이고, 아가톤의 연회에서는 동성애적인 경향이 매우 강한 상황 속에서 플라톤이 여인을 사랑에 대한 권위로서 도입하고 있다는 점이다. 정말로 향연은 정확하게 그러한 남성적이고 동성애적인 가치를 '재생산' 하고 '육성' 하기 위한 영역이다. 그래서 플라톤은 디오티마를 사랑을 위한 대변인으로 만듦으로써, 그가 동성애를 철학의 기초로 만들었다는 비난을 완화시키려 했다는 논증이 제시되었다. 이런 종류의 논증은 여성의 '차이성' 보다 남성의 정체성에 더 비중을 두는 것이라고 핼퍼린은 주장한다.[73] 그녀의 기능을 긍정적인 용어로 표현하기보다는 그녀는 단순히 '남자가 아닌 것' 으로 환원된다. 이러한 긍정적인 정체성과 관련하여, 그는 디오티마의 중심적인 비유가

73 D. M. Halperin, 1990, 116.

임신이라는 점을 주목한다. "디오티마에 따르면, 에로스적 욕망의 진정한 목적은 출산이다(206e)"(117쪽). 펜더(E. E. Pender)는 플라톤이 성(性) 역할의 문제를 '얼버무리고' 있다고 불평한다. 그녀는 플라톤이 정신적 '임신'의 두 가지 유형, 즉 사정과 자식을 봄의 비유를 이용한 '남성적' 유형과 임신과 분만의 비유를 이용한 '여성적' 유형을 전개하지만, 그런 다음에는 아이를 낳는 남자로서 아름다운 것들을 창조하는 자라는 좀 더 관습적인 이미지로 아무 말도 없이 초점을 바꾼다고 논증한다.[74]

헬퍼린에 있어서 디오티마가 여성이라는 사실은 플라톤 에로스 이론의 두 측면을 극적으로 표현한다. 첫째로, 남성적 사회의 언어와 관습을 낳음, 임신, 출산능력, 산고, 출산, 양육의 비유들로 확장해서 대치함으로써, "플라톤적인 에로스는 위계적인 것이 아니라 상호적인 것이 되고, 획득적인 것이 아니라 창조적인 것이 된다"(130쪽). 둘째로, "사랑은 아름다움의 소유를 위한 것이 아니라 그것의 출산을 위한 것이다"(137쪽). '상승'의 구절이 분명히 보여 주듯이, 성적인 열정은 육체적인 만족이 아니라 도덕적이고 지적인 창조성에 관한 것이다. 사랑하는 자와 사랑받는 자 사이의 상호적 관계는 자신을 넘어서기를 열망하는 자기표현의 행위로 이끄는 가능성과 에너지에 관한 것이다. 나는 성적인 차이의 문제는 디오티마의 낳음의 언어의 탈개별화와 더불어 눈에 띄지 않게 된다는 것을 논증할 것이다. 이런 방식으로 임신, 낳음, 출산능력, 산고 등은 더 이상 성적인 정체성에 구속되지 않는다. 그래서, 철학자나 철학자의 과제는 하나의 성이나 다른 성의 특권적 영역에 속하지 않는다.

74 E. E. Pender, 1992, 80쪽.

나는 디오티마가 부가적으로 할 수 있는 하나의 기능을 고찰하고 싶다. 디오티마의 다름에 관해 놀라운 것은 단순히 그녀가 남자들의 사회 속에 있는 한 여자라는 것, 그녀가 아테네 시민들 가운데 이방인으로 있다는 것, 그녀가 친구들의 연회에 낯선 사람으로 있다는 것이 아니라, 그녀가 부재한 상태인데도 혹은 아마 더 정확히 말해서 그녀가 아가톤의 연회에 모여 있는 참석자들로부터 한 걸음 뒤로 물러나 있는 상태인데도 강한 현존을 보여 준다는 점이다. 코리건과 글라조프-코리건이 지적하듯이, 디오티마는 단지 '정신적 이미지'로서만 존재한다.[75] 이 점은 그녀에 대한 어떠한 육체적 초상도 우리에게 주어져 있지 않다는 사실에 의해 강화된다. (아마도 여러 가지 의미에서, 디오티마가 소크라테스를 통해 말하기보다는 소크라테스가 디오티마를 통해 말하고 있다는 가능성이 주어진다면) 우리는 그녀가 젊은지 나이 들었는지, 키가 큰지 작은지, 베티 페이지(Bettie Page) 혹은 데임 에드나(Dame Edna) 중에서 누구와 더 닮았는지 실제로 알지 못한다.[76] 그녀에 대한 소크라테스의 '이미지' 혹은 '재현'은 모방적 예술에 대한 플라톤적인 비판을 받아야만 하는 것이 아니다. 오히려 그녀의 '이미지'는 처음에는 그녀의 이름에 의해 그다음에는 그녀의 이야기에 의해 나타난다. 어떤 의미에서, 그녀는 아이스킬로스의 『아가멤논』에서 제우스와 같은 방식으로 존재한다. "그분이 누구시든, 어떤 분이시든, 그분께서 즐거우시다면 우리는, / 그를 우리가 경외하면서 말하는 이름인 제우스로 부를 것이다"(Aeschylus, 1998, 16쪽). 하나의 이름으로서 그녀의 현존

---

75 K. Corrigan and E. Glazov-Corrigan, 2004, 115쪽.

76 Bettie Page는 1950년대의 악명 높은 검은 머리의 핀업 걸(pinup girl)이고, Dame Edna는 오스트레일리아의 코미디언 Barry Humphries에 의해 창조된 라일락 모양의 머리를 가진 귀부인이다.

은 그녀의 존재에 관해 실재적인 어떤 것을 의미하지만, 동시에 다른 사람들의 구체적인 모습 밖에 있거나 넘어서 있는 어떤 것을 뜻한다. 참으로, 그녀의 모습의 부재는 플라톤의 직접적인 아테네 청중에게 그 모습이 잘 알려졌을 인물들인 소크라테스와 향연 참석자들과 그녀의 실질적인 차이를 강조하는 것이다. 물론 소크라테스의 개별적인 신체적 모습들은 유명하고 되풀이되는 이야깃거리이다. 디오티마는 소크라테스와 다른 사람들의 신체적 영역을 넘어선 어떤 것으로서 존재하지만, 그녀의 논의의 힘을 통해 그것에 영향력을 행사할 수 있다.

코리건과 글라조프-코리건은 디오티마의 권위를 구성하는 요소는 그녀가 예언자나 비교의 여사제라는 점이 아니라, 그녀가 소크라테스에게 '객관적인' 입장을 제공한다는 점에 있다고 논증한다.[77] 우리가 플라톤을 불신하지 않고, 소크라테스가 디오티마의 이야기를 참말로 단순히 회상하고 암송하고 있으며 이를 해석해서 바꾸어 말하고 있는 것이 아니라고 허구적 이야기를 기꺼이 수용하는 정도에 따라, 우리 모두는, 소크라테스와 함께, 사랑에 대한 하나의 견해 밖에 있으면서 동시에 그 앞에 있다는 입장을 취하게 된다. 다른 사람들 각각의 연설은 화자의 주관성에 의해 매개되지만, 소크라테스의 암송은 그렇지 않다. 이것은 물론 디오티마의 이야기가 그녀 자신의 주관성에 의해 매개되지 않는다는 것을 의미하지는 않는다. 즉 임신과 낳음으로서의 사랑에 대한 그녀의 개념은 여성으로서의 그녀의 정체성의 요소들을 반영한다. 그녀의 이야기는 좀 더 큰 통찰력으로 객관적 진리를 명료히 말하고 있는 것이 아니다. 오히려 그것은 다른 모든 화자와 그리고 더 확장한다면 그 이후의 모든 독자와 관계해서 그녀의 차이점을 극적으로 표

77 K. Corrigan and E. Glazov-Corrigan, 2004, 112쪽.

현한다.

디오티마의 '현존'은 그녀가 기술하는 불사성과 상승의 전체 과정의 상징이다. 디오티마는 소크라테스가 그녀의 말을 반복해서 말할 수밖에 없다고 느꼈기 때문에 아가톤의 연회에 현존한다. 그녀는 소크라테스가 회상하고 있는 그것을 그녀가 단지 말했기 때문에 존재하며, 이러한 회상 속에서 그녀는 특정한 시간과 장소를 초월해 불사성에 도달한다. 그녀는 '영혼 속에 임신한' 소크라테스가 아름다운 지혜를 출산하도록 도왔다. 이렇게 해서, 소크라테스는 처음에 아리스토데모스에 의해 그다음에는 아폴로도로스에 의해 그리고 최종적으로는 민감한 독자들인 우리에 의해 상기되고 전달된 그 자신의 논의를 창조하게 되었다.

'상승' 구절의 다섯 단계와 앞서의 다섯 가지 연설 사이의 관계는 디오티마의 기능과 밀접히 연관된다. 나는 앞에서 이미 이 점을 약간 암시했고, 다음 장에서 알키비아데스의 이야기를 덧붙인 다음에 이 주제를 더 자세히 고찰할 것이다. 플라톤의 텍스트는 화자들의 일련의 이야기들을 다양한 방식으로 결합하도록 초대한다. 나는 여기서 '상승'의 구절을 서술의 틀, 즉 아름다움에 대한 디오티마의 에로스적인 통찰을 소크라테스가 회상한 것을 아리스토데모스가 상기하고 이를 다시 아폴로도로스가 상기한 것을 우리가 상기하는 것과 관련해서 간단히 살펴보고 싶다. 에로스적인 비유를 독해하고 해석하는 작업에 적용하는 것이 그렇게 무리한 일은 아니다. 우리의 독해 작업이 일종의 상기로서 '임신한' 독자들로 하여금 그들 자신의 말과 논의를 산출하도록 돕는 것과 마찬가지로, 각각의 이야기는 아름다운 앎을 출산하도록 자극하고 돕는다. 그들은 그들이 듣는 것에 대해 호의적으로 반응할 경향성과 가능성을 지니고 있으며, 지혜를 사랑하는 자의 적절한 안내와 더불어 통찰할 수 있다. 이처럼, 우리는 일련의 서술자들과 서술의 틀을 통해서 극적으로 표현된 사랑의 사다리를 올라가는 과정을 추적할 수 있다. 첫째로, 독자, 즉 『향연』에 입문하는 익명의 탐구자는 아폴로도로스에게 그가 연회와 이야기들을 기억할 수 있는지 질문함으로써 시작할 수 있는데, 이는 '당신은 연회에 참석했는가?' '당신은 나에게 그것을 말해 줄 수 있는가?'와 같은 현상적인 것들을 알고자 하는 것이다. 둘째로, 자신이 연회에 참석하지 않았다고 인정하는 아폴로도로스는 다양한 소식통을 통해, 특히 주목할 만하게도 아리스토데모스를 통해 소크라테스의 습관과 실천을 알아서 그의 영혼을 파악하기를 원했다. 셋째로, 아리스토데모스는 맨발로 돌아다니면서까지 소크라테스의 습관적인 행동을 흉내 냄으로써 아름다운 앎을 파악하기를 원했다. 넷째로, 소크라테스 자신은 디오티마의 에로스학으로부터 지혜를 얻기를 추구했다. 최종적으로, 디오티마 자신은 아름다움 자체를 통찰하고자 하는 그녀의 욕망의 부분으로서 에로스학에 도달했다.

일련의 서술자들을 통해서 상승의 단계를 추적하는 것에 더하여, 서술의 틀은 또한 우리가 디오티마의 통찰로부터 분리되어 있다는 것, 즉 우리가 아름다움에 관해 아는 것이 무엇이든지 그것은 일련의 중개자들에 의해 걸러졌다는 것을 우리에게 상기시켜 준다. 만일 우리가 사랑의 비의(秘儀)의 여사제가 스스로 아름다움 자체를 통찰했다고 가정할 수 있다면, 우리는 처음 네 단계의 입문자처럼 아름다움 자체가 아니라 단지 아름다움의 모상이나 환상(*eidōlon*)만을 파악했다는 것을 깨달아야만 한다. 이 모든 것은 텍스트는 우리를 사랑의 사다리 꼭대기로 데려가지만, 우리 자신이 아름다움에 대한 디오티마의 통찰을 알아차렸다고 가정해서는 안 된다는 것을 독자들에게 일깨워 주는 중요한 것들이다. 우리는 단지 말의 모상만을 가지고 있다. 단순히 읽는 것은 파악하거나 이해하는 것이 아니다. 우리의 방법론적 연구는 상승의 처음 네 단계를 통해서만 우리를 인도할 것이다. 이것은 필수적인 기초 작업이고 가능성을 양육하는 것이지만, 그것이 갑작스러운 인식적 도약을 야기하지는 않을 것이다. 우리는, 만일 그런 일이 일어날 수 있다면, 우리의 의지와 독립해서 그리고 우리의 통제 밖에서, 그 자신의 충분한 시간 속에서 그것이 일어나기를 기다려야만 한다.

이 모든 것은 독자들로서 우리가 디오티마의 통찰로부터 가장 멀리 떨어져 있다는 사실을 최종적으로 일깨워 주는 것이다. 우리는 사다리의 밑바닥에서부터 시작해야 한다. 그리고 절대적이고, 순수하고, 무조건적이고, 모상이 없는 아름다움에 대한 그녀의 통찰은 목표를 너무 멀리 있고 비실체적인 것으로 만들 수 있다. 그러므로 부재하고 무형의 디오티마에 의해 표현된 철학적 고요함이 알키비아데스의 매우 구체적인 모습에 의해 '갑자기' 깨뜨려진다는 것은 아이러니하면서도 적절하다. 만일 디오티마가 에로스의 저 멀리 있는 목표를 가리키고 있다면, 알키비아데스는 바로 만져볼 수 있는 그것의 현존, 즉 언제라도 그것을 부숴버릴 수 있는 우리의 주관적인 통제 밖에 있는 어떤 것을 우리에게 일깨워 주고 있다.

3.3. 알키비아데스, 사티로스극

> 더구나 소크라테스가 여기서 사용하는 논증의 스타일은 그것의 단순함과 황홀한 힘에 의해서 우리를 마찬가지로 깜짝 놀라게 하는 것이 아닌가? 진실로 아리스토텔레스처럼 말하고 카이사르처럼 사는 것이 소크라테스처럼 말하고 사는 것보다 훨씬 더 쉽다.
>
> Montaigne(1991, 1196쪽)

'갑자기' (*exaiphnēs*)는 알키비아데스의 등장을 특징짓고(212c), '갑자기' (*exaiphnēs*)는 그가 소크라테스를 알아봄을 특징짓는데(213c), 이 둘은 아름다움에 대한 디오티마의 통찰을 특징짓는 '갑자기'(*exaiphnēs*)(210e)에 대한 아이러니한 암시이다. 알키비아데스의 도착은 『향연』의 마지막 막을 여는데, 이것은 세 부분으로 구분될 수 있다. 첫째 부분은 알키비아데스의 무대 등장에 관한 일종의 프롤로그이다. 둘째 부분은 소크라테스에 대한 알키비아데스의 찬양이다. 셋째 부분은 아가톤 향연의 종결과 파장이다. 그것은 술 취한 자들이 일으키는 소란으로 시작하고, 이보다 더 많은 술 취한 자들이 일으킨 소란으로 끝난다. 소크라테스는 알키비아데스의 행동을 '작은 사티로스극'이라 풍자적으로 부르는데, 이것은 많은 주제와 모티브를 연결시키는 암시이다. 이것은 반은 인간이고 반은 염소인 사티로스와 같은 방식으로 술에 취한 알키비아데스의 상태, 그리고 알키비아데스가 소크라테스를 사티로스의 왕인 실레노스에, 그다음에는 아울로스를 연주하는 사티로스인 마르시아스에 비교하는 것을 포함한다. 그는 또한 비극 3부작에 이어서 광대극을 공연해 감정을 이완시키는 연극의 관습을 암시할 수 있다. 특히 비극 시인의 향연에서 사랑에 대한 일곱 사람의 진지한 부조(扶助)가 사랑에 대한 사티로스극의 유머에 의해 서서히 변화되어야만 한다는 것은 적절하다. 혹은 다른 비유를 사용하자면, 우리는 천상으로 올라갔다가 이제 세속적인 지상으로 떨어졌다. 이와 관련해서, 많은 주석가는 연설을 시작할 때 아울로스를 부는 소녀가 배제됨으로써(176e) 사랑에 대한 진지한 연설들의 틀이 형성되었고, 디오티마의 연설이 끝났을 때 술 취한 알키비아데스와 함께 아울로스를 부는 소녀가 그를 부축하여 재등장한 것은 좀 더 관습적인 향연의 떠들썩한 분위기로 돌아왔음을 알린다는 것을 또한 주목해 왔다.[78]

3.3.1. 알키비아데스의 도착(212c-215a)

소크라테스가 연설을 마친 직후에, 바깥문 쪽에서 큰 소리로 부르는 한 무리의 술 취한 사람들이 도착해서 아가톤의 향연은 '갑자기' 중단된다(212c). 아가톤은 나가서 살펴보도록 시종을 보냈고 곧 거나하게 술에 취한 알키비아데스의 소리가 들렸는데, 그는 아가톤에게 인도하라고 명령하고 있었다. 그는 몇몇 시종들과 아울로스를 부는 소녀의 부축을 받으며 들어온다. 여기에 이중의 아이러니가 있다. 플루타르코스는 젊은 알키비아데스가 아울로스 연주를 '하찮고 저속한 것'이라고 주장하면서 아울로스를 부는 것을 거부했다고 보고한다.[79] 더 나아가 어떤 학자들은 플라톤이 위대한 정치가는 실제로 노예와 아울로스를 부는 소녀들에 의해 지탱된다는 정치적인 아이러니, 즉 민중선동가의 정치적 토대에 대한 판단을 극적으로 표현하고 있다고 제시한다.[80] 그는 제비꽃과 담쟁이덩굴로 엮은 화관을 썼고 머리에는 머리띠들로 장식을 했다. 그는 간신히 서서, 모임에 참여할 수 있도록 해 주거나, 아니면 아가톤에게 화관이라도 씌워 줄 수 있도록 해 달라고 요구한다. 그는 술에 취해 수다스럽게 다음과 같이 설명한다. "지금은 머리에 머리띠들을 두르고 왔네. 이 화관을 내 머리에서 벗어서, 내가 이런 식으로 말해도 된다면, 가장 지혜롭고 가장 아름다운 사람의 머리에 씌워 주려고 말이네"(212e-213a). 되돌아보면, 그의 단어들은 예기치 못한 아이러니를 포함하고 있다. 그는 참으로 가장 현명하고 (외형적으로 말해서) 가장 아름답다고 판단한 사람에게 궁극적으로 화관을 씌워 주려고 하지만, 그 사람은 아가톤이 아니라 소크라테스임이 드러난다.

---

78 Plato, 1998, 135쪽.

79 Plutarch, 1954, 7쪽.

80 Plato, 1994, 203쪽.

알키비아데스는 아가톤의 향연에 초대받지 않고 스스로 왔다. 그렇지만 아가톤은 친절한 주인으로서 자신의 침상의 자기 옆에 앉도록 권했고, 알키비아데스는 머리띠를 풀려고 하다가 이것이 그의 눈을 가리게 되었다. 이때 희미한 등불 아래에서 그는 아가톤의 침상에 있던 소크라테스를 보지 못했다. 알키비아데스는 아가톤과 소크라테스 사이에, 상징적으로는 소피스테스적인 시인과 철학자 사이에 자리를 잡게 되었다. 아가톤에게 키스를 하고 그의 머리에 머리띠를 둘러 준 다음에, 알키비아데스는 침상의 다른 동료에게로 시선을 돌렸다가, '갑자기' (*exaiphnēs*) 처음으로 소크라테스를 보게 된다. "헤라클레스시여! 이게 어쩐 일인가? 소크라테스 선생님이 여기 계시다니! 이번에도 거기에 숨어서 절 기다리고 계시는군요. 선생님이 계시리라고는 전혀 생각하지 못한 곳에 갑자기 나타나곤 하시던 평소 방식대로 말입니다!" (213c). 그의 말은 화와 애정, 조소와 격정이 결합된 것이다. 그는 소크라테스가 왜 아리스토파네스나 웃기고 싶어 하는 자가 되기를 바라는 다른 사람들 옆이 아니라 '이 집에서 가장 아름다운 사람' 옆에 앉으려고 수를 썼느냐고 힐난조로 묻는다(213c).

짐짓 두려워하는 척 하면서, 소크라테스는 아가톤에게 그를 방어해 줄 것을 요청하고 다음과 같이 설명한다. "내가 이 사람을 사랑하게 된 그때부터 다른 아름다운 사람을 단 한 명이라도 쳐다보거나 그와 대화를 나누는 것이 내게 허용되지 않았고, 내가 그렇게 하려고 하면 이 사람은 나를 질투하고 시기해서 놀랄 만한 일들을 하며, 악담을 퍼붓고 손찌검까지 하려 든다네"(213d). 강인한 나이든 철학자를 강건한 군인-정치가로부터 보호하려는 나약한 극작가라는 희극적인 부조화를 사용해서, 소크라테스는 아가톤에게 알키비아데스가 그를 용서하도록 설득해 달라고 요청한다. "나는 사랑하는 자에 대한 이 사람의 광기 어린 애착을 무서워하네" (213d).

알키비아데스는 소크라테스를 절대로 용서하지 않겠다고 선언하고서, 그가 배신으로 간주한 것에 대해서는 나중에 갚아 주겠다고 다짐한다. 그런 다음에 그는 갑자기 어조를 바꿔서, 소크라테스에게도 머리띠를 둘러 주기 위해서 아가톤에게 자신이 방금 그에게 둘러 준 머리띠 약간을 돌려 달라고 요청한다. 그리고 만일 그렇게 하지 않으면 소크라테스가 야단법석을 떨 것이라고 주장한다. "그래야만 내가 자네에게는 둘러 주면서도 자신에게는, 자네처럼 엊그제만이 아니라 언제나 논변에서 모든 사람을 이기고 있는데도, 둘러 주지 않는다고 비난하지 못하시겠지" (213e). 그렇게 말하면서, 그는 그 '놀라운 머리(*thaumastēn kaphalēn*)' (213e)에 머리띠를 둘러 준다. 알키비아데스의 말은 과거사, 즉 여전히 불만이 쌓여 있고 폭발해 버릴 수 있는 이전의 관계를 드러낸다. 시기심 많고, 질투심 강하고, 집착하고, 잔인하고, 격렬하기 때문에, 소크라테스에 대한 그의 애정은 디오티마의 멀리 떨어져 있는 천상의 사랑보다는 '사랑하지만 미워하는' 카툴루스(Catullus)의 방식 (Catullus 72) 혹은 페트라르카(Petrarca) 식의 달콤 씁쓸한 사랑의 방식을 더 확증한다. 그의 말은 위험하고 강박관념을 갖고 있는 애정을 고통스럽게 실제적으로 묘사하고 있는데, 이는 거의 물리적 폭력까지 행사할 수 있는 상태이다. 동시에 알키비아데스의 말은 또한, 자신의 성취를 적절히 인정받지 못하면 안달하는, 소크라테스의 질투심과 소유욕을 드러내는 것으로 여겨진다.

이 모든 것은 에로스가 단순한 것이 아니라 복합적이고 모순적인 것임을 인정한다. 그것은 이성적인 설명으로 환원될 수 있는 것이 아니고, 일련의 대립된 감정들, 즉 사랑과 미움, 소유욕과 이기심 없음, 이끌림과 배척을 일관성이나 정합성을 잃지 않고 포함한다. 이러한 사랑은 실제적인 것이고 우리의 통제를 벗어나는 것이다. 다른 차원에서 보자면, 알키비아데스의 말은 또한 그의 당황함, 즉 소크라테스의 모든 '놀라움'과 '이상함'을 이해할 수 없는 그의 무능력과 관계된다. 소크라테스는 그의 '문제'이다. 그의 감정은 관습적으로 인정되는 성적인 매력의 범위 밖에 있는 애정을 설명할 수 없는 무능력에서 나온다. 알키비아데스가 우리에게 상기시키듯이, 소크라테스는 육체적인 아름다움으로 매혹하지도 않고 유혹하는 사랑의 말도 하지 않는다. 그러나 알키비아데스는 소크라테스가 외모가 추하고 평범한 말을 하는데도 어쩔 수 없이 그에게 끌릴 수밖에 없음을 깨닫는다.

아가톤 향연의 배경인 기원전 416년에 알키비아데스는 약 서른네 살이었을 것이다. 그는 자신이 결성한 아테네, 만티네아 그리고 엘리스의 연합군을 스파르타가 418년에 만티네아에서 물리치고 승리한 후에 거의 추방당할 뻔했다가 살아남았다. 그리고 이때(기원전 416)는 415년에 그가 헤르메스 상 훼손 사건에 연루되고 파멸적인 시켈리아 원정이 있기 약 1년 전이다. 알키비아데스(기원전 약 450-404)는 아테네의 장군이자 정치가였으며, 그의 개인적 야망과 방탕한 생활 방식 때문에 유명했다. 그를 알았던 역사가 투키디데스는 다음과 같이 기록한다. "대부분의 사람은 상식을 넘어선 그리고 무도한 사생활과 모든 행동 방식에서 나타난 그의 성질에 겁먹었다."[81] 클레이니아스의 아들인 그는 그의 후견인 페리클레스의 집안에서 양육되었다. 카리스마가 있지만 극단적인 성격을 갖고 있었던 알키비아데스는 잠재적인 민중선동가였고, 아테네 사회의 극단적인 민주주의자들에 기초해 그의 힘을 구축했으며 낡은 귀족정치에 반대하는 사람들의 수호자로 자처했다. 그의 육체적

81 Thucydides, 1954, 376쪽.

아름다움은 소크라테스의 추한 외모만큼 전설적이었다. 플루타르코스는 "그의 육체가 성장했던 여러 계절을 통해 그의 아름다움이 활짝 꽃피웠다는 것 말고는 아무 말도 할 필요가 없을 것이다"라고 말한다.[82] 만일 알키비아데스가 기원전 432년의 포티다이아 전투에 소크라테스와 함께 참전하기 이전의 어느 시점에 소크라테스를 알았고 그를 때때로 유혹하려고 했다는 『향연』에서의 그의 고백을 우리가 받아들인다면, 그는 아마도 열일곱 혹은 열여덟 살이었을 것이다. 클레온이 죽고 나서 10년 뒤에, 알키비아데스는 아테네 정치에서 지도적 인물이 되었다. 변절, 추방과 귀환요청은 그의 풍운아적 경력을 특징짓는다. 아리스토파네스는 희극 『개구리』(기원전 405년)에서 추방된 알키비아데스에 대한 아테네인들의 이중성을 다음과 같이 표현한다. "이 나라[아테네]는 그를 사랑하고 미워하고 다시 돌아오기를 갈망한다"(1425). 기원전 404년에, 그는 아마도 (아테네의) 30인 과두정의 사주를 받은 페르시아의 자객에게 소아시아에서 암살되었다. 아가톤의 향연에서 일어난 일에 대한 아폴로도로스와 아리스토데모스의 회상의 시점은 알키비아데스가 살해된 직후였을 것이며, 아마도 그의 죽음에 대한 최신 뉴스가 이 향연에 대한 호기심을 불러일으켰을 것이다.

결국은 재판과 처형으로 끝난 소크라테스에 대한 적개심의 상당 부분은 그가 알키비아데스와 연루되어 있다는 의혹과 관련되어 있다. 크세노폰은 알키비아데스가 소크라테스의 학생이었지만, 실제 제자는 아니었고 단지 그 자신의 출세를 위해 소크라테스와의 친밀한 관계를 이용하기를 원했다고 주장한다. 그 자신이 소크라테스의 추종자였던 아테네인 수사가 이소크라테스(Isocrates: 기원전 436-338)는 유사한 주

82 Plutarch, 1954, 5쪽.

장을 했다.[83] 수사가 데모스테네스는 그의 『사랑에 관한 에세이』(*Erotikos*)에서 "알키비아데스는 덕과 관련해서 그의 천성이 훨씬 모자랐고, 때로는 오만하게 때로는 아부하면서 때로는 방탕하게 행동하는 것을 즐거워했지만, 소크라테스와의 교제 덕분에 많은 잘못을 교정했다…"고 주장했다.[84] 스페토스 출신의 아이스키네스는 소크라테스의 가까운 제자였고 그의 재판과 임종을 지켰는데, 그가 쓴 일곱 편의 소크라테스 대화록 중의 하나인 『알키비아데스』는 소수의 단편들만이 전승되고 있다. 그는 소크라테스가 알키비아데스와의 교제와 관련해 죄가 없다는 것을 보여 주려고 하면서, 소크라테스가 자신의 실패를 다음과 같이 한탄했다고 기록한다. "내가 알키비아데스에게 갖고 있는 사랑으로 말미암아 나는 박코스 신도들이 느끼는 것과 똑같은 것을 느낀다. 그들은 신들릴 때마다 다른 사람들은 물도 퍼 올릴 수 없는 곳에서 꿀과 우유를 퍼 올리기 때문이다." 그리고 아이스키네스 작품에 나오는 소크라테스는 (파이드로스와 파우사니아스를 상기시키는 말로) 다음과 같이 덧붙인다. "나는 이 사람에게 가르침을 통해 이로움을 줄 수 있는 어떤 교과목도 알지 못할지라도, 나는 그 사람과 함께 있음으로써 사랑을 통해 그를 더 낫게 만들 수 있다고 믿었다."[85] 결과적으로, 아이스키네스의 소크라테스는 알키비아데스가 고귀한 행위와 말을 산출하도록 하는 데 실패했다. 우리가 살펴볼 것처럼, 플라톤의 『향연』은 두 사람의 관계에 대해 더 이상의 것을 생각하고 있는 것으로 보인다. 알키비아데스는 또한 플라톤의 『프로타고라스』, 『고르기아스』, 『에우티프론』에서, 그리고 그 진위가 논쟁 중인 『알키비아데스』 I, II에도 등장한다.

---

83 D. Nails, 2002, 10쪽.

84 Demosthenes, 1949, 73쪽.

85 Aeschines, 2003, 97쪽.

소크라테스에게 머리띠를 둘러 준 다음에, 알키비아데스는 아가톤과 소크라테스의 침상 위에서 둘 사이에 기대어 앉았는데, 연회장에 있는 다른 모든 사람이 정신이 말짱하다는 것을 깨닫고서는 바로 다시 벌떡 일어난다. 그는 좌중을 장악하고서, 자신을 좌장으로 임명하고는 큰 술잔을 요구한다. 그는 종복에게 술이 가득 담긴 거의 반 갤런에 달하는 '포도주 냉각기'를 가져오라고 지시한다.[86] 그는 그것을 단숨에 마시고서는, 술잔을 다시 채우도록 하고 이를 소크라테스에게 건넨다. 비록 그는 소크라테스가 아무리 많이 마셔도 아무도 그가 취한 것을 보지 못했다고 한탄하지만 말이다. 에릭시마코스는 그가 이렇게 향연의 관습을 침해하는 것에 짜증이 나서 끼어들어서는 적절한 암송이나 노래도 없이 단지 술만 마셔대는 것은 부적절하다고 불평한다. 그는 술에 취해 과장된 인사를 하면서 반응을 한다. "어이, 에릭시마코스! 가장 훌륭하고 가장 절제 있는 아버지의 가장 훌륭한 아들이여, 안녕하신가?"(214b) 의사가 우아한 전통을 지키기를 강하게 원하자, 알키비아데스는 누그러져서 "우리에게 지시를 내리게나"(214b)라고 말한다.

의사는 에로스를 찬양하는 연설을 하는 방식에 대해 설명한다. 다른 모든 사람은 이미 그렇게 했기 때문에, 그는 알키비아데스 차례가 맞다고 말하고 에로스를 찬양하는 이야기를 할 것과 그다음에 규칙에 따라서 (그의 오른편에 앉아 있는 사람인) 소크라테스에게 그가 원하는 것을 하도록 명할 수 있다고 제안한다. 알키비아데스는 이러한 제안에 찬성하지만, 술 취한 사람이 맨숭맨숭한 사람과 경쟁하는 것은 공평치 못하다고 이의를 제기하고 다음과 같이 덧붙인다. "게다가, 여보게나, 소

---

86 '포도주 냉각기'(*psyktēr*)는 술병보다 길고 좁은 바닥을 갖고 있으면서 가운데가 불룩한 용기에 대한 이름이다. 그것은 그 내용물을 차게 하기 위해 찬물이나 얼음이 들어 있는 '포도주 희석용기'(*krater*)에 넣을 수 있기 때문에 그렇게 불렸다.

크라테스 선생님이 방금 전에 말씀하신 것들 중 어떤 것이 자네를 설득하고 있나? 사실은 그분이 말씀하신 것과 정반대라는 걸 알고 있나? 이분이 옆에 있을 때 내가 신이든 인간이든 이분 말고 다른 자를 찬양하면 내게 손찌검을 해 댈 사람이 바로 이분이라네"(214d). 알키비아데스가 단순히 자신의 행위를 소크라테스에게 투사하고 과장하는 악한이든지 혹은 실제로 어떤 친밀감을 드러내고 있든지 간에, 소크라테스는 그에게 입 다물라고 말한다. 이에 대해 알키비아데스는 "이를 부정할 생각하지 마시라"고 응수한다(214d). 소크라테스에 대한 그의 언급은, 개인적인 것이든 일과 관련된 것이든, 다른 사람들은 알지 못하는 어떤 비밀을 공유하고 있는 것으로 보이는 사람의 도전처럼 여겨진다. 이것은 『국가』에서 트라시마코스의 도전의 어조와 유사하다. "당신은 대답하는 것보다는 질문하는 게 훨씬 더 쉽다는 것을 잘 알고 있다"(336c).

문제를 해결하기 위해서, 에릭시마코스는 대신에 알키비아데스가 소크라테스를 찬양하도록 제안하는데, 이는 그가 질투심을 느낄 수 없는 방식이다. 알키비아데스는 소크라테스를 다른 사람들 앞에서 벌주기 위해서 이런 제안에 열의를 보이면서도, 그가 소크라테스를 충분히 찬양하지 못할지도 모른다고 불안해한다. 소크라테스가 자신은 단지 조롱받기 위해서 칭찬받고 싶지 않다고 이의를 제기하자, 알키비아데스는 단지 진실만을 말할 것이라고 주장하는데, 이는 그가 연설 내내 반복해서 강조하는 주장이다. "당신은 허락하겠습니까?"(214e). 소크라테스는 이를 허락하지만, 풍자적인 아이러니로 "나는 자네에게서 확실히 진실만을 듣고 싶다"(214e)고 말한다. 알키비아데스는 소크라테스가 자신의 말을 막고 교정할 수 있다고 주장한다. 그다음에 알키비아데스는 '내 방식'(199b)으로 진실을 말하고 싶다는 앞서 소크라테스의 요청을 교묘하게 되풀이하는 다음과 같은 책임을 부인하는 진술을 한다. “선생님께서는 제가 모든 것을 올바른 순서로 말하지 못한다 하더라도 그 때문에 저를 막을 수 없습니다. 저는 마음에 떠오르는 대로 말할 것입니다”(215a). 그다음에 그는 “말짱한 정신을 가진 사람조차도 당신의 이상함(*atopia*)에 익숙해지기는 어려운 일일 것입니다”라고 덧붙인다(215a).

역설적으로 알키비아데스가 아는(*know*) 것은 소크라테스가 그에게나 다른 사람들에게 알려질 수 없다는(*unknowable*) 것이다. *Atopos*는 글자 그대로는 ‘no-place’ 혹은 ‘out-of-place’이고 비유적으로는 ‘기묘한’ 혹은 ‘이상한’을 뜻한다. 블라스토스(G. Vlastos)에 따르면,[87] 그것은 또한 ‘엉뚱함’ 혹은 ‘불합리함’을 뜻하는데, 그는 『고르기아스』에서 “소크라테스 당신은 얼마나 엉뚱하냐(*atopos*)”는 칼리클레스의 절규를 인용하고 있다. 『국가』에서 아데이만토스가 소크라테스를 “당신 놀라운 이(*thaumasie*)”라고 지칭한 것은 소크라테스의 이상함에 대한 같은 경험을 좀 더 높은 수준에서 표현한 것이다. 이 모든 경우에, 소크라테스는 그 밖의 모든 사람과 다르다는 의미에서의 파악할 수 없는 사람이다. 그는 자리매김할 수 없다. 그는 사람들이 말하는 어떤 방식으로도 표현할 수 없다. 코리건과 글라조프-코리건은 이러한 ‘장소 없음’은 알키비아데스를 무장 해제시키고 그에게 혼란과 격렬한 감정을 초래한다고 논증한다.[88] 그는 자신의 감정의 명백한 실재성을 부인할 수 없지만, 그러면서도 그것을 이해할 수 없다. 소크라테스는 굉장한 신비이다. 그는 젊지 않고 나이가 많고, 아름답지 않고 추하고, 권력이나 부 혹은 영향력은 없이 가난한 사람이다. 그는 사랑의 전형적인

---

87 G. Vlastos, 1991, 1쪽.

88 K. Corrigan and E. Glazov-Corrigan, 2004, 172쪽.

대상의 패턴에 적합하지 않은 사람이다. 역으로 그는 알키비아데스의 아름다움과 성적인 접근에 둔감한 것으로 보인다. 알키비아데스는 연설 끝에 요약을 하면서, 모든 위대한 정치가와 영웅들은 다른 사람들과 비교될 수 있지만 소크라테스는 절대적으로 독특하다고 선언한다. "이 분은 이분 자신이든 이분이 말하는 것이든 너무나 이상해서, 아무리 찾아보아도 요즘 사람들 중에서든 옛날 사람들 중에서든 비슷한 사람을 찾지 못할 것이네. 그분을 그 어떤 인간이 아니라 내가 말했던 자들인 실레노스들이나 사티로스들하고 비교해 본다면 모를까"(221d). 사티로스처럼, 그는 인간도 동물도 아니다. 다이몬처럼, 그는 신도 인간도 아니다. 오히려, 소크라테스는 소크라테스이다. 즉 독특하고 자기 규정적이고 동어반복적이다.

우리는 소크라테스에 대한 알키비아데스의 성적인 사랑에서 다른 사람들이 앞서 연설들에서 기술한 것과 반대되는 것을 보게 된다. 수치심은 그를 자신의 행동에서 수치심이 없게 만들었고, 그의 행동이 다른 사람들에게 어떻게 인식될 것인지를 후회하지 않는 사람으로 만들었다. 그는 자신의 본성과 경험 사이의 부조화, 그가 안다고 생각하는 것과 느끼는 것 사이의 부조화, 헐뜯고 상처를 입히는 행동으로 이끄는 불일치를 느낀다. 고귀함과 정의 대신에, 그는 사기와 배반감을 느끼지 않을 수가 없다. 그는 아름다운 말과 행위들을 산출하기를 추구하기보다는 성적인 만족을 추구한다. 그러나 이 모든 것은 사랑의 경험에서 공통적으로 관찰할 수 있는 부분이고 비정상적인 것으로서 제거될 수 없는 것이다.

3.3.2. 소크라테스를 칭찬하며(215a-222c)

알키비아데스의 연설은 디오티마의 것을 포함하여 다른 사람들의 연설들과 놀랍게도 여러 가지 점에서 다르다. 헌터(R. Hunter)가 지적하듯이,[89] 그는 동료 배심원들 앞에서 자신을 변호하는 사람으로서, 법정 연설의 자서전적인 방식(autobiographical mode)으로 연설하고 있다. 이 점에서, 그는 아가톤의 향연에서 진실을 말한다고 명백히 주장하는 유일한 연설자이다. 다른 사람들은 그들이 말하고 있는 것을 확실히 믿고 있을 수 있다. 우리가 이미 주목했듯이, 아가톤은 "적절한 진지함을 갖도록 최선을 다했다"(197e)고 자신의 주장에 적어도 부분적인 동의를 표하지만, 그들은 또한 반드시 진실을 말하고 있다기보다는 감명적이고 설득적이어야 한다는 수사술적 요구에 따라 연설하고 있다. 이처럼, 다른 연설들과 달리, 알키비아데스는 실제로 사랑을 하고 그것에 동반하는 모든 복합적인 감정을 지니고 있는 사람의 관점에서 그 자신의 경험에 관해 직접적으로 말하고 있다. 고백적이면서도 반항적인 방식으로, 그의 연설의 내용은 자신의 마음에서 직접 나온다. 우리는 파이드로스와 에릭시마코스 혹은 파우사니아스와 아가톤이 서로 사랑한다는 것을 의심할 어떤 이유도 없지만, 이들은 자신들의 열렬한 애정을 서로에게 직접 말하고 있지 않다. 그들은 자신들의 사랑의 직접적인 경험을 분명히 인용하고 있지 않다. 오히려, 각각은 사랑을 추상적이고 이론적인 것으로 취급하고, 그들의 예들을 신화나 역사로부터 빌려 왔다. 아주 대조적으로, 알키비아데스는 그 자신의 개인적인 사랑의 감정에 대해 말하고 있고, 더욱이 그러한 사랑의 대상이 그가 말할 때 바로 옆에 앉아 있다. 사랑에 대한 그의 설명에는 다른 연설들과 다른 구체성이 있다. 유사하게, 소크라테스에 대한 알키비아데스의 이미지에는 디오티마에 대한 소크라테스의 이미지에는 없는 육체적 특징이 있다. 소크

89 R. Hunter, 2004, 104쪽.

라테스는 명백한 현존인 데 반해 디오티마는 멀리 떨어져 있다. 내가 앞에서 논의했듯이, 그녀는 부재하는 현존, 즉 향연의 중심에서의 연설을 제외하고는 어떠한 육체적 속성도 갖고 있지 않은 정신적 이미지이다. 대조적으로, 소크라테스는 현존하는 부재인데, 적어도 그는 알키비아데스에 따를 때, 자리 매김할 수 없는, '어떤 곳에도 없다' (*atopos*)는 의미에서 부재한다.

둘째로, 알키비아데스의 연설은 그가 구체적인 예가 되고, 사랑에 대한 다양한 이론적인 모델들에 대한 시금석이 된다는 점에서 다른 연설들과 공명(共鳴)한다. 그의 행동이 에로스의 도덕적 특성에 관해 다른 사람들이 주장했던 것이 거짓임을 드러내는 것처럼 보일지라도, 소크라테스에 대한 그의 사랑은 다른 사람들이 언급한 것의 다양한 측면들을 되풀이하고 있고, 이것들 각각의 강점과 약점을 생생하게 예증하고 있다. 동시에 그가 자신은 술에 취했기 때문에 모든 것을 올바른 순서로 말하지 못해도 그 책임이 없다는 주장은 플라톤이 사랑에 대한 다른 견해들을 연회장에서 원래 개진된 순서로 반드시 요약하고 있는 것이 아니라는 점을 암시한다. 소크라테스에 대한 알키비아데스의 이중 감정이 담겨 있는 찬양은 크게 네 부분으로 나뉠 수 있다. 첫째 부분(215c–216b)은 실레노스와 사티로스 마르시아스의 비유에 초점이 맞추어져 있고, 에릭시마코스와 아리스토파네스의 요소들을 반영하고 있다. 둘째 부분(216b–217a)은 소크라테스에 대한 그의 이중적인 감정, 특히 수치심에 중점이 주어지고, 파이드로스와 파우사니아스와의 연결고리를 보여 준다. 셋째 부분(217a–219d)은 소크라테스를 유혹하려는 알키비아데스의 시도에 관한 것이다. 그리고 그가 철학자와 대화한 것으로 말하고 있는 내용은 디오티마와 소크라테스의 대화와 평행하는 것을 제공한다. 최종적으로(219d–222c) 알키비아데스는 소크라테스의 덕을 보여 주는 일련의 회상을 제공하는데, 그의 설명은 아가톤 연설의 측면들과 공명한다.

3.3.2.1. (215c–216b)

알키비아데스는 그가 소크라테스를 '모상들을 통해서(*di eikonōn*)' (215a) 찬양할 것임을 선언하면서 연설을 시작한다. 이를 염두에 두고, 그는 두 가지 확장된 비유를 제공하는데, 이 이후로 이것들은 『향연』에서 가장 유명하고 자주 인용되는 것들이 되었다.

> 모상은 웃음을 위한 것이 아니라 진실을 위한 것이네. 나는 이분이 조각가의 작업장들에 앉아 있는 그 실레노스들과 가장 비슷하다고 주장하네. 장인들이 목적(牧笛)이나 아울로스를 들고 있는 것으로 만들면서, 그것들을 양쪽으로 열어젖히면 안에 신상(神像)들을 갖고 있다는 것이 드러나게 되는 그런 것들 말일세. 또한 나는 이분이 사티로스인 마르시아스와 닮았다고 주장하네. 소크라테스 선생님, 선생님이 이들과 적어도 외모가 비슷하다는 것을 선생님 자신도 아마 부정하지 못하실 겁니다(215a–b).

알키비아데스의 비유들은 복잡하고 다차원적이다. 첫째로, 그리고 가장 직접적으로, 그것들은 소크라테스의 외모에 대해 말하고 있다. 사티로스의 왕인, 반은 인간이고 반은 염소인 실레노스와 사티로스 마르시아스의 모습은 크세노폰의 『향연』과 아리스토파네스의 『구름』 및 다양한 다른 작품들에서 발견되는 소크라테스의 초상을 떠올리게 한다. 더 나아가 이러한 수사 어구의 복잡성을 추적할 때, 우리는 사티로스들이 디오니소스 신의 동반자들이며 술 취한 상태와 호색함 때문에 유명했다는 사실을 기억해야만 한다. 만일 이 신과 연관된 무아지경의 광기가 존재하는 경계들을 초월해서 이성적인 질서를 전복한다면, 사티로스의 술 취한 상태에서의 소동은 삶의 규범들을 뒤엎는다. 삶에 대한 비극적 통찰은 광대극으로서 반복된다. 그 밑에 놓여 있는 생각은 실레노스와 미다스 왕의 이야기에서 가장 분명히 나타난다.

알키비아데스와 플라톤의 청중들에게, 실레노스의 모습은 실레노스와 미다스 왕의 이야기를 연상시키기 쉬울 것이다.[90] 늙은 실레노스는 사티로스 중에서 가장 술 취한 자로서 알려져 있지만, 또한 가장 현명한 자이다. 여러 변형이 있지만, 미다스는 인간 조건에 관한 지혜를 얻기 위해서 사티로스 왕을 사로잡기를 원했다. 왕의 종복들은 강물에 술을 탔고, 그래서 실레노스는 취해서 잠이 들었고 덫에 걸려들었다. (다른 판본에서는, 그는 단순히 미다스의 장미 정원에서 잠들었다.) 지혜를 교환조건으로, 미다스는 실레노스에게 자유를 주기로 제안한다. 다른 판본에서는, 그가 요구한 것은 손으로 만지는 모든 것이 황금으로 되게 해 달라는 것이었다. 어셔(M. D. Usher)는 실레노스가 하고 있는 대답의 가장 초기 판본을 향연의 전통에서 유래하는 작품인 테오그니스의 시로부터 인용한다.

> 지구상에 거주하는 인간들에게는 태어나지 않는 것,
> 눈부신 햇빛을 보지 않는 것이 최선이다.
> 태어난 사람들에게는, 가능한 한 빨리 죽음의 문으로 들어가는 것,
> 그리고 흙더미 밑에 묻혀 누워 있는 것이 최선이다.
>
> Usher(2002, 211쪽)

---

90 M. D. Usher, 2002, 206쪽.

어서는 실레노스와 미다스의 이야기는 부유한 사람이 현명한 사람을 만나 묻는다는 더 큰 모티브의 부분이라고 지적한다. 그는 헤로도토스의 『역사』에서 발견되는 솔론과 크로이소스(Kroisos) 사이에 주고받은 대화를 이러한 전통적 모티브의 다른 예로서 지적한다.[91] 한 가지 예를 들면, 솔론은 어떤 물음에 대해 사는 것보다는 죽는 것이 사람에게는 더 낫다고 대답한다. 다른 물음에 대해서는, 클레오비스(Kleobis)와 비톤(Bitōn)의 경우를 인용하면서, 위대한 목표를 성취한 뒤 잠자면서 죽는 것이 최선이라고 대답한다. 각각의 경우에, 우리는 인간 조건에 대한 염세주의적인 생각을 엿볼 수 있다. 부유한 알키비아데스가 실레노스의 모습을 한 소크라테스한테서 지혜를 얻고자 추구하는 것과의 평행성은 분명하다. 비록 우리가 앞으로 볼 것처럼, 알키비아데스는 소크라테스를 술 취하게 하고 덫에 걸려들게 하려고 다양한 시도를 할지라도 소크라테스는 늙은 사티로스보다 더 빈틈없고 조심성이 많은 것으로 드러나지만 말이다.

알키비아데스의 실레노스는 여기서 아울로스(*aulos*)를 지니고 있는 것으로 묘사된다. 신비한 모습의 마르시아스 또한 유명한 아울로스 연주자였다. 아울로스를 연주하는 사티로스의 이미지에서 남근 숭배의 생각을 찾아내기 위해서 프로이트주의자를 따를 필요는 없다. 현존하는 작은 입상들과 화병들의 그림은 사티로스를 (희극적으로) 기괴하게 발기된 상태를 과시하는 존재로 그리고 있다. 그와 같은 이미지들이 향연에서 마시는 술병들을 장식했을 것이다. 우리는 또한 아울로스를 연주하는 소녀들이 음악적인 봉사만이 아니라 종종 성적인 봉사도 했다는 것을 상기할 수 있다.

---

91 M. D. Usher, 2002, 210쪽.

아울로스와 디오니소스적인 것이 지니는 성적인 함축에 더해서, 알키비아데스는 음악의 황홀하게 하는 힘에 초점을 맞추어 그의 두 번째 비유를 확장한다. "그[마르시아스]는 입에서 나오는 능력으로 악기를 가지고 사람들을 매료시키곤 했다"(215c). 디오티마를 떠올리게 하는 상상 속에서, 그는 마르시아스의 곡조가 신들을 위해 그리고 입문(*teletē*) 의례를 위해 준비되어 있는 사람들을 사로잡을 수 있었다는 것을 주목한다(215c). 우리는 또한 우주의 질서에서 조화와 음악의 역할에 대한 에릭시마코스의 견해를 상기할 수 있다. 알키비아데스는 수사 어구를 한 단계 더 확장해서, 소크라테스의 이야기들로 말미암아 자신이 감정적으로 겪었던 것을 코리바스들(korybantes)의 황홀한 광란에 비유한다. "나의 심장은 뛰고 눈물이 막 나오거든…"(215e). 코리바스들은 키벨레 여신, 즉 위대한 어머니(*Magna Mater*)의 추종자들이었는데, 이 여신을 기리는 의식은 아시아에서 유래했다.[92] (마르시아스의 신화에 대한 어떤 판본들은 또한 그를 키벨레의 추종자로 묘사한다.) 아울로스 연주자처럼, 소크라테스는 그의 추종자들을 매료시키고 사로잡기 위해 자신의 입에서 나오는 힘을 사용한다.[93] 이와 같이 실레노스와

---

92 의식의 사제들은 거세된 남자들이었다. 로마 시인 Catullus의 설화체의 시 'Super alta uectus Attis celeri rate maria' (LXIII)는 위대한 여신을 숭배하는 자를 보여 주는데, 그는 황홀한 광란 상태에 빠져서 자신을 거세한다. (Attis는 키벨레의 동료이다.)

93 'Reed Flute's Song' 에서, 페르시아의 시인이며 신비주의 철학자인 Rumi(Mowlana Jalaloddin Balkhi, 1207–1273)는 갈대 피리의 소리를 그것이 잘려 나온 잃어버린 갈대밭에 대한 애가로서 상상한다. "사랑의 불은 모든 갈대 피리를 갈망하게 만든다 / 사랑의 열정은 이처럼 술의 힘을 빌리도록 한다 / 갈대 피리는 어쩔 수 없이 헤어진 사람들을 위로한다 … "(Rumi, 2004, 10–12). 실레노스의 피리(the silenic flute)의 마술적인 힘, 광기와 술 취함의 주제 그리고 사랑은 쓰라린 헤어짐 혹은 분리로부터 생겨난다는 개념에서 『향연』의 내용이 반영되어 있다는 점을 발견하는 것은 어렵지 않다. 참으로, Rumi에 있어서, 언어와 음악은 우리의 공허함의 결과이고 고향 상실에서 비롯되는 것이며, 우리의 원천으로 돌아가려는 갈망이다. Rumi는 다음과 같

마르시아스의 모상 속에서, 소크라테스는 추한 외모로 표현되고, 이와 더불어 그의 사랑의 특성과 사람들에게 발휘하는 이상하고도 위험하기까지 한 그의 힘에 대한 힌트가 주어진다.

알키비아데스의 비유들은 또한 소크라테스의 내면성에 대해 말하면서, 현상의 영역 밖에 속하는 것을 나타내려고 시도한다. 알키비아데스의 실레노스들은 신들의 이미지를 드러내기 위해 열어젖혀진다.[94] 헌터(R. Hunter)는 실레노스 상 안의 신상들과 아름다운 말과 행위들로 임신하고 있는 디오티마의 사랑하는 자 사이의 유비를 주목한다.[95] 겉으로는 추하고 위험한 것 속에 아름답고 도덕적으로 자양분이 되는 것이 있다. 달리 말해서, 소크라테스는 외면적으로는 사티로스와 같아 보일지라도, 내면적으로는 아름답고 온전하다. 이것은 알키비아데스가 소크라테스를 유혹하려고 시도했다는 설명을 할 때 반복적으로 나타나는 모티브이다. 육체적 욕망의 징후를 나타내는 것처럼 보일 현상이 고귀한 것을 드러낸다. 이 모든 것은 소크라테스를 이해하지 못하는 알키비아데스의 무능력을 시각적으로 보여 주는 것들이다. 사티로스같이 보이는 사람은 그와 같은 사람처럼 행동해야만 한다. 즉 술을 마시는 사람은 취해야만 하고, 아름다운 소년을 보게 된 사람은 육체적 욕망의

이 덧붙인다. "사랑이여, 즐거워하라, 그대는 우리의 최고의 행복, / 모든 질병을 치료하는 의사, / 우리의 자만심과 완고한 오만을 치료하는 자 / 여기 갈렌 곁에 있는 플라톤처럼, / 사랑을 통해서 지상의 형상은 천상을 향해 날아오른다 / …"(21-25).

94 사티로스의 다양한 작은 입상들과 다른 조각상들이 있지만, 알키비아데스가 기술하고 있는 것과 같은 종류의 상, 즉 안에 있는 다른 상을 드러내기 위해 열어젖혀질 수 있는 조각상에 대한 고고학적인 증거는 없다. Kenneth Dover는 그러한 대상들을 만드는 유행이 잠시 있었을 수 있다고 추측하지만, 그 어떤 것도 남아 있지 않고 모든 문헌적 언급은 『향연』 이후의 것들이기 때문에, 이 작품에 근거한 것일 수 있음을 인정한다(Plato, 1980, 166쪽 b1).

95 R. Hunter, 2004, 100쪽.

유혹을 느껴야만 한다. 동시에, 알키비아데스의 실레노스들이 그가 소크라테스의 겉모습 밑에 감추어진 것으로 발견한 아름다움을 드러내 보여 준다면, 그들은 또한 그 자신의 겉모습 밑에 감추어져 있는 것으로 그가 발견한 것을 드러내 보여 준다. 그가 술 취한 상태에서 보여 주는 진실함 때문이든 혹은 의도되지 않은 아이러니이든지 간에, 알키비아데스는 자신이 외면적으로는 아름답지만 내면적으로는 추하다는 이중적인 의미에서 소크라테스와 정반대임을 드러내 보여 준다.

그의 연설 끝에서, 알키비아데스는 내면성과 외면성의 모티브에 관한 다른 측면을 상기한다. 외면적인 추함과 내면적인 아름다움의 상이함은 소크라테스 자신에게 적합할 뿐 아니라 우리가 그의 '텍스트들'이라고 말할 수 있는 그의 논증들에도 적용된다. 알키비아데스는 소크라테스의 논증들이 투박하고 우스워 보이고, 장인들의 단어들을 두르고 있다는 것을 주목한다. "그는 언제나 같은 것들을 가지고 같은 이야기를 하는 것으로 보인다"(221e). 그러나 우리가 주의를 기울인다면, 그의 논증들은 진지하고 신적인 것으로 드러난다. "그것들만이 가장 신적이며 그 안에 덕의 상들을 아주 많이 가지고 있고, 훌륭하디훌륭한 자가 되려는 자라면 고찰하는 것이 적합한 많은 것에, 아니 모든 것에 관련된다는 것을 발견하게 될 것이네"(222a). 소크라테스의 비의(秘儀)에 입문한 자들에게, 그의 말들은 위대한 아름다움을 열어 드러내 보여 준다. 소크라테스의 논증에 대한 알키비아데스의 평가는 실레노스적인 텍스트의 비유를 도입하는데, 이것은 문학과 철학의 영역에서 『향연』이 후대에 영향을 미친 아주 중요한 것이다.

알키비아데스의 비유적 묘사에는 더 함축적인 차원에서일지라도 또 다른 중요한 것이 있다. 각각은 폭력과 고통을 포함한다. 이것은 실레노스의 비유에서는 덜 명백하다. 위에서 논의된 미다스 왕과 실레노스에 대한 신화적 설명에서, 늙은 사티로스는 인간 조건의 염세주의적 비밀, 즉 태어나지 않는 것이 최선이고 그렇지 못할 경우에는 가능한 한 빨리 죽는 것이 좋다는 것을 누설하도록 강요받는다. 이와 같이 술에 취해 웃고 떠드는 이야기 이면에는 이렇게 이야기하는 사람의 슬픔과 고통이 있다. 동시에 폭력은 마르시아스와 코리바스들의 배후에 있는 이야기에서 중요한 요소이다. 마르시아스에 대한 신화적 설명에서, 사티로스는 음악의 신 아폴론에게 음악 경연으로 도전한다. 그는 필연적으로 질 수밖에 없었고, 그의 오만함 때문에 산 채로 가죽이 벗겨지는 벌을 받았는데, 이는 르네상스의 화가들에게 인기 있는 주제였고, 이들 중에서 아마도 티치아노(Tiziano)가 가장 유명하다. 비록 그리스-로마 역사가인 플루타르코스는 마르시아스의 운명을 거론하면서 알키비아데스가 아울로스 교육에 대해 학생으로서 반기를 들었다고 말하고 있을지라도, 알키비아데스는 『향연』에서 신화의 그 부분에 대해서는 언급하고 있지 않다. 플라톤은 사티로스의 운명에 대해 분명히 잘 알고 있었다. 『에우티데모스』에서, 크테십포스는 그가 (비유적으로 말해서) 마르시아스처럼 가죽이 벗겨진다 해도, 술 담는 가죽자루가 되지 않는 한, 개의치 않을 것이라고 소크라테스에게 말한다(285c). 심술궂은 방식으로, 마르시아스의 가죽 벗김은 안과 밖이라는 주제의 다른 버전이다. 만일 우리가 추한 실레노스들의 아름다운 내부를 알기 위해 그들을 열어젖히고자 한다면, 우리는 마르시아스의 내적 존재를 파악하기 위해 그의 피부를 벗기도록 요구받는다. 알키비아데스의 수사어구에는 아이러니가 함축되어 있는가? 그는 소크라테스 내면의 역설적인 아름다움에 의해 매우 혼란되고 당황했기 때문에, 때때로 그의 피부를 산 채로 벗기고 싶어 했는가? 그의 어떤 앙갚음의 폭력성은 이를 제시한다. 이 점은 그가 자신을 코리바스들과 비교할 때 강화되고 정교하게 된다. 위대한 여신의 사제들은 거세된 남자들이었으며, 황홀한 광란은 자기-절단을 포함한다는 점을 상기하는 것이 중요하다. 더 넓게 말해서, 우리는 또한 디오니소스 신의 추종자들인 마니아데스(*maniades*)들과 연관된 폭력성을 상기할 수 있는데, 이는 에우리피데스의 『박코스의 여신도들』에 유명하게 극적으로 표현되어 있다.[96] 그렇다면 알키비아데스의 비유적 묘사는 겉으로는 소크라테스를 향한 감정적인 폭언을 나타내고 있지만, 또한 자신에게로 향한 자기-절단(self-mutilation)에 대해서도 말하고 있는 것이다.

말이 난 김에 덧붙이자면, 열어젖힐 수 있는 사티로스 왕의 상들의 전체 모티브는 또한 플라톤의 청중들에게 알키비아데스의 정치적 몰락과 밀접히 연관되어 있는 헤르메스 상들의 훼손을 상기하도록 해 줄 수 있다.

요약하자면, 실레노스들, 마르시아스 그리고 코리바스들에 관한 비유들은 그의 연설의 나머지를 위한 토대가 되고, 현상과 실재, 외적인 것과 내적인 것 사이의 다양한 긴장들, 소크라테스의 마력 그리고 소크라테스에 대한 애정 때문에 야기된 감정적인 폭력 등을 이용하는데, 이 모든 것은 소크라테스의 '이상함'과 관계된다. 그것들은 또한 에릭시마코스와 아리스토파네스에게서 발견되는 에로스 개념에 있는 요소들을 끄집어내거나 이용하고 있다. 나는 조화와 일치에 대한 에릭시마코스의 취급과 관련하여 음악의 주제와 그것이 사람들에게 미치는 힘에 대해 이미 암시했다. 그러나 역설적으로, 사티로스(혹은 소크라테스)의 음악과 조화된다는 것은 또한 알키비아데스의 영혼 안에 불일치를

96 『박코스의 여신도들』에서, 펜테우스 왕은 디오니소스(박코스)의 힘을 부정한다. 이러한 오만함 때문에, 그는 우연히 마니아데스들(이 신의 숭배자들) 사이에서 그들의 황홀한 숭배 의식을 보려고 하다가 그들에 의해 갈기갈기 찢겨 죽게 된다.

산출할 수 있다. 그의 영혼의 상태는 치료될 필요가 있다. 즉 의사인 소크라테스에 의해 적절한 조화가 확립될 필요가 있다. 그는 소크라테스의 음악을 단번에 파악하고자 했지만, 그 자신은 음치였고 그의 영혼을 소크라테스의 것과 조화시킬 수 없었다. 유사한 방식으로, 아리스토파네스는 알키비아데스처럼 에로스를 깊은 상처, 즉 개인의 존재성에 대한 폭력의 산물로서 생각한다. 그러나 희극 작가에게서 사랑의 충동은 분열된 몸체를 재결합시키고 영혼을 치료하여 그것을 온전하게 만드는 데 반해, 알키비아데스는 그것을 열어젖힘, 쪼갬, 내적인 것의 격렬한 드러냄으로 본다. 그의 열정의 성질을 특징짓는 것은 정확하게 말해서 심오한 차이와 이해할 수 없는 분리성을 알아차림이다.

3.3.2.2. (216b–217a)

소크라테스가 그에게 행사하는 힘을 설명하려고 시도하면서, 알키비아데스는 위대한 연설가들 중 어느 누구도 소크라테스가 했던 방식으로 자신을 움직이거나 혼란스럽게 만들지 못했다는 것을 주목한다. 믿을 수 없게도, 소크라테스는 그로 하여금 자신의 삶이 노예의 삶보다 나을 것이 없다고 느끼게 했다(215e). 비록 그가 잘 생겼고, 부유하고, 귀족 계층의 한 사람이고 최정상에 있는 성공한 정치인이고 모든 관습적인 척도에 따라 볼 때 성공한 사람이라 할지라도 말이다. 그는 "[소크라테스]가 내 삶이 살 가치가 없다고 여겨지게끔 한다"(216a)고 한탄한다. 이러한 생각을 확실하게 하기 위해서, 우리는 『변론』에서 "음미되지 않은 삶은 살 가치가 없다"(38a)는 소크라테스의 유명한 선언을 상기해야만 한다. 그는 먼저 소크라테스를 향해 "소크라테스님, 이것들이 진실이 아니라고는 말하지 못할 겁니다"라고 비난한 뒤, 연회장에 있는 모두에게 다음과 같이 설명한다. "그분은 나 자신이 많이 부족한데도 자신을 돌보지는 않고 아테네 사람들의 일을 하려 든다는 것을 인정할 수밖에 없도록 하거든"(216a). 그는 소크라테스가 자신을 수치스럽게 느끼도록 하는 유일한 사람이라고 설명한다.[97] 그러나 파이드로스와 파우사니아스에 의해 기술되었던 것과는 반대로, 알키비아데스는 그의 욕망을 고치려고 하지는 않고, 오히려 그가 사랑하는 자를 전적으로 피하려고 한다. 그는 소크라테스가 죽어 버렸으면 하고 바랐을 때조차 있었다는 것을 인정하지만, 동시에 그럴 경우 그의 슬픔은 훨씬 더 컸을 것이라는 점도 인정한다. "그래서 나는 이분에게 어떻게 해야 할지 모르겠네"(216c).

여태까지의 그의 행동은 파이드로스와 파우사니아스에 의해 기술된 사랑의 도덕적 개념에 대해 복잡한 관계를 보여 준다. 한편으로 소크라테스에 대한 그의 사랑은 그가 사랑하는 자의 눈에 수치스럽게 보인다는 것을 한탄하도록 만들지만, 이 수치심은 그의 행위를 교정할 정도로 그렇게 강한 것은 아니다. 아이러니하게도, 그의 반응은 소크라테스의 기대에 따라 살기보다는 그를 피하는 것이다. 성적인 욕망은 그를 더 낫게 만들지 못했다. 더 정확히 말해서, 그는 더 나은 것을 알고 있지만, 혹은 적어도 소크라테스의 논증을 반박할 수 없고 그들 사이에 동의된 것을 행하지 못하고 있는 것에 수치심조차 느끼지만, 그럼에도 그는 자신의 낡은 나쁜 습관으로 다시 돌아가곤 한다. 아는 것은 행하는 것과 같은 것이 아니다.

알키비아데스는 이제 이 사티로스의 음악의 강력한 영향을 기술하자

97 18세기와 19세기에 역사적 사실을 그린 그림의 유명한 주제 중의 하나는 주서하는 알키비아데스를 유혹의 손짓으로부터 떼어 내어 끌고 가는 소크라테스를 형상화하는 것이었다. 이런 그림들로는 Jean-Baptiste Regnault(1791)의 "Socrates," Félix Auvray(1833)의 "Alcibiades with the courtesan," 그리고 Jéan-Leon Gérôme(1861)의 "Socrates seeking Alcibiades in the house of Aspasia"가 있다.

고 제안하고서는(216c), 소크라테스를 드러내어 그가 실제로 어떤 사람인지를 모든 사람에게 밝혀서(216d), 겉모습을 넘어 진정한 소크라테스를 알 수 있게 해 주겠다고 선언한다. 실레노스처럼, "그는 아름다운 소년들을 사랑하여(*erōtikōs*) 언제나 이런 자들 주변에 있으면서 그들에게 정신이 팔려 있다네"(216d). 그리고 그는 겉으로는 아무것도 모른다고 주장한다. 그는 소년이 부유하고 아름다운지 혹은 "다중이 복 받은 자들이라 여기는 사람들에 속하는"(216e) 다른 어떤 명예에도 관심이 없고, 이 모든 것을 아무것도 아닌 것으로 생각한다. 그러나 실레노스처럼 이것은 허울에 불과하다. 그는 겉으로는 당황스럽게도 술 취하고 음탕한 사티로스처럼 행동하는 것으로 보일 수 있지만, 그 심연에 있는 비밀은 소크라테스가 이러한 성적 욕망의 외양 이면에 맑은 정신과 절제의 모델로서 있다는 점이다. 비난을 가장하면서, 알키비아데스는 "그분은 사람들을 상대로 시치미를 떼면서(*eirōneuomenos*) 그리고 놀이를 하면서 평생을 보내고 있다네"(216e)라고 선언한다. 그다음에 그는 실레노스 안에 숨겨진 신과 같은 형상들을 한 번 보았다(*eidō*)고 덧붙인다. "그것들은 정말로 신적이고 황금 같고 지극히 아름답고 놀라운 것들(*thaumasta*)로 보였기 때문에"(217a), 그는 소크라테스가 그에게 말하는 것은 무엇이든지 해야겠다고 느꼈다.

3.3.2.3. (217a–219d)

알키비아데스는 소크라테스가 그의 아름다움에 끌려 자신과 성적으로 관계를 맺고자 원한다고 상정하고서, 그가 해야 할 모든 것은 소크라테스가 자신에게 마음대로 할 수 있게끔 하는 것이라고 결정한다. "그러면 그는 그가 알고 있는 모든 것을 나에게 가르쳐 줄 것이다. 나는 내 꽃다운 미모를 아주 놀랍다고 생각하고 있었거든"(217a). 역설적으로, 알키비아데스의 생각은 혼란스러웠다. 한편으로 그는 소크라테스가 자신에게 끌리고 있다는 사실에서 어떤 고귀한 특질을 인지하였다. 이 때문에 그는 감사함을 느낀다. 그러나 다른 한편, 그는 또한 내적인 고귀함에 대한 이러한 영예로운 사랑을 세속적인 사랑 및 외적인 끌림과 쉽게 혼동한다. 그는 소크라테스가 그에게 이로움을 줄 수 있는 어떤 비밀스러운 앎을 지니고 있다고 상정한다. "내가 해야만 할 모든 것은 그로 하여금 나에 대해 마음대로 할 수 있게끔 하는 것이고, 그러면 그는 그가 알고 있는 모든 것을 자신에게 가르쳐 줄 것이다" (217a). 그는 소크라테스의 지혜를 마치 그것이 바꿀 수 있는 물건인 것처럼 생각한다. 아이러니하게도, 그는 소크라테스의 사랑이 그를 더 나은 사람으로 만들어 줄 것이라고 옳게 생각하지만, 그는 더 나은 사람이 된다는 것이 무엇을 의미하는지를 이해하지 못하고, 그것이 세속적인 성공이나 어떤 다른 물질적인 이득에 관한 것이라고 상정한다.

알키비아데스는 소크라테스를 유혹할, 혹은 더 정확히 말해서 소크라테스에게 그를 유혹할 기회를 줄 일련의 계획에 대해 기술한다. 한번은 그가 시종을 내보내고 소크라테스와 단둘이 있게 되어서, 그는 소크라테스가 자신을 유혹할 기회를 자연스럽게 이용할 것이라고 생각했다. 그러나 분하게도, 소크라테스의 행동은 보통 때와 다르지 않았다. 다른 경우에, 그는 그들이 체육관에서 관습적으로 웃통을 벗고 함께 운동하고 씨름할 기회를 마련했고, 육체적인 접촉이 소크라테스를 자극할 수 있을 것이라고 희망했다. 크세노폰은 소크라테스가 자신의 벗은 어깨가 젊은 크리토불로스의 어깨와 맞부딪치게 되었을 때, 그는 야생동물에게 물린 것처럼 느꼈다고 말한 것으로 기록한다. "그리고 닷새가 넘게 나의 어깨는 쑤셨고 가슴을 찔린 것과 같은 아픔을 느꼈다" (4.28). 소크라테스가 알키비아데스와 씨름을 하면서 실제로 무엇을 느꼈든 간에, 그의 행동은 본받을 만한 것이었다. 그래서 알키비아데스는 적극적인 역할을 하기로 결심하고서, 사랑하는 자와 사랑받는 자 사이의 성적인 관계를 전도시켰다. "나는 소년 애인(*paidika*)에게 일을 꾸미는 사랑하는 자(*erastēs*)가 되었다"(217c). 그렇게 함으로써, 그는 결과적으로 아가톤의 향연장에 있는 사람들에게 그가 열등한 구성원으로서 능동적인 역할을 맡음으로써 성적인 에티켓을 위반했음을 인정한다. 그는 남창(*katapugōn* 혹은 *kinaidos*)으로 비난받을 수 있었다.

이어지는 이야기를 위한 논의맥락을 확립하고서, 알키비아데스는 살무사에 물린 사람들만이 살무사에 물린 자의 고통을 참으로 이해할 수 있다고 참석한 사람들에게 직접 호소한다. 그는 아가톤의 향연에 참석한 사람들 각각의 이름을 호명하면서, 철학에 또한 물려 본 여기 있는 참석자들만이 그가 말하는 것을 진정으로 평가할 수 있고, 그래서 그의 부끄러운 행동을 용서해 줄 수 있다고 말한다. 그는 심장(*kardia*) 혹은 영혼(*psychē*) 속에 깊은 고통을 느꼈다고 설명하면서, "그것을 무엇이라 부르는 것이 마땅하든 간에"(218a)라고 단서를 붙인다. 이것은 철학적인 정확성의 정신에 충실하려는 그의 관심을 알려 주는 동시에, 실제적이고 심오한 어떤 것을 느끼고 있다는 사실을 넘어서서 그가 말하고 있는 것의 실제적 본성에 관해서는 확실히 알지 못한다는 것을 인정하는 것이다. 그는 "지혜 사랑에 속하는 이야기들(*ta en philosophia loga*)에 의해 얻어맞고 물렸다고"(218a) 재빨리 설명한다. 주위를 둘러보고서, 그는 참석한 사람 모두가 자신이 기술하고 있는 경험에 대해 어렴풋이 알고 있다는 것을 관찰한다. "자네들 모두가 그 지혜 사랑의 광기(*mania*)와 열광(*bakcheia*)을 함께 경험한 적이 있지"(218b). 소크라테스/디오티마의 연설과 『파이드로스』에서부터 발전된 주제들을 반영하면서, 철학은 조용한 논의가 아니라 광적인 충동으로 생각된다. 더 나아가 더 높은 비의에 대한 디오티마의 언어를 취해서, 그는 입문의례를 치루지 않거나 속된 자(*bebēlos*)는 그가 말하는 것을 평가할 수 없으며 그의 행동을 용서할 수도 없다고 주장한다.

이런 조건을 염두에 두고, 알키비아데스는 그가 어떻게 소크라테스를 유혹하려 했는지 설명한다. 그는 마침내 늦은 밤에 소크라테스만이 홀로 남도록 했다. 등불은 꺼졌고 시종들은 나가 있었으며, 알키비아데스와 소크라테스는 인접한 침상들에 기대어 있었다. 그는 비위를 맞추면서도 자부심을 갖고서, 소크라테스가 그가 만났던 사람들 중에서 유일하게 자신을 사랑하는 이(*erastēs*)가 될 만한 사람이라는 것을 알게 되었다고 이 철학자에게 마음을 털어놓는다(218c). 그는 사랑하는 자로서의 소크라테스를 기쁘게 하지는 않고, 그가 물질적인 이익이나 혹은 영향력과 관련해서 원할 수 있는 그 어떤 것을 그에게 허용하는 것은 무의미한 일이라고 선언한다. 그래서 그는 진정으로 사랑받는 자는 사랑하는 자의 감사로부터 이익을 얻을 것이라는 규칙을 이용해서, 다음과 같이 덧붙인다. "제가 가능한 한 가장 훌륭한 사람이 되는 것보다 더 중요한 일은 제게 없으며, 이런 일에 대해서는 어떤 사람도 선생님보다 더 뛰어나게 도와줄 사람은 없다고 생각합니다"(218d). 소크라테스는 이런 제안에 응대를 하면서, 처음에는 알키비아데스가 훌륭한 사람이 되기를 원한다는 그의 말을 액면 그대로 받아들이고, 그와 같은 바람은 외면적인 추함을 넘어서 그 밑에 놓여 있는 아름다움을 파악하고자 하는 그의 고귀한 특성을 드러내 보여 주는 것이라고 말한다. "정녕 자네가 나에 관해 말하는 것이 진실이라면, 자네는 참으로 보잘것없는 자가 아닌 것 같네"(218d–e). 그는 계속해서 다음과 같이 설명한다. "만일 내가 어떤 능력을 내 안에 갖고 있어서 이를 통해 자네가 더 나은 자가 될 수 있다면, 자네는 내 안에서 말로 표현할 수 없는 아름다움을, 자네에게 있는 미모를 훨씬 뛰어넘는 아름다움을 보고 있는 것이라 할 수 있네"(218e). 달리 말해서, 만일 알키비아데스가 사랑하는 자로서의 소크라테스가 제공해야만 하는 이로움을 진실로 이해했다면, 그는 또한 육체적 아름다움, 물질적인 좋음 혹은 영향력과 같은 그에 대응하는 이익들은 그것과 비교해 볼 때 사소한 것이라는 점을 깨달을 수 있다. 알키비아데스의 제안은 청동을 황금과 맞바꾸려고 하는 것과 같을 것이다(219a). 그는 더 나아가 아마 알키비아데스가 자신을 잘못 파악하고 있다고 제안한다. "마음의 눈은 육체의 눈이 무뎌질 때 날카롭게 보기 시작한다네"(219a).

알키비아데스는 소크라테스가 조언자/사랑하는 자의 방식으로 그를 이끌어야 한다는 생각을 확고하게 갖고 있다. 이 철학자는 "앞으로도 무엇이 우리 두 사람에게 가장 좋은 것일지를 함께 생각하고서 그것을 행할 것이네"(219b)라고 말하면서 이 생각에 동의한다. 알키비아데스는 그의 사랑의 목표에 거의 도달했다고 생각하고서, 소크라테스 옆에 누워서 두 팔로 그분, 즉 '신령스럽고(*daimonios*) 놀라운(*thaumastos*) 이분'을 감싸고는, "그렇게 밤새도록 누워 있었다"(219b). 그의 이야기의 이 지점에서, 알키비아데스는 아가톤의 향연에 참석한 사람들을 돌아보고서, 수사적인 말투를 사용해 공감을 얻으려고 하면서 소크라테스의 오만무례함을 비난한다. "그는 나의 아름다움을 능멸했다"(219c). 그는 이 말을 재판관 앞에서 하는 말투로 바꿔서 다음과 같이 말한다. "당신들은 소크라테스의 오만무례함을 재판하기 위해 여기에 앉아 있네"(219c). 죄목은 다음과 같다. "잘 알아두게(*eu gar iste*), 신들과 여신들께 맹세코, 나는 아버지나 형과 함께 잤던 것과 전혀 다르지 않게 소크라테스 선생님과 함께 자고 나서 아침에 일어났다는 걸"(219c–219d). 아이러니하게도 알키비아데스는 그의 주장의 진실성을 디오티마가 소크라테스에게 사용했던 '잘 알아두세요'[*'eu isthi'* (208c)]와 같은 소피스테스의 표현 형식을 사용해서 확인하고 강조한다. 희극적으로 전도되면서, 남창 혹은 남색의 어둡고 부끄러운 비밀은, 알키비아데스가 덕과는 반대 방향으로 최선의 노력을 했지만, 소크라테스와 그의 관계는 전적으로 덕에 관한 것임이 밝혀지게 된다.

알키비아데스는 이렇게 표면상으로는 퇴짜를 맞아서 굴욕을 느끼고 부끄러움과 막막함 속에서 죄책감을 갖게 되었다고 설명한다. 동시에 그는 더욱더 강하게 소크라테스에게 끌렸고, 그의 특성과 절제 그리고 용기에 경외감을 갖게 되었다. "지혜와 인내력에 있어서 도대체 만나리라고 내가 생각할 수 없는 그런 인간과 만났다네. 그래서 나는 이분에게 어떤 식으로든 화를 내고 교제를 그만둘 수가 없었고, 그렇다고 이분의 애정을 어떻게 얻을지도 알 수 없었네"(219d). 특유의 자존심을 갖고서, 그는 자신의 유혹에 대한 거부는 심오한 힘의 작용을 나타냄에 틀림없다고 가정한다. 간단히 말해서, 소크라테스는 그를 굴욕적으로 만들었지만, 그 때문에 그는 그에게 끌리지 않을 수 없었다. 알키비아데스가 파악하지 못한 아이러니는, 성적인 교접에 대한 그의 거부 속에서, 소크라테스는 사실상 그의 명예를 존중하고 있으며 그에게 참되게 사랑하는 자의 이로움을 제공하고 있다는 점이다. 소크라테스가 냉정함을 유지하고 있다는 것은 무관심이 아니라 정확하게 말해 사랑의 열정의 표현이다. 만일 그가 알키비아데스에게 져서 그와 육체적인 관계를 맺었다면, 그는 『파이드로스』에서 리시아스의 연설 속에서 기술된 사랑하지 않는 자와 같아질 것이다. 소크라테스가 정신적인 것을 위해서 알키비아데스의 강한 육체적 힘을 거부한 것은 그의 참된 애정의 척도이다.

그의 굴욕과 수치심을 인정하면서, 알키비아데스는 적어도 파우사니아스가 에로스에 대한 그의 견해의 디딤돌로 삼았던 천상의 에로스와 세속적인 에로스의 구분에 대한 직관적 인식을 보여 준다. 그는 존경할 만한 사랑하는 자는 사랑받는 자의 고귀하고 훌륭한 것에 이끌린다는 것을 인정하는데, 이것은 "본성상 더 강하고 더 지적인"(181c) 천상의 사랑이다. 소크라테스는, 파우사니아스에 의해 규정된 용어와 일치하는, 사랑받는 자(*erōmenos*)인 알키비아데스에 대한 존경할 만한 사랑하는 자(*erastēs*)이다. 알키비아데스의 접근을 거부하면서, 소크라테스는 세속적인 에로스가 아니라 천상의 에로스에 의해 행동하고 있다. 성적인 결합에 대한 알키비아데스의 욕망을 용인하지 않는 이러한 거부는 "사랑하는 자가 소년 애인을 위해 그 어떤 노예 노릇이든 하려고 하는 것은 아부도 아니고 부끄러운 일도 아니다"(184c)라는 파우사니아스의 주장에 표면적으로는 배치되는 것으로 보이지만, 사실상 소크라테스는 그것을 예증하고 있다. 그는 자신의 성적인 욕망을 승화시키면서, 사랑받는 자의 좀 더 고상한 특성을 확인한다. 알키비아데스에게 '그의 방식대로' 행동하지 않음으로써, 소크라테스는 그를 고귀함을 지니고 있고 존중할 가치가 있는 — 디오티마의 용어로 말한다면, 아름다운 말과 행위로 임신한 자로 취급하고 있다.

3.3.2.4. (219d–222c)

다음에 알키비아데스는 소크라테스의 특성을 포티다이아 전쟁(기원전 432–430)과 델리온 출정(기원전 424)에서의 잇따른 그들의 경험들을 이야기함으로써 설명한다. 각 에피소드는 소크라테스의 덕들 및 다른 사람과 비교할 수 없는 특이함을 예증한다. 첫 번째 것은 소크라테스의 용기 및 인내와 관계된다. 포티다이아 전쟁 중에 그와 소크라테스가 같은 막사에서 지냈을 때, 알키비아데스는 아무도 소크라테스처럼 굶주림을 참아 낼 수 없었지만, 또한 보급이 잘되어 잔치를 벌일 때는 어느 누구도 그보다 더 그것을 즐길 수는 없었다는 것을 회상한다. 유사하게 그는 아무도 소크라테스만큼 술을 마실 수 없었다는 것을 주목하고(220a), 아무도 소크라테스가 술에 취한 것을 보지 못했다는 앞서의 언급(214a)을 반복한다. 비슷하게, 혹한인데도, 다른 사람들은 털신발을 신고 나갔을 때 소크라테스는 일상적으로 입고 다니는 가벼운 외투만을 걸치고 맨발로 다녔다. 그는 또한 지속적으로 몰두하고 집중하는 소크라테스의 경향을 회상한다. 그는 어떤 문제에 관해 숙고하면서 같은 장소에 다음 날 동틀 때까지 밤새 하루 종일 서 있었고, 마침내 그의 문제를 해결했을 때 일상적인 일로 돌아갔다(220c–220d). 어떤 사람들은 이 광경을 지켜보기 위해 그들의 침구를 밖으로 갖고 나오기도 했다.

알키비아데스는 이제 전투에서 소크라테스의 행위를 말하면서, 전투 중의 그의 용기와 침착함 그리고 자비심에 존경을 표한다. 알키비아데스는 자신이 전투에서 부상을 당했을 때, 소크라테스가 그의 생명을 그리고 그의 무구까지 어떻게 구했는지를 설명한다. (그의 이야기는 파트로클로스와 아킬레우스 이야기의 요소를 취해서 그것을 되풀이하고 있다.) 아이러니하게도, 이러한 용감한 행위와 관련해, 용기로 말미암아 상을 받게 된 것은 알키비아데스였는데, 이를 그는 장군들이 그의 귀족 가문에 아부하고자 했기 때문에 일어난 일로 보았다. 소크라테스는 겸손한 태도로 알키비아데스가 이 상을 받아야 한다고 열성적으로 지지하였지만, 알키비아데스는 그 상은 참으로 소크라테스가 받아야 한다고 주장했다. "선생님께서는 자신이 아니라 제가 상을 받아야 한다고 장군들보다 더 열심이셨습니다"(220e). 델리온에서부터 마구 퇴각할 때 소크라테스는 그의 용기와 신중함을 더 잘 보여 주었다. 기마

병으로서 상대적으로 더 안전했기에, 알키비아데스는 마구 퇴각하는 과정에서 보병인 소크라테스의 행동을 지켜볼 수가 있었다. 그는 "고개를 꼿꼿이 세우고 이리저리 곁눈질하면서"(221b)라는 걸어가는 사람에 관한 아리스토파네스의 한 구절을 상기하면서, 차분하고 침착한 소크라테스가 그 어떠한 적군도 그에게 가까이 접근해서 감히 어쩌지 못하도록 신중하게 걷고 있는 것을 지켜보았다. 플라톤의 대화편 『라케스』 또한 델리온에서 소크라테스의 용기를 찬양한다(181b).

알키비아데스는 아가톤의 향연에서 앞선 연설들을 하나도 듣지 못했고, 그 자신이 방금 참석자들에게 말했던 것의 의미를 완전히 이해하지 못하고 있을 수 있지만, 우리는 소크라테스의 행위가 파이드로스와 아가톤에 의해 기술된 사랑의 다양한 효과들을 보여 주면서 어떻게 이루어지고 있는지를 알 수 있다. 파이드로스가 말한 것(178e–179a)에 일치되게, 우리는 소크라테스의 고귀하고 덕 있는 행동을 그의 소년 애인의 시각에서 "서로를 의식하면서 명예를 추구하는"(179a), "왜냐하면 누군가를 사랑하는 사람은 대열을 이탈하거나 무기를 내버릴 때 다른 누구보다도 소년 애인에게 들키는 것을 가장 꺼려할 것이네"(179a)라는 구절로서 설명할 수 있다. 소크라테스가 젊고 아름다운 모습을 지닌 알키비아데스와 교제한 것이 절제, 용기 그리고 지혜의 덕을 산출했다(196c–d).

알키비아데스는 최종적으로 소크라테스를 평가하려고 하면서, 그는 그 어떤 사람하고도 비교할 수 없다고 선언한다. 그는 일반적인 모든 척도로부터 벗어나 있다. 옛날의 그리고 역사상의 위대한 영웅들은 비교할 수 있는 어떤 인물들이 있지만, 소크라테스만이 유일한 존재로 여겨진다(221c–d). 그에게는 인간적인 어떤 것도 없다. 이 점은 알키비아데스로 하여금 실레노스를 생각나게 한다. "그분이나 그분의 이야기

(*logos*)를 인간들 가운데 누구하고도 비교할 수는 없고, 실레노스들이나 사티로스들하고는 비교할 수 있겠지"(221d). 최종적으로, 그는 그의 연설을 경고로 끝을 맺는다. 그는 소크라테스를 칭찬하지만, 그를 용서하지는 못한다. 알키비아데스는 소크라테스가 그를 무례하게 대했으며, 더욱이 다른 사람들에게도 마찬가지로 그렇게 했다고 주장한다. "이분은 이들이 자신을 사랑하는 자(*erastēs*)로 여기게끔 기만했는데, 오히려 그분 자신은 사랑하는 자가 아니라 소년 애인(*paidika*)의 처지가 되네"(222b). 그러니 조심하게. "아가톤, 이분에게 기만당하지 말고, 속담에 있듯이 어리석은 자처럼 겪어 본 다음에야 깨닫지 말고, 우리가 겪은 것들로부터 깨달아 조심하게나"(222b-c).

우리는 알키비아데스의 연설을 어떻게 생각해야 하는가? 블라스토스(G. Vlastos)가 일반적인 의미에서 사랑에 대한 플라톤의 개념에 주목하고서, 특히 알키비아데스의 경우와 비교하여, 사랑에 대한 플라톤의 설명은 너무 협소하다고 불만을 말할 때, 그는 많은 사람을 대변하고 있다. 디오티마의 '사랑의 사다리'에 의해 도식화된, 덕과 지혜로의 상승에 초점을 맞추고 있는 그의 설명에서, 플라톤의 사랑 개념은 "우리는 사람들이 훌륭하고 아름다운 한, 그런 한에 있어서, 사람들을 사랑해야 한다"는 것을 뜻한다. 그는 이를 명확히 하기 위해 다음과 같이 덧붙인다. "문제는 그것이 전체 사람들의 사랑이 아니라 최선의 성질들을 지니고 있는 사람들의 추상적인 사랑만을 제공하고 있다는 것이다."[98] 이런 입장에 대해서, 누스바움(M. C. Nussbaum)은 우리는 『향연』을 전체로서 받아들여야만 하며, 그 의미는 부분들을 잘 연결시킬 때 드러난다고 올바르게 논증한다. "나는 『향연』에 대한 깊은 이해는

98 G. Vlastos, 1981, 31쪽.

그것을 에로스에 대한 전(前)-철학적 이해를 무시하고 있는 작품으로 간주하지 않는 것이라고 믿는다."[99] 그녀는 전-철학적 이해에 의해 소크라테스/디오티마 이외의 모든 사람에 의해 분명하게 표현된 입장들을 뜻하고 있다. 그러나 그녀는 그다음에 계속해서 그것은 "전체적으로 그런 이해에 관한 작품이고, 또한 왜 그것이 정화되고 초월되어야만 하는지에 관한 것이며, 그리고 왜 디오티마가 아테네를 역병으로부터 구하기 위해서 다시 왔는지에 관한 것"[100]이라고 논증한다. 이를 염두에 두고서, 누스바움은 알키비아데스 연설을 디오티마 연설의 '반대사례'라고 부른다. 그러나 나는 디오티마의 이상화된 사랑은 알키비아데스의 실제적인 사랑에 구체적으로 그려져 있다고 논증할 것이다. 결국 알키비아데스는 디오티마의 이상에 미치지 못하고, 단지 네 번째 단계의 차원에 시험적으로만 근접하고 있을 뿐 통찰의 최종적 단계에는 결코 이르지 못하고 있지만, 그의 연설은 '반대 사례' 가 아니라 구체적 사례이다. 그의 경우는 사랑에 대한 디오티마의 그림을 단순히 '복잡한 바람직한 성질들' 이 아니라 아주 복잡한 실제적인 인간관계의 맥락에 위치시킴으로써 그것을 완성한다. 소크라테스와 알키비아데스 사이의 사랑의 관계는 디오티마의 사랑이 현상의 영역에서 어떤 것처럼 보일지를 예시한다.

다른 방식으로 말해서, 우리는 그가 아름다운 생각들을 사랑하고 있다는 것을 어떻게 알 수 있는지 물을 수 있다. 혼란과 과도기 그리고 잘못된 출발과 열중의 기간이 반드시 있을 것이다. 디오티마의 설명에서, 우리는 더 높은 단계로 이행했다는 것을 실제로는 단지 반성적으로만 알게 된다. 왜냐하면 우리의 이전 견해들은 비교를 통해서 부족한 것으

99 M. C. Nussbaum, 1986, 167쪽.

100 M. C. Nussbaum, 1986, 167쪽.

로 보이기 때문이다. 소크라테스의 변증술과 일치하는 방식으로, 나는 사랑이 무엇이 아니라는 것을 안다는 의미에서만 사랑을 안다. 이와 같이 첫 번째 단계에서 두 번째 단계로 이행하는 과정에서, "그는 하나의 몸에 대한 지나친 열정을 경멸하고 하찮은 것으로 생각함으로써 느슨하게 해야 한다"(210b). 혹은 두 번째와 세 번째 사이의 과도기에, "그는 몸들의 아름다움은 중요한 것이 아니라고 생각할 것이다"(210c). 그리고 일반적으로, 우리가 아름다움 자체를 파악하자마자, "아름다움은 황금이나 옷이나 아름다운 소년들이나 젊은이들과 비교할 수 있는 것이 아니라고 생각하게 될 것이다"(211d). 그러나 내가 그 단계에 도달했을 때에만, 나는 다른 것들의 부적합성을 알게 될 것이다.

소크라테스를 유혹하고자 하는 알키비아데스의 시도에 대한 그의 설명의 단계들은 디오티마의 사랑의 비의의 단계들을 반영하는데, 그것들은 사랑의 나섯 단계, 특히 단계들 사이의 이행의 구체적 예이다. 우리는 디오티마처럼 알키비아데스가 그의 고백을 신비 종교의 언어의 틀로 이야기하고 있다는 것을 적절하게 주목할 수 있다. 철학에 '물려보고' 그 아픔을 느껴 본 사람들만이, 우리가 가치를 부여하곤 했던 것의 부적합성을 인식하고 아직 이르지 못한 것에 대한 갈망 속에서, 그들이 말하고 느끼는 것을 이해할 것이다. 적어도 지혜 사랑의 좀 더 낮은 단계의 비의에 입문한 사람들만이 들을 자격이 있다. "하지만 시종들, 그리고 다른 어느 누구든 입문 의례를 거치지 않은(*bebēlos*) 속된 자, 너희들은 귀를 꽉 막고 있어라"(218b). 또한 알키비아데스는 소크라테스가 사랑하는 자인지 사랑받는 자인지 결정하기가 어렵다고 경고하면서 그의 연설을 끝맺고 있다는 것은 의미가 있다. 그는 그의 성적 욕망의 대상을 덕과 지혜로 인도하고 있는 것인가 아니면 그는 그의 사랑을 통해서 스스로 지혜를 추구하고 있는 것인가?

알키비아데스 유혹의 첫 번째 시도는, 사랑에 대한 디오티마의 설명에서 첫 번째와 두 번째 단계로부터의 이행처럼, 아름다운 육체들에 초점이 맞추어져 있다. 소크라테스는 아름다운 생각들로 임신하고 있는 참된 의미에서의 아름다움을 알키비아데스에게서 아마도 인지하고서 그에게 이끌렸던 것으로 보인다. 알키비아데스 또한 어떤 것을 감지한 것으로 보이지만, 처음에는 그것을 단지 몸들의 육체적 끌림에 의해서만 이해하고 있다. 이처럼 그는 소크라테스가 육체적 아름다움에 이끌릴 것이며, 처음에는 그가 시종들을 내보냈을 때, 그다음에는 체육관에서 그와 씨름할 때 그 힌트를 알아차릴 것이라고 가정하고서, 자신의 몸을 육체적으로 접촉할 수 있게 만듦으로써 소크라테스를 유혹하고자 시도한다. 그는 소크라테스의 즉각적인 반응을 이끌어 내는 데 실패하여 좌절하게 되고, 실망이 커져서 더 직접적인 접촉을 모색하게 된다.

알키비아데스 유혹의 두 번째 단계는 디오티마에서 사랑의 두 번째 단계와 세 번째 단계 사이의 과도기적인 것, 즉 아름다운 영혼의 드러남에서부터 아름다운 앎으로의 이행과 유사하다. 그는 소크라테스가 자신에게 유일하게 가치 있는 사랑하는 자이며, 그가 원하는 것은 무엇이든 그에게 줌으로써 감사를 표시하지 않는 것은 어리석은 일일 것이라고 선언하고서는, 그의 목적은 가능한 한 최선의 사람이 되는 것이라고 덧붙인다. "그래서 저는 제가 바로 이런 사람에게 호의를 보일 때 많은 분별 없는 사람들에 대해서 수치스러워하기보다도 오히려 호의를 보이지 않을 때 분별 있는 사람들에 대해 훨씬 더 수치스러워할 것입니다"(218d). 소크라테스가 만일 그것이 알키비아데스가 진정으로 믿는 것이라면, 그는 자신이 깨닫고 있는 것 이상의 것을 성취한 것이라고 대답할 때, 소크라테스의 언급은 사랑의 두 번째 단계, 즉 아름다운 몸들에 대한 가치 평가로부터 현상의 영역 밑에 놓여 있는 아름다운 영혼들에 대한 가치 평가로의 이행에 대한 디오티마의 기술을 반영한다. "그래서 누군가가 보잘것없는 아름다움을 갖고 있더라도 영혼이 훌륭하다면 그것에 만족하고, 이러한 사람을 사랑하고 보살피며 젊은이들을 더 훌륭하게 만들어 줄 그런 이야기들을 산출하고 추구해야만 합니다"(210b–210c). 알키비아데스는 확실하게 여전히 한창 꽃피어 있는 아름다움을 지니고 있지만, 현상적인 것에 무관심한 소크라테스는 가능한 한 최선의 사람이 되기를 원한다는 그의 주장을 장려하는 방식으로 그의 연인을 보살필 것을 추구한다. 유사한 방식으로, 알키비아데스 자신은 소크라테스한테서 그와 대조적으로 더 이상 한창 꽃피어 있는 것도 아니고 참으로 추한 모습으로 유명한 육체 밑에 놓여 있는 아름다움을 보았다. 알키비아데스가 소크라테스의 영혼에서 어떤 것을 인지했다는 것은 그 자신의 특성 속에 칭찬할 만한 것이 있음을 암시한다. 확증을 위하여, 『파이드로스』에서의 소크라테스의 말, 즉 "모든 사람은 아름다운 사람들 중에서 각자의 방식에 맞게 사랑을 선택한다"(252d)는 것을 상기하는 것이 도움이 된다. 만일 알키비아데스가 추한 소크라테스에게 이끌린다면, 이는 그 자신의 내적인 아름다움의 가능성을 구현하고 있는 내적인 아름다움을 인지하고 있기 때문이다. 디오티마의 세 번째 단계로 나아가면서, 그는 소크라테스가 그를 훌륭한 사람으로 만들어 줄 것이며, 외면적인 것 밑에 있는 그러한 아름다움이 훌륭한 실천 혹은 행실로 이끌 것이라는 믿음을 표현한다. 이에 상응해서, 소크라테스가 그들의 전적으로 훌륭한 밤을 보낸 다음에 기꺼이 알키비아데스를 인도하겠다고 밝힌 것은 아름다움으로부터 아름다운 행실을 추구하겠다는 자신의 약속과 고귀한 행실들로부터 아름다운 앎으로 그를 인도하겠다는 희망을 강조한 것이다.

알키비아데스의 뒤따르는 분노, 수치심 그리고 죄의식은 디오티마의 두 번째 단계로부터 세 번째 단계로의 이행, 즉 아름다운 행실들로부터 아름다운 앎으로의 나아감을 가리킨다. 비록 알키비아데스는 소크라테스의 자제심의 진정한 의미를 파악하지 못하고 이를 부자연스러운 고집으로 돌리고 있을지라도, 그럼에도 그의 사랑의 느낌은 수치심을 일깨우고, 소크라테스를 피하도록 만들고 혹은 소크라테스가 그를 '덫에 걸려들게' 할 때 분노하게 만든다. 그가 분노, 수치심 혹은 회피의 감정을 갖고서 반응할 수밖에 없다는 것은, 그가 어떤 방식으로든 더 나은 것을 '알고 있다'는 사실, 그의 더 천박한 충동과 상충하는 아름다운 앎을 어느 정도 감지하고 있다는 사실을 강조한다. 만일 그가 그와 같은 앎을 소유하고 있지 않다면, 그는 소크라테스가 사유했던 것에 관심을 갖지 않았을 것이고 혹은 그 앞에서 분노나 죄의식을 느끼지 않았을 것이다. 그는 소크라테스의 아름다운 습관적 행위가 아름다운 앎을 지향한다는 것을 인지했다. 다시 『파이드로스』를 상기해 보면, "이러한 두 느낌 — 고통과 환희 — 이 뒤섞인 까닭에 이상함으로 말미암아 몹시 괴로워하고 어쩔 줄 몰라 미쳐 버린다"(251d).

포티다이아와 델리온의 전투에서의 소크라테스에 대한 알키비아데스의 설명은 더 나아가 디오티마의 세 번째 단계로부터 네 번째 단계로, 즉 아름다운 앎에 대한 관조로부터 '한없이 지혜를 사랑(*philosophia*)'하는 가운데 '아름다움의 큰 바다'(210e)에 대한 앎으로의 이행을 암시한다. 그 자신은 아직 갈 길이 멀고, 여전히 바로 세 번째 단계에 머물러 있지만, 그는 소크라테스의 행동 속에서 모든 덕, 즉 인내, 자제, 용기, 겸손, 분별을 인지하게 된다. 알키비아데스가 용기에 대한 상을 받아야 한다는 소크라테스의 바람 속에서, 우리는 소크라테스 자신의 겸손을 볼 수 있지만, 또한 사랑받는 자의 덕을 인정하는 것이 그에게서 더욱더 덕을 키울 것이라는 사랑하는 자로서의 희망을 볼 수 있다.

알키비아데스는 소크라테스가 특정한 성취들에 있어서는 다른 사람들과 마찬가지라는 것을 인정하지만, 그가 모든 특정한 예를 넘어서는 사람이라고 결론 내린다. "그는 독특하다. 그는 옛날 사람이든 요즘 사람이든 누구하고도 비슷하지 않다"(221c). 우리는 디오티마의 비유로 이를 바꿔 표현할 수 있다. 소크라테스는 "한없이 지혜를 사랑하는 가운데 많은 눈부시게 아름다운 이야기들과 생각들을" 산출하는 '아름다움의 바다'이다(210d). 소크라테스의 '이상함'에 대한 알키비아데스의 묘사, 즉 그에게 특정한 위치를 부여하거나 그 밖의 어떤 것과도 비교할 수 없다는 것은 사랑에 대한 디오티마의 처음 네 단계에서 기술된 수평적 운동, 즉 그 어떤 지역성이나 특수성을 넘어설 때까지 아름다움의 예들을 더욱 더 포함하는 운동과 유사하다. 소크라테스의 덕들이 이해관계나 물질적 이득에서 벗어나 있는 것으로 보이는 정도에 따라, 그것들은 독립적인 특성을 취하기 시작하고 형상들을 지향한다. 이 모든 것에서 소크라테스는 다이몬, 즉 인간과 신 사이의 중간적인 것이다. 알키비아데스의 사랑의 대상은 여전히 소크라테스이기 때문에, 그는 디오티마의 궁극적 목표인 아름다움 자체, 즉 "절대적이고 순수하고 혼합되지 않고 인간의 살이나 색이나 다른 많은 가사적(可死的)인 허섭스레기에 물들지 않은 것"(211e)에 대한 이해에 도달하지 못한다. 그렇지만 동시에, 소크라테스의 아름다움은 적어도 그것이 그 밖의 어떤 것에 의존하는 것이 아니라는 의미에서 인간의 이해를 넘어선 것이다.

알키비아데스가 기술하는 소크라테스는 네 번째 단계에 있고, 한없이 그리고 굳세게 지혜를 사랑한다. 그의 설명의 끝에서 그도 소크라테스도 마지막 다섯 번째 단계, 즉 '놀라울 정도로 본성상 아름다운'(210e) 어떤 것을 갑자기(*exaiphnēs*) 직관하는 비의의 최고 단계에 분명히 도달하지 못하지만, 소크라테스는 굳건한 태도를 보이는 반면에 알키비아데스는 죄의식을 갖고 옆으로 비껴난다. 그는 소크라테스에 의해 '덫에 걸리고' 혹은 '놀라움을 겪을 때' 에만 아름다움에 대한 암시를 받는데, 이는 아름다움의 빛을 희미하게 드러내고, 그의 행위에 대한 수치심을 야기하며 죄의식을 느끼게 해서 좌절과 분노가 뒤따르게 하는 만남이다. 비록 그가 아직 아름다운 말과 행위를 완전히 산출하지 못하고 있다 할지라도, 그럼에도 그는 그의 이전의 말과 행위의 부적합성을 인식하고 있으며 그런 앎 속에서 디오티마의 사다리를 올라가고 있다.

사랑은 뒤범벅된 것이다. 결국 『파이드로스』에서 소크라테스는 그것을 갈망, 고통, 고난, 광기로서, 즉 알키비아데스의 느낌을 또한 특징짓는 복합적인 감정적 반응으로 기술한다. 이와 같이, 디오티마의 '사랑의 사다리' 는 단순한 도식을 제공하지만, 그녀나 소크라테스 혹은 플라톤이 사랑 단계들의 실제적 경험은 단순하거나 명확하거나 혹은 자동적으로 이루어지는 것임을 암시하고자 했다고 가정할 어떤 이유도 없다. 소크라테스가 『국가』에서 우리에게 상기시켜 주듯이, 논증들은 그렇게 깔끔하고 깨끗하게 제시되지 않았다. "트라시마코스는 이 모든 것에 동의하긴 했으나, 지금 내가 말하고 있듯, 쉽게 동의한 것이 아니고, 질질 끌려가다가 가까스로 동의했네" (350c). 우리는 알키비아데스의 유혹 이야기를 『국가』에서의 '동굴의 비유' 와 『파이드로스』에서의 '전차의 비유' 와 비교해 봄으로써 그것을 더 잘 이해할 수 있다.

우리는 '동굴의 비유' 에서 소크라테스가 동굴 벽면에 투사된 그림자들에 의존하여 세상에 대한 모든 앎을 얻는 동굴 거주자들의 영역(감각적 지각으로부터 유래하는 현상의 세계에 대한 비유)을 상상하고 있는 것을 상기해 볼 수 있다. 그는 더 나아가 이런 거주자들 중 한 사람이 백팔십 도 뒤로 돌아서 그림자를 생기게 한 인공적인 불빛의 원천을 직면하도록 강요되는 과정을, 그리고 계속 더 위로 올라가 동굴 밖으로 나가 태양의 '광명' (사물을 아는 우리의 능력을 형성하는 형상의 세계에 대한 비유)을 보도록 강요될 경우 그가 부딪히게 될 더 큰 어려움을 상상한다. 동굴 거주자에게 강요된 상승은 디오티마의 사다리를 알키비아데스가 사랑에 의해 올라가는 고통과 강하게 닮아 있다.

> "그러나, 만약에 누군가가 그를 이곳으로부터 험하고 가파른 오르막길을 통해 억지로 끌고 간다면, 그래서 그를 햇빛 속으로 끌어내 올 때까지 놓아 주지 않는다면, 그는 고통스러워하며 또한 자신이 끌리어 온 데 대해 언짢아하지 않겠는가? 그래서 그가 빛에 이르게 되면, 그의 눈은 광휘로 가득 차서, 이제는 진짜들이라고 하는 것들 중의 어느 것 하나도 볼 수 없게 되지 않겠는가?" (515e–516a)

이 모든 것은 지혜에 대한 추구와 도달이 차분하고 냉정한 것이 아니라, 많은 점에서 고통스럽고 고뇌에 차고 격렬하기조차 한 것임을, 특히 우리 사고의 낡은 습관이 파괴될 때 그렇다는 것을 플라톤이 잘 알고 있었다는 사실을 보여 준다. 사랑의 과정 역시 그러하다.

'전차의 비유' 또한 사랑의 광기와 연관된 환희뿐만 아니라 고통과 고뇌에 대해서도 말하고 있다. 순종적이고 훌륭한 말과 저항하는 고분고분하지 않은 나쁜 말을 통제하고 조화시키고자 분투하는 마부는, 자신의 상충하는 사랑의 욕망들과 분투하는 알키비아데스, 즉 한편으로는 소크라테스 안에 있는 아름다움을 추구하고, 다른 한편으로는 천한 것을 추구하는 욕망과 싸우고 있는 알키비아데스와 유사하다. 알키비아데스는 『파이드로스』에서 소크라테스에 의해 기술된 더 약한 유형의 영혼과 유사하다. "[영혼은] 어떤 때는 상승하고 다른 때는 하강하며, 말들에 강제로 이끌려서, 실재하는 어떤 것들은 보고 다른 것들은 보지 못한다"(248a). 마침내, 전차를 모는 사람이 그의 무능함 때문에 불구가 된다면, 영혼은 포기해 버릴 수 있다. "많은 고생을 했지만 실재를 보는 단계에 이르지 못한 모든 혼은 떠나게 되고, 떠난 후에는 의견을 양식으로 삼는다"(248a). 알키비아데스 광대극의 핵심에 있는 비극은, 그가 자신 안에 있는 아름다움을 구현하고 있는 아름다움을 소크라테스에게서 파악했지만, 그가 '놀라울 정도로 본성상 아름다운 것의 직관'(210e)을 준비하고 기다릴 인내심과 굳건함을 결여하고 있다는 점이다. 즉각적으로 만족감을 얻을 수 없었기 때문에, 그는 노력을 포기하고 동굴로 다시 돌아간다.

알키비아데스의 실패는 소크라테스와 소크라테스적인 지혜의 한계를 극적으로 보여 주는 역할을 한다. 소크라테스는 이론이 아니라 과정을 제공한다. 지혜는 정보의 체계가 아니라 사유와 이해의 방식이다. 사랑의 인도는 촉진하고 양육할 수 있지만, 입문자를 다섯 번째 단계로 이끄는 갑작스러운 드러남을 경험해야만 하는 것은 사랑받는 자이고, 이런 드러남은 다시 그 자신의 과정을 따른다. 소크라테스적인 사랑하는 자, 소크라테스적인 산파, 혹은 비의에 관해 소크라테스적으로 정통한 사람의 과정은 이해를 나누어 줄 수 없다. 그 또는 그녀는 단지 안내하고 가리키고 용기를 북돋고 그리고 인내심이 있는 연인, 제자 혹은 입문자에게 통찰이 궁극적으로 생길 것이라고 희망할 수 있을 뿐이다. 이것이 어떤 것을 아는 것과 그것을 실제로 이해하는 것 사이의 차이고, 기억하고 있는 단편적인 정보를 암송하는 것과 그것을 파악하는 것 사이의 차이다. 이것이 아리스토데모스에 의해 보고된 연설들을 아폴로도로스가 기억하고 암송하는 것과 관련해 우리가 처해 있는 상태이다. 소크라테스가 디오티마의 이야기를 암송하고 있는 것도 아마 그런 상태일 것이다. 각각은 그가 말한 것을 믿을 정도로 아름다운 어떤 것을 충분히 알아차렸지만, 아무도 이해를 완전히 확신할 수 없다. 비록 소크라테스는 결국 알키비아데스가 아름다운 말과 행위들을 산출하도록 도울 수 없었을지라도, 디오티마처럼, 그는 아테네에 역병을 10년 동안 유예시켰다고, 즉 기원전 432년경 늦은 밤부터 422년에 알키비아데스가 정치에 뛰어들기까지 그를 인도하고자 했다고 위로받을 수 있다. 그리고 아마도 알키비아데스가 소크라테스를 여전히 사랑하고 있는 한, '아름다운 희망'은 남아 있다.

3.3.3. 향연이 끝나다(222c-223d)

알키비아데스의 연설은 "그가 여전히 소크라테스를 사랑하고 있는 것으로 보였기 때문에"(222c) 참석자들로 하여금 웃음이 터져 나오게 했다. 소크라테스가 첫 번째로 말했다. 그는 내적인 것과 외적인 것의 차이라는 모티브를 취해서, 알키비아데스가 정신이 말짱하다고 그를 비난한다. 알키비아데스는 마지막으로 아가톤에게 경고하기 전까지, 그의 참된 동기, 즉 그가 소크라테스와 아가톤 둘 다를 이중적으로 질투해서 그들 사이를 갈라놓으려 한다는 것을 교묘하게 감추었다. "자네는 내가 그 어떤 사람도 아닌 자네만을 사랑해야만 하고, 아가톤은 다른 어떤 사람도 아닌 자네한테서만 사랑받아야 한다고 생각한다"(222d). 소크라테스는 그의 '작은 사티로스극'(222d)을 비난하는데, 이는 사티로스의 모티브를 취하면서, 동시에 알키비아데스의 도가 지나친 그리고 취한 척하는 행위를 질책하는 비난이다. 그것은 또한 알키비아데스 연설이 다른 사람들의 연설과 맺는 관계와 전체로서의 『향연』의 구조에 대한 힌트를 제공한다.

소크라테스는 알키비아데스가 그와 아가톤 사이에 앉아 있지 못하도록 요청하는데, 이는 세 사람이 현재 같은 침상을 공유하고 있다는 사실을 익살맞게 말하고 있는 것이다. 아가톤은 동의하면서, 그가 소크라테스 옆으로 건너가서 기대어 앉을 것이라고 농담하는데, 이로 해서 알키비아데스는 다음과 같이 불만을 토로한다. "내가 이분한테서 또 무슨 일을 당하고 있지! 그는 완전히 나를 이겨야 한다고 생각한다." 그 다음에 그는 아가톤이 그들 사이에 앉을 수 있도록 해 달라고 요청하면서, 다음과 같이 간청한다. "소크라테스님, 자신만을 생각하지 마세요"(222e). 소크라테스는 이에 반대하면서 연설은 좌에서 우로 나아가며 행해져야 한다는 향연의 관습을 환기시킨다. 아가톤은 소크라테스의 오른쪽에 앉아 있기 때문에 소크라테스가 아가톤을 찬양할 차례인 반면에, 만일 아가톤이 소크라테스 왼쪽으로 자리를 옮긴다면, 그가 소크라테스를 찬양할 차례가 될 것이다. 이런 기대에 기뻐하면서, 아가톤은 자리를 분명히 옮기지 않을 것이라고 선언한다. "이게 늘 일어나는 일이지" 하고 알키비아데스는 (아마도) 조롱조로 자포자기하면서 반응한다. "소크라테스 선생님이 옆에 있을 때에는 다른 사람이 아름다운 사람들과 가까이 한다는 게 불가능하지. 그분은 지금도 아가톤이 자신 곁에 앉도록 하기 위한 그럴듯한 이유를 얼마나 손쉽게 찾아냈는가!"(223a).

이것은 그의 마지막 말이 된다. 잠시 뒤에 술 취해서 흥청대는 많은 사람이 문이 열려 있는 것을 보고 들어와서 향연은 '갑자기' (*exaiphnēs*) 난장판이 되었다. 떠들며 술 마시는 통에 질서는 사라지고 혼란스럽게 되었다. 에릭시마코스, 파이드로스, 그리고 다른 몇몇은 떠나가 버렸다. 비슷하게 알키비아데스는 더 이상 소동 없이 무대에서 분명히 사라졌는데, 처음에 갑자기 나타났듯이 그렇게 가 버렸다. 아리스토데모스는 그가 곧 잠이 들었고 새벽녘에 수탉의 울음소리에 깨게 되었다고 보고한다. 그는 아가톤, 아리스토파네스 그리고 소크라테스만이 여전히 깨어 있었고, 커다란 술통에서 술을 퍼서 왼쪽에서 오른쪽으로 돌려가며 함께 마시면서 이야기를 나누고 있다는 것을 알아차렸다. 그들은 깊은 토론을 하고 있었지만, 그는 여전히 반쯤 잠이 들어 있었기 때문에, 소크라테스가 같은 사람이 희극과 비극을 지을 수 있는 방법을 알아야만 한다는 것, 즉 기술(*technē*)을 가지고 있는 비극 시인(*tragōdopoion*)은 또한 희극 시인(*kōmōdopoion*)이라는 것을 논증하고 있다는 것만을 알아챌 수 있었다(223d). 그러나 문제가 해결되기 전에, 비극 시인과 희극 시인 둘 다 졸다가 잠이 들었고, 소크라테스만이 깨어 있었다. 그래서 그는 일어나 떠났고, 아리스토데모스도 전과 같이 그를 뒤따랐다. 리케이온에서 씻은 후, 소크라테스는 평소 했던 대로 하루의 나머지 시간을 보내다가, 저녁이 되어서야 마침내 집에 가서 쉬었다. 그래서 우리는 『향연』은 자신의 일을 하고 있는, 즉 '한없이 지혜사랑'을 하면서 '놀랄 정도로 본성상 아름다운 것'에 대한 '갑작스러운' 봄을 끈질기게 기다리는 소크라테스로 결론을 맺고 있다고 말할 수 있다.

플라톤은 결말이 없는 전체성(an open-ended wholeness)을 역설적으로 언급하면서 『향연』을 끝맺고 있다. 한 차원에서 향연은 끝이 났다. 소크라테스가 마지막까지 깨어 있다가 떠나는 것은, 그의 도착이 처음을 특징지었듯이, 종결을 특징짓는다. 이와 같이 우리는 아가톤의 집에서의 향연 전체를 경험했다고 느낀다. 일련의 연설들은 디오티마의 '사랑의 사다리'에서 수사적인 정점에 이르는 방식으로 단계적으로 에로스의 주제를 나누고 있고, 이어지는 알키비아데스의 연설에서 이러한 주제들이 희극적으로 반복된다. 우리는 에로스를 포괄적으로 다루었으며, 논증과 관련해서 완전성 혹은 전체성을 감지했다는 느낌을 갖고서 플라톤의 텍스트를 떠난다. 그렇지만 물론, 향연은 결말이 지어졌다기보다는 혼란스럽게 되었고, 사랑의 문제는 최종적으로 미해결로 남게 된다. 소크라테스가 바로 '평소 했던 대로' (223d) 하루의 나머지를 보냈다는 것은 종결보다는 오히려 같은 것의 완전한 반복을 가리킨다. 그는 이해 혹은 깨우침의 가능성, 즉 다이몬의 개입을 위한 가능성을 위해 준비하고 있지만, 그것은 아직 일어나지 않았다. '결말이 없음' 이란 문제는 철학 작품이며 동시에 문학 작품인, 전체로서의 플라톤 『향연』의 성격을 다시 생각하도록 만든다.

소크라테스가 알키비아데스의 행위를 사티로스극으로 특징지었다는 점과, 이에 더하여 소크라테스가 극작가는 비극과 희극을 모두 쓸 수 있어야만 한다고 논증했다는 아리스토데모스의 회상은 우리로 하여금 두 가지 문제에 주목하게 한다. 첫째로, 그것은 『향연』과 그것의 구성 부분들을 일련의 드라마로 독해하도록 우리를 초대한다. 둘째로, 그것은 서술의 틀에 관한 좀 더 큰 문제, 즉 『향연』 작품의 일반적 특성과 진리와 글쓰기에 관한 문제를 다시 생각하도록 만든다. 첫 번째 것과 관련하여, 우리는 고전기 아테네의 드라마가, 특히 봄에 열린 '시내 디오니소스 제전' (City Dionysia)에서, 비극 시인들 간의 경연 형식으로 공연되었다는 것을 상기할 수 있는데, 이들 각각은 일련의 세 편의 비극과 그에 이은 하나의 사티로스극을 내놓았다.[101] 세 편의 비극은 단일한 신화에서 소재를 취한 연속적인 에피소드들을 극적으로 표현하는 반면에, 사티로스극은 이와 관련된 어떤 신화를 극적으로 표현한다. 현존하는 고전기 그리스 비극의 대부분은 3부작의 부분들이지만, 아이스

---

101 겨울의 레나이아 제전은 일반적으로 두 비극 시인 사이의 경쟁이었고, 각각은 두 개의 비극을 내놓았다.

킬로스의 『아가멤논』, 『코레포로이』, 『자비로운 여신들』로 구성된 『오레스테이아』(기원전 458)만이 완전한 3부작으로 남아 있는데, 이것들은 하나의 전체 주제를 전개해 가는 일련의 드라마의 구성부분들이다. 이 3부작에 사티로스극인 『프로테우스』가 뒤따랐는데, 이 작품은 현존하지 않는다. 에우리피데스의 『키클롭스』는 『오디세이아』 9.105–566에서 에피소드를 취해서 극을 만든 것인데, 이것은 우리에게 전승되는 유일하게 완전한 사티로스극이고 기원전 408년경에 쓰인 것으로 추정된다. 우리는 그것이 어떤 3부작에 속한 것인지 알지 못하지만, 대략적으로 볼 때 에우리피데스의 『트로이아의 여인들』과 동시대의 것이다.

비극들은 상호 연관된 일련의 극들로 계획되어 구성되었기 때문에, 그 어떤 하나의 극으로부터 비극의 성격을 우리가 판단할 수 없다는 것을 마음에 새겨 두는 것이 중요하다. 오히려 『오레스테이아』의 경우처럼, 주제적 긴장이 어떻게 전개되고 해결되는지를 보아야만 하는데, 이 작품은 살인으로 말미암은 원한과 복수에 기초한 정의 개념으로부터 민주주의와 소송에 기초한 정의 개념으로의 이동을 추적한다. 그렇지 않을 경우, 그것은 셰익스피어의 『햄릿』을 1막을 읽은 것을 토대로 판단하려고 시도하는 것과 같을 것이다. 유사하게, 우리는 『시학』에서 비극에 대한 아리스토텔레스의 유명한 정의인 "연민과 공포를 통하여 이러한 감정들의 카타르시스를 성취하고자 하는 것"(1449b25)에 의해 오도되어 비극은 불행한 결말을 가져야만 한다고 가정해서는 안 된다. 그의 관심은 극작가가 청중의 감정을 효과적으로 조종하기 위해 사용하는 전략에 관한 것이다. 진지한 전반적인 어조를 별도로 할 때, 그는 주제의 발전에 그 자체로 관심을 갖고 있지 않다. 참으로, 그는 많은 사람이 에우리피데스의 비극을 그가 많은 작품을 불행으로 결말짓고 있다는 이유 때문에 비판하고 있다는 것을 주목한다(1453a15–25). 이와 같이, 위대한 비극 작품들의 원재료가 되었던 전통적 이야기들이 전형적으로 이들 영웅들의 불운을 포함할지라도, 그리고 우리를 극과 감정적으로 연결시켜 주는 것이 영웅의 고난에 대한 우리의 공감이라 할지라도, 비극 자체는 인간의 비참함에 관한 것이 아니라 극의 전개를 통해서 인간 조건에 대한 어떤 이해에 이르게 하는 것이다.

드라마의 이런 관습을 염두에 둘 때, 소크라테스가 알키비아데스의 연설을 사티로스극이라 지칭한 것은 사랑을 찬양하는 앞의 연설들을 비극의 3부작으로 생각하도록 하게끔 하고, 이를 구성하는 연설들이 전체에 대한 우리의 이해에 어떻게 기여하는지 생각하도록 만든다. 내가 위에서 제시했듯이, 비극의 특징은 불운이 아니라 드라마를 수단으로 사랑의 문제들과 씨름하려는 진지한 시도로서, 어떤 해결점으로 긴장감 있게 나아간다. 그러면 넓게 말해서, 우리가 파악한 것을 다음과 같은 방식으로 간단히 요약할 수 있다.

플라톤 3부작의 1부는 '에로스와 개인' 으로 특징지을 수 있는데, 이것은 파이드로스와 파우사니아스의 찬양을 서로 변증술적으로 보완되는 대립적인 쌍으로 결합시킨다. 이처럼 각각의 연설은, 사랑이 사랑받는 자에게 이득이 되든지 아니면 사랑하는 자에게 이득이 되든지 간에, 사랑과 개인 사이의 관계에 초점을 맞춘다. 동시에 그것들은 파이드로스가 사랑받는 자에게 특권을 부여하는 반면, 파우사니아스는 사랑하는 자에게 특권을 부여한다는 점에서 대비된다.

2부는 '에로스와 자연' 이라고 불릴 수 있다. 여기서 에릭시마코스와 아리스토파네스는 변증술적인 보완 관계이다. 이들은 둘 다 비슷하게 동성애적 관계에 더 호의적이지 않고 사랑을 더 일반적인 차원으로 이동시키고 있다는 점에서 파이드로스/파우사니아스와 다르다. 한편 두 사람은 에로스를 단일성에 의해, 그리고 어떤 건강 개념에 의해 파악한다. 그러나 에릭시마코스가 단일성을 조화에 의해 그리고 건강을 육체적인 것으로 파악하는 반면, 아리스토파네스는 단일성을 전체성에 의해 그리고 건강을 정신적 치료로 파악한다는 점에서 이들은 대비된다. 그들은 또한 에릭시마코스가 전체로서의 자연을 에로스의 영역으로 파악하는 반면에, 아리스토파네스는 그것을 인간의 본성에 중심적으로 자리 잡게 한다는 점에서도 다르다.

3부작의 3부이며 정점이 되는 부분은 '에로스 그 자체'라고 불릴 수 있다. 아가톤과 소크라테스/디오티마는 변증술적인 보완 관계이다. 각각은 사랑의 이로움으로부터 사랑 자체의 본성으로 전환하고자 하는 바람을 피력한다. 플라톤은 소크라테스가 명백한 대비를 통해서 이러한 제휴를 알리도록 한다. 그들의 유사성과 차이점을 강조하는 움직임 속에서, 아가톤과 소크라테스/디오티마는 에로스를 익살스럽게 비유적으로 표현하고 있는데, 이것들은 대조적인 그들의 자화상이다. 젊은 아가톤은 에로스가 "가장 젊고 가장 부드러우며, 형태가 유연하기도 하다"(196a)고 말한다. 이와 직접적으로 대비되게, 디오티마는 소크라테스를 통해서 "[에로스는] 언제나 가난하고, 부드럽고 아름다운 것과는 거리가 멀다"고 말하고서 "그는 피부가 딱딱하고 꺼칠하며 맨발에 집도 없고 … 언제나 결핍과 함께 산다"(203c)고 덧붙이는데, 이는 소크라테스와 매우 유사한 모습이다. 아가톤과 소크라테스/디오티마 모두 에로스를 아름다움, 즉 사랑의 대상에 이끌리는 것으로 본다. 그러나 아가톤이 아름다운 행위들에 이끌리는 아름다운 에로스를 유사한 것과 함께 있고자 하는 욕망으로 이해하는 반면에, 소크라테스는 그것을 결핍된 것에 대한 욕망으로서 이해하고 디오티마의 '사랑의 사다리'의 비유를 통해 그것을 가장 완전히 해명하고자 한다는 점에서 이들은 대비된다.

알키비아데스의 '사티로스극'은 처음의 세 부분을 통해 전개된 다양한 주제들을 취해서, 그것들을 영웅적이고 신화적인 영역으로부터 인간의 삶의 영역으로 옮겨 놓는다. 이것은 에로스 신을 조소하려는 것이 아니라 그것을 인간 조건의 관점에서 나타내려고 하는 것이다. 어셔(M. D. Usher)는 현존하는 사티로스극 『키클롭스』는 소크라테스와 알키비아데스 사이의 장면들을 반영하고 있다고 지적한다.[102] 오디세우스와 키클롭스 폴리페무스 이야기가 이 극의 배경을 이루고 있고, 술 취한 실레노스와 성적으로 적극적인 폴리페무스는 향연 '흉내'를 낸다. 『키클롭스』와 비교할 때, 실레노스적인 소크라테스와 술 취하고 음탕한 알키비아데스의 이야기는, 다른 방식으로는 분류할 수 없는 소크라테스에게 살아 있는 인간성을 부여하는, '미녀와 야수'의 희극적이고 아이러니한 전도(顚倒)이다.[103] 알키비아데스의 연설은 3부작 각각의 토대를 이루고 있는 것들과 관련된다. 즉 그것은 개별적으로 사랑하는 자와 사랑받는 자의 사랑의 경제학을 극적으로 서술하고 있으며, 사랑을 개인적인 것을 넘어서는 것으로 간주하고, 최종적으로는 사랑을 지혜에 대한 철학적 추구로 전환시킨다. 플라톤의 사티로스극의 전체적인 효과는 디오티마와 '사랑의 사다리'에 의해 추구된 사랑의 지혜는 멀리 있는 것이 아니라 언제나 현존해 있고 알아챔을 기다리고 있다는 것을 그의 청중에게 상기시키는 것이다.

궁극적으로, 극작가는 비극과 희극을 모두 쓸 수 있어야 한다는 소크라테스의 논증은 비극과 희극의 총합 이상의 어떤 것을 지향한다. 우리는 『향연』의 중심부에 3부작과 사티로스극을 갖고 있지만, 또한 우리는 아리스토데모스, 아폴로도로스 그리고 궁극적으로는 플라톤이 한

102 M. D. Usher, 2002, 219쪽.
103 M. D. Usher, 2002, 226쪽.

역할에 의하여 나타난 좀 더 큰 서술의 전후맥락을 갖고 있다. 미셸 데플랑(Michel Despland)의 말로 하자면, "철학은 장르의 구분을 넘어서고 언어를 넘어선 모든 것을 언어로 보여 준다고 주장한다. 비극과 희극의 단편적인 진리들은 전체성으로 복귀한다."[104] 이런 사고 선상에서, 장 이브 샤또(Jean-Yves Chateau)는 역사적으로 말해서 비극과 희극은 철학을 가능하게 하기 위해서 합쳐진다고 논증한다.[105] 즉 비극은 우리를 우리의 조건을 의식하고, 그리고 행위할 우리의 힘의 한계 혹은 인간 조건들을 변경시킬 능력의 한계를 의식하는 인간 존재로 만들었다. 비극은 우리의 한계를 절실하게 직면하게 하는 놀라움, 경외감, 그리고 두려움을 우리에게서 끌어낸다. 바로 이러한 이유들 때문에, 그것은 또한 이해에 대한 갈망을 키운다. 희극은 반대 메시지를 제공한다. 살아 있는 인간들은 먹고, 마시고, 흥청대고 사랑한다. 이러한 기본적인 쾌락들에 대한 반복적인 추구는 좀 더 큰 문제들을 한결같이 부각시킨다. 무엇보다도, 희극의 가르침은 우리가 자신을 너무 심각하게 생각해서는 안 된다는 것이다. 대조적으로, 철학은 장르의 구분을 넘어선다고 주장한다. 파이드로스에서부터 디오티마의 연설들로 이루어진 『향연』의 첫째 부분에서, 플라톤은 우리의 한계에 대한 비극적 깨달음을 우리에게 제시한다. 최종적인 부분인 알키비아데스 연설에서, 첫째 부분을 인간의 관점으로 옮겨 놓은 에로스의 희극적 차원이 우리에게 제시된다.

유사한 사고 선상을 따라, 스페인의 철학자 오르테가 이 가세트(Ortega y Gasset)는 소설을 비극과 희극의 종합으로 보았고, 이 둘이 플라톤의 『향연』에서 작용하고 있다고 파악했다. "만일 우리가 『향연』

104 M. Despland, 1985, 242쪽.
105 J-Y., Chateau, 2005, 200-202쪽.

에서 새벽녘의 어스름한 빛 속에서 소크라테스가 행한 제스처를 연장해 보면, 우리는 영웅인 동시에 미친 사람인 돈키오테와 마주친 것처럼 여겨질 것이다."[106] 오르테가 이 가세트의 관심은 장르적인 것보다는 주제적인 것이기 때문에, 실재론을 배경으로 하는 에로스의 광기와 신들린 상태에 초점을 맞춘다. 러시아 철학자이며 문학 비평가인 바크틴(Bakhtin)은 또한 『향연』을 소설-원형(proto-novel)으로 본다. 그러나 그의 관심은 문학 장르의 본성과 작용 그리고 그것들과 사고의 관계에 있다. 프리드리히 슐레겔(Friedrich Schlegel)의 힌트를 따르면, 그는 플라톤의 대화편들에서 소설의 근대적 형식의 중요한 원천을 찾는다.[107] 그에게 소설은 대화적인 것이고, 경쟁적인 목소리들과 언어의 층들을 함께 모으는 것인 동시에, 그것들을 그 어떤 단일한 견해와 일치시키는 것을 거부하는 것이다. 결과적으로, 이러한 경쟁적인 목소리들과 언어들은 "웃음, 아이러니, 유머, 자기 풍자의 요소들이 침투해 있는 대화로 구성되며, 최종적으로 — 이것이 가장 중요한 것인데 — 소설은 이러한 다른 장르들에 비결정성, 의미론적으로 열려 있는 해석, 종결되지 않고 여전히 전개되는 당대의 실재성과의 생생한 접촉을 삽입한다."[108] 종결된 절대적인 과거를 표현하는 그리고 기억과 구두 암송을 통해 변함없이 전달되는 서사시와 달리, 소설은 매번 읽을 때마다 재해석을 초대하는 장르이다.

플라톤의 대화편에 의해 영감을 받은 바크틴의 소설에 대한 개념은 우리가 『향연』이 하고 있는 일에 대해 반성적으로 통찰할 수 있도록 해준다. 『파이드로스』에서 소크라테스가 "글은 언제나 똑같은 것만을 가

---

106 J. Ortega y Gasset, 1957, 40쪽.
107 M. M. Bakhtin, 1981, 22쪽.
108 같은 책, 7쪽.

리킨다"(275e)고 불만을 토로하고 있다면, 『향연』은 하나의 대답을 제공한다. 플라톤이 여러 사람을 거쳐 전달되는 방식으로 텍스트를 서술함으로써 그의 작품 속에 심사숙고하여 삽입한 애매성은 주의 깊은 독자의 마음속에 권위의 문제를 야기한다. 텍스트의 한계를 의식하게 되어, 독자는 그 또는 그녀가 읽은 것을 다시 생각하고 재해석하도록 초대된다. 그것이 아폴로도로스가 광적으로 사로잡혀 서술하는 내용이든, 아리스토데모스의 기억의 한계에 대한 것이든 혹은 아가톤의 향연에 참석한 다양한 연설자들 사이의 불일치, 아이러니, 유머에 대한 것이든 간에, 『향연』은 플라톤의 독자들에게 텍스트를 '언제나 똑같은 것'을 반복하는 것으로서 받아들이지 말고 능동적으로 그리고 열정적으로 그것과 씨름하도록 요구한다. 이런 방식으로, 플라톤은 정해진 해석의 틀을 파괴한다. 페이지 위의 글자들은 고정될 수 있지만, 그것들에 대한 독해는 그렇지 않다. 결국, 『향연』의 텍스트 자체는 다이몬적인 것, 즉 신적인 것도 인간적인 것도 아니고 이들 사이의 전달자가 된다. 디오티마의 지혜에 대한 독자의 이해는 다섯 단계의 중개 즉 디오티마, 소크라테스, 아리스토데모스, 아폴로도로스, 그리고 최종적으로 플라톤의 단계로 구분될 수 있다. 그렇지만 지혜 사랑은 아름다운 말과 고귀한 행위들을 산출하는 독해 작용을 위한 불굴의 노력과 인내심을 키울 수 있는 사랑의 열정이다. 아마도 최종적인 해결보다는 아무리 많이 실패한다 할지라도 기꺼이 계속 시도하려는 우리의 마음이 핵심적인 것이다. 소크라테스가 테아이테토스에게 다음과 같이 권고하듯이 말이다. "다시 시작하고 앎이 무엇인지 설명하도록 시도하라. 그것이 너의 힘을 넘어서 있다고 절대로 말하지 마라. 만일 신(*theos*)이 바라고 네가 용기를 갖고 있다면, 그렇지 않을 것이다"(151d). 소크라테스의 요청에 따라 사는 것은 참된 사랑과 헌신을 요구하지만, 그것은 철학자가 되는 것을 의미한다.

논의 문제 3.1

1. 처음 다섯 명의 연설자들 중에서, 사랑에 대한 누구의 개념이 경험상 가장 그럴듯해 보이거나 진실로 여겨지는가?
2. 연설자들 각각이 주장하듯이, 사랑은 우리를 더 나은 사람으로 만들어 주는가? 만일 그렇다면, 각각의 연설자는 사랑의 경험과 자주 연관되는 것으로 보이는 사악함, 폭력, 혹은 불행에 대해 충분한 설명을 제공하고 있는가?
3. 어떻게 우리는 실제로 쓰는 말로 서로 다른 종류의 사랑을 구분하는가? 우리는 무엇을 근거로 하나가 다른 것보다 더 낫다고 판단하는가? 연설자들 각각은 사랑을 성적인 도착 혹은 페티시즘(fetishism)과 어떻게 구분할 것인가(혹은 할 수 있는가)?
4. 사랑은 언제나 하나의 대상을 갖는가? '사랑 그 자체를 위해' 라고 말하는 것은 의미 있는 일인가?

논의 문제 3.2

1. 성의 정체성의 문제는 어떻게 사랑의 다른 모델들을 형성하는가? 사랑에 대한 디오티마의 개념은 파이드로스의 것을 수용할 수 있는가?
2. 다양한 연설자들 간의 성적인 차이는 사회적 맥락이나 특성에 의해 결정되는 것인가 아니면 이를 넘어서는 것인가?
3. 디오티마의 사랑 개념에 함축된 윤리학은 결과주의인가 비결과주의인가?
4. 많은 주석가는 영혼에 대한 디오티마의 개념은 소크라테스가 『국가』와 『파이드로스』에서 기술하고 있는 삼분설과 다르다고 지적한

다. 이 점이 그녀가 영혼과 사랑에 관해 말한 것을 『국가』와 『파이드로스』에서 언급된 것과 양립할 수 없도록 만드는가?

5. 디오티마에 있어서 사랑 없이 정의와 좋음에 도달하는 것이 가능할 것인가?

논의 문제 3.3

1. 플라톤은 사랑에 대한 단일한 모델을 발전시키고 있는가? 그는 우리가 자주 사랑에 귀속시키고 있는 복잡성과 대립적인 감정들을 어떻게 설명하는가?
2. 아가톤 향연의 각각의 연설자는 알키비아데스의 행위를 각자의 사랑 개념에 의해 어떻게 설명할 것인가(혹은 할 수 있는가)?
3. 알키비아데스는 비극적 인물로 혹은 희극적 인물로 드러나는가? 소크라테스가 비극적 인물이라는 것이 가능한가 혹은 그의 철학적 소명은 비극의 본성과 불일치하는가?
4. 플라톤은 시인으로서 더 나은가 철학자로서 더 나은가?

4장 수용과 영향

> [우리는] 엄격한 의미에서 그 자체로 완결되고 안과 밖으로 완전한 플라톤의 텍스트가 있다고 믿지 않는다. 그렇다고 우리는 그것이 도처에서 새고 그 요소들이 구별되지 않은 채로 혼란에 빠질 수 있다고 생각해야만 하는 것은 아니다. 오히려, 만일 엄격하게 그리고 신중하게 명료화가 이루어진다면, 우리는 플라톤의 텍스트에서 현재의 말을 부재한 말과 연결시키는 매력적인 숨거진 힘들을 틀림없이 간단히 풀어낼 수 있다.
>
> Derrida(1981, 130쪽)

> 신화가 최대한으로 우리를 가르쳐 줄 때, 그 신화를 제대로 이해한 사람은 신화가 분리시켰던 것을 그것을 통해 다시 결합할 수 있다.
>
> Plotinus(1967, 3. 5. 9. 28, 9)

플라톤의 『향연』은 사랑에 대한 심오한 논의뿐만 아니라 다양한 서술 방식과 텍스트의 애매성을 지니고 있어서 광범위한 다양한 해석을 초래했고 다양한 많은 곳에서 나타났다. 그것은 수많은 방식으로 각색되었는데, 이러한 것들 가운데 조너선 밀러(Jonathan Miller)가 감독하고 주연 배우 레오 맥컨(Leo McKern)이 소크라테스의 역을 한 1965년 BBC 텔레비전 극 『술잔치』(*The Drinking Party*)와 마르코 페레리(Marco Ferreri)가 감독하고 아이린 파파스(Irene Papas)가 디오티마

역으로 주연한 1989년 판 『향연』(*La Banquet*)이 있다. 더 최근에는 독일 극작가 벤노 부드구스트(Benno Boudgoust)가 그것을 그의 2007년 작품 『위대한 삶』(*Das Grandiose Leben*)으로 각색했다. 철학 저작 가운데 현대 클래식 음악(Erik Satie의 1918년 작품 *Socrate*(*Drame Symphonique*), Leonard Bernstein의 1954년 작품 *Serenade: After Plato's Symposium* 그리고 Luigi Nono의 1980년 현악4중주 작품 *Fragmente-Stille, an Diotima*[이 곡은 횔덜린을 통해 플라톤을 읽는다])과 록-오페라(John Cameron Mitchell과 Stephen Trask의 1998년 작품 *Hedwig and the Angry Inch*)에 영감을 불어넣었다고 자부할 만한 저작은 별로 없다.

철학, 신학, 문학, 정신분석 그리고 성에 대한 연구에 걸쳐, 플라톤 이래로 『향연』 수용의 풍부함과 다양성을 지적하기 위해서, 단지 소수의 후대 작가와 사상가들에 대해서만 논의할 수밖에 없다. 『향연』의 영향을 받은 많은 사람은 그것을 선택적으로 인용하고, 그 전체보다는 하나 혹은 그 이상의 주제 혹은 모티브들을 이용한다. 이를 염두에 두고서, 나는 자주 사용되는 일곱 개의 주제 혹은 모티브들로 간단히 개관할 것이지만, 많은 것이 겹친다는 것을 충분히 인식하고 있다. 여러 경우에, 나는 또한 특별한 사상가들이나 작가들과 관련해서 좀 더 자세히 부가적으로 언급할 것이다.

4.1. 철학적 향연

플라톤 『향연』의 영향력을 알 수 있게 해 주는 척도는 이후 심포시온(*Symposion*)의 장르가 남성적 전통의 전승을 위한 자리로부터 철학적 논의를 위한 수단으로 전환되었고, 수많은 문학적 그리고 철학적 향연을 산출했다는 점이다. 이것들 가운데 어떤 것은 진지하고 어떤 것은 재미를 위한 것이다. 많은 저자는 하나의 주제를 발전시키거나 일관된 플롯을 펼쳐 보이기보다는 그들의 박식함을 보여 줄 기회를 마련하는 데 더 관심이 많았다. 흥미 있는 것들로는 아테나이오스(Athenaios)의 『학식 있는 잔치 손님』(*Deipnosophistae*, 글자 그대로는 연회의 소피스테스), 플루타르코스(Plutarchos)의 『칠현인의 향연』(*Tōn epta sophōn symposion*), 타키투스(Tacitus)의 『웅변술에 대한 대화』(*Dialogus de Oratoribus*), 그리고 마르코비우스(Marcobius)의 『사투르누스의 축제』(*Saturnalia*)가 있다. 나는 플라톤에게 분명히 빚지고 있으며 의미 있는 문학적 혹은 철학적 장점을 지닌 두 향연에 대해 간단히 고찰할 것이다. 이것들은 페트로니우스 아르비테르(Petronius Arbiter: 기원후 약 27–66년)의 『사티리콘』(*Satyricon*)으로 일반적으로 알려져 있는 『사티리카』(*Satyrica*)와 올림포스의 메토디우스(Methodius of Olympus: 서기 약 311년에 사망)의 『순결함에 관한 향연』(*Symposion he peri hagneias*)이다. 이 작품들은 플라톤의 『향연』이 고대에 얼마나 폭넓은 반응을 불러일으켰는지 잘 보여 준다.

타키투스에 의해 '세련되게 방탕한 사람' (*Annals* 16.17–20)으로 묘사되었지만, 페트로니우스는 로마 네로 황제의 궁정에서 우아함을 판정하는 사람이었다. 일종의 소설인 『사티리콘』은 단지 단편만이 남아 있다.[1] 그것의 기본적인 형태는 고대 그리스의 연애 관습을 순진한 소

1 페트로니우스는 그리스의 연애 소설의 형식으로 작업하고 있지만, *Satyricon*은 자주 메니포스의 풍자(Menippean satire), 즉 산문과 시가 혼합된 특징과 넓은 범위에 걸친 말투를 종종 보여 주는 문학적 혼합물로서 기술된다. 키케로는 그의 *Academia*에서 바로(Varro)로 하여금 다음과 같이 빈정거리게 한다. "나는 메니포스(Menippos)를 모방하면서 … 철학의 심오함과 논리적 언사로부터 유래하는 풍부하게

년-소녀 연인들의 불행을 소재로 풍자하는 것이지만, 페트로니우스는 의식적으로 플라톤과 『향연』을 참조한다. 여기서 주된 행위는 해설자인 엔콜피우스(Encolpius)와 그의 이전 연인인 아스킬투스(Ascyltus) 그리고 두 사람이 모두 구애하고자 하는 변덕스러운 소년 기톤(Giton) 간에 있는 그렇게 순진하지만은 않은 성적 사랑의 모험에 초점이 맞춰진다. 현존하는 단편은 수사술에 반대하는 긴 열변을 토하는 엔콜피우스의 이야기로 시작하는데, 그는 어떤 사람도 '달콤한 말들'(honey-balls of phrases)의 그러한 식사를 이해할 수 없다고 불평한다.[2] "나는 플라톤 혹은 데모스테네스가 이런 종류의 어떤 훈련을 했다는 것을 분명히 알지 못한다"(2). 오히려 그들의 스타일은 "그 자연적 아름다움에 의해서 최고가 된다"(2). 나중에, 텍스트는 기톤이 그를 사랑해 준 데 대해 성적 능력이 없는 엔콜피우스에게 다음과 같이 풍자적으로 감사를 표할 때 명백히 플라톤을 참조한다. "소크라테스만큼 진실된(Socratica fide), 알키비아데스는 그의 스승의 침상에 그렇게 순수한 마음으로 눕지 않았다"(128). 그 밖의 곳에서, 에우몰푸스(Eumolpus)라는 이름의 호색적인 시인은 소크라테스와 알키비아데스의 이야기를 풍자적으로 전도시킨 페르가몬의 소년 이야기를 해 주는데, 여기서 그는 자신이 돌보고 있는 소년을 유혹하기 위하여 어떻게 은밀하게 계획을 세웠는지 설명한다. "특히 소년의 어머니는 나를 세상의 감각적 쾌락을 넘어선 철학자로서 생각한다"(85). 에우몰푸스는 그가 소년을 유혹하고자 하는 만큼 그 소년도 유혹되기를 바라고 있다는 것을 곧 알게 된

혼합된 요소들을 어느 정도 유쾌하게 취급했다"(1.2.8). 어떤 이론가들은 메니포스의 풍자에서 소설의 원형을 본다(Bakhtin, 1984, 113-121쪽). 또한 Frye(1971, 309-312쪽)를 참조하라.

2 Petronius, 1969, 1쪽.

다. 사실상, 소크라테스란 인물을 술 취한 호색적인 스승으로 이렇게 전도시키는 것은 향연을 주제로 하는 수많은 대화에서 자주 있는 희극적 모티브인데, 예를 들어 아테나이오스의 「학식 있는 잔치 손님」이 그러하다.

『사티리콘』의 가장 유명한 에피소드는 『트리말키오의 만찬』(*Cena Trimalchionis*: 26–79)으로 알려져 있다. 엔콜피우스, 아스킬투스 그리고 기톤은 자유민이 된 부자 트리말키오가 주최하는 향연에 참석한다. 『향연』의 신술궂은 풍자인 이 향연은 트리말키오의 자기애에 대해 술에 만취해서 하는 기괴한 예찬인데, 그가 손님들의 일련의 찬사를 즐길 수 있도록 장례식 무대를 마련하는 데서 절정에 이른다. 이 향연은 아가톤의 향연처럼 혼란에 빠지는데, 이 경우에는 소방단이 애도하는 트림펫 소리를 듣고서 집이 불타고 있다고 믿고 요란한 소리를 내고 왔을 때 그렇게 된다. 직접적으로 알키비아데스의 등장을 모델로 한 이전의 에피소드에서(65), 트리말키오의 술 취한 건축가인 하비나스(Habinnas)는 머리에 화관을 쓰고 그의 부인의 부축을 받으며 도착한다.[3] 『향연』에 대한 이 모든 참조와 암시에서, 페트로니우스는 플라톤을 빈정대고 있는 것이 아니라 그의 '영웅들'의 비철학적 본성을 강조하기 위해서 플라톤과 비교하고 있는 것인데,[4] 이는 가짜 영웅시와 유사한 희극의 전략이다.

메토디우스의 『향연』은 이와 정반대의 성격을 갖고 있다. 에우불리우스(Eubulius)로서 알려져 있기도 한 올림포스의 메토디우스에 대해서는 알려진 것이 거의 없다. 서방과 동방 교회 모두에서 성자인 그의 축일은 서방 예배 달력으로 9월 18일이고, 그리스 정교회 예배 달력으

3 A. Cameron, 1969, 368쪽.

4 같은 책, 368쪽.

로는 6월 20일인데, 여기서 그는 '순교한 성직자' (*Hieromartyr*)란 이름으로 지칭된다. 그는 포괄적인 철학적 교육을 받았는데, 이를 순결함의 개념 아래 통합된 바울의 그리스도론에 적용한다. 메토디우스의 『향연』은 플라톤의 것과 같은 극적인 서술과 긴장감을 결여하고 있고, 주제를 이탈하여 성서에 대한 비유적 해석뿐만 아니라 음식, 식물, 어원, 그리고 수의 상징주의에 대한 해석을 자주 길게 언급한다. 그럼에도 그는 세련된 풍자를 제공하고 있고, 남성들의 술잔치에 대한 플라톤의 설명을 정원에서의 여성들의 축연으로 변환한다. 그는 정교한 일련의 대응관계를 사용한다. 플라톤의 향연은 아가톤(고귀함)에 의해 주최되고, 논의되는 주제는 사랑(*erōs*)인 반면에, 메토디우스의 향연은 아레테(덕)에 의해 주최되고, 논의되는 주제는 순결함 혹은 순수성(*hagnos*)이다.

실레노스를 암시하는 비유에서, 한 연설자인 마르켈라(Marcella)는 자신의 육체를 순결하게 유지하는 것의 중요성에 대해 말한다. "우리가 신전들 안에 있는 상들보다 신전들을 더 중요한 것으로 자랑해서는 안 되는 것과 마찬가지로, 우리는 육체 안에 있는 상들인 영혼을 또한 보살펴야만 한다."[5] 아가테(Agathe)의 연설은 파우사니아스에 의해 기술된 천상의 아프로디테와 세속의 아프로디테를 현명한 처녀와 바보스러운 처녀의 우화로 바꾸어 놓는다(마태복음 25장 1-13절). 아가테는 영적인 아름다움에의 적절한 이끌림과 육체적 아름다움에의 거짓된 이끌림에 의해서 이런 구별을 한다.

가장 흥미 있는 연설 중의 하나는 테클라(Thecla)의 연설인데, 교부(教父) 전통에 따를 때 그녀는 성 바울의 동료이다.[6] 성의 역할이 상징

5 Methodius of Olympus, 1958, 42쪽.

6 동방 교회에서 널리 존경을 받았던 성 테클라는 바울의 '순결함에 대한 논의'에

적으로 전도되어서, 그녀는 소크라테스 그리고 연장해서는 바울에 상응하고, 신적인 비의(秘儀)에 대한 부재한 선생은 디오티마에 상응한다. 그녀는 (플라톤의 『크라틸로스』에서 영감을 받은 기술인) 단어 상징주의의 '순수한 비의'에 입문한 사람들만이 비상할 수 있다고 논증하면서, *parthenia*(처녀)는 어원적으로 *par[a]theia*(신 옆에 있는)와 연관된다고 주장한다. 그리고 이를 가정하고서 순결함이 천상으로의 비상에 근본적이라고 논증한다. 『파이드로스』에서의 영혼과 디오티마의 임신한 영혼을 합치고 있는 비유적인 묘사를 통해서, 테클라는 다음과 같이 주장한다. "쾌락이나 고통에서 벗어나 있는 것, 이보다 더 좋은 것을 발견하는 것은 불가능하다. 그리고 그것으로 임신해 있는 영혼의 날개들은 참으로 더 튼튼하고 더 가볍게 되어, 인간의 이해관계를 벗어나 날아가도록 날마다 익숙해진다."[7] 이러한 도덕적 상승의 목표는 정의, 사랑, 진리 그리고 분별이 그 자체로 그 안에 있는 신적인 영역이다.[8]

4.2. 실레노스적인 텍스트들

알키비아데스의 수사법에 영감을 받아서, 그 이후의 많은 작가는 실레노스의 형상, 즉 겉으로는 추하거나 우스꽝스러워 보이지만 안으로는

고무되어 기원후 1세기에 그의 추종자이자 동료가 된 것으로 알려져 있다. 그녀는 신약성서에는 등장하지 않고, 그녀의 이야기는 경외서인 『바울과 테클라 행전』에 나타나는데, 이 책은 Nyssa의 Gregorious를 포함하여 Ambrosius, Chrysostom, Eusebius 등 수많은 초기 교부들이 그녀의 존재를 주장하는 그럴듯한 전거이다.

7 Methodius of Olympus, 1958, 105쪽.

8 같은 책, 107쪽.

아름다운 것을 이용한다. 그 연장선에서 더 분명하게 말한다면, 희극적이고 재미있어 보이고 혹은 괴상한 것으로 보이는 텍스트가 진지한 것일 수 있다는 것은 텍스트의 비유적 혹은 상징적 독해를 위한 대중적인 메타포가 되었다. 이러한 수사법은 네덜란드 인본주의자 로테르담의 에라스무스(Erasmus: 약 1469–1536)로 말미암아 많이 대중화되었다. 그의 『격언집』(*Adages*)은 유럽의 지성인 집단에 널리 퍼졌고, 1500년에 처음 간행되었을 때 818개의 표제어가 있었는데 1508년 Aldine 판에서는 3260개로 늘어났다. 『격언집』은 그리스와 로마의 속담과 격언을 모아 놓은 것인데, 이를테면 '천천히 서둘러라' (*Festina lente*), '헤라클레스의 12가지 공적' (*Herculei labores*), 그리고 '전쟁은 겪어 보지 않은 자에게는 달콤하다' (*Dulce bellum inexpertis*)와 같은 것이 그런 것들이다. 각각에는 주석이 붙여졌고, 그중 많은 것은 인본주의 이론을 설명하는 에세이로 발전했다.

격언들 가운데 가장 인용이 많이 되는 것으로 '알키비아데스의 실레노스' (*Sileni Alcibiades*)가 있는데, 에라스무스는 아테나이오스, 크세노폰, 안티스테네스, 그리고 플라톤을 인용하면서 처음으로 고전의 원천을 추적했고, 이 인물에 대한 관습적인 독해를 빛나게 한다. "그러나 당신이 이 실레노스를 열어젖히자마자, 불합리해 보일지라도, 당신은 인간이라기보다 신, 즉 위대하고 고상하며 참으로 철학적인 영혼을 발견한다" (Erasmus, 1967, 78쪽). 그는 곧바로 일련의 유비들을 정교하게 고안해서 플라톤의 모티브와 기독교 신앙을 연결시킨다. "그러나 예수는 모든 이 중에서 가장 이상한 실레노스가 아닌가?" (1967, 79쪽)라는 언급은 예수의 겸손한 삶, 가난한 자와의 결연, 쾌락에 대한 거부, 그리고 궁극적으로는 '십자가에서 조롱받음' 을 가리킨다. "그러나 만일 우리가 이 실레노스-상을 더 정확히 볼 수 있는 안목을 가질 수 있다면, 즉 정화된 영혼의 눈으로 스스로 볼 수 있다면, 당신은 거기서 말로 표현할 수 없는 풍부한 것들을 발견할 것이다"(79쪽). 이러한 사고 선상에서, 그는 예언자인 세례자 요한과 성서 자체에 관해서 계속 유사한 주장을 한다. "만일 당신이 외면적인 것에만 머물러 있다면, 사물은 때때로 불합리해 보일 수 있다. 그러나 당신이 정신적 의미를 간파한다면, 신적인 지혜를 경배할 것이다"(82쪽). 그는 종교개혁가의 비판을 뒷받침하기 위해 수사 어구를 전도시켜서, 부에 관심을 갖는 성직자들 혹은 겉치레와 세속적인 권력에 관심을 갖고 있는 교황에 대해 수사학적으로 묻는다.

에라스무스는 실레노스의 모티브를 정치적 개혁론자의 메시지를 위해 사용하는 것 이외에, 수사학과 종교적인 진리를 전달하기 위한 수단으로서의 문학에 대한 인본주의적 관심을 갖도록 사용하는데, 이는 스콜라 철학의 이성주의(그는 이것에 자주 스토아학파의 옷을 입힌다)가 기독교의 독특한 성격을 파악하거나 전달하는 데 부적합하다는 확신을 부분적으로 보여 주는 것이다. 오히려, 그것은 텍스트에 대한 정신적 독해에 입문한 사람들의 (몰아경의) 통찰을 요구한다. 이 점에서 우리는 에라스무스의 가장 대중적인 저작인 『우신예찬』(*Moriae Encomium*, 1511)의 기초가 되고 있는 몰아(沒我) 신학의 초기 발전을 볼 수 있는데, 이 작품은 실레노스적인 특성과 그 형식, 즉 어리석음(*Stultitia*)이 자신을 칭찬하는 찬사 형식으로 말미암아 플라톤 그리고 『향연』과의 연관성을 보여 준다.[9] 에라스무스는 단어를 정교하게 구사해서 종교적 몰아, 신비주의, 예언, 광기, 그리고 술 취함을 연결한다(M. A.

9 제목 *Encomium Moriae*는 여러 나라 말로 표현되는 재담인데, 그리스어로는 어리석음(*Moria*)에 의한 예찬을 그리고 라틴어로는 토마스 모어(*Moriae*)를 찬양하는 연설을 함축한다.

Screech, 1980, 51–61쪽).[10] 그 결과는 사랑에 대한 플라톤적인 비전에 깊은 영향을 받은 신적인 어리석음으로서의 기독교의 비전이다. "예수 역시, 비록 그가 하나님 아버지의 지혜일지라도, 인류의 어리석음을 돕기 위해서 그 자신 스스로 바보가 되었다."[11]

프랑수아 라블레(François Rabelais)의 『가르강튀아』(*Gargantua*) '서문'은 에라스무스에게서 영감을 얻었고, 그의 텍스트의 괴상한 농담을 정당화하기 위해서 플라톤, 소크라테스, 그리고 실레노스에 호소한다. 비유를 한 단계 더 발전시켜, 그는 그의 실레노스적 텍스트의 독해와 해석의 작업을 철학적인 개가 골수가 들어 있는 뼈를 깨려는 것에 비교한다. "그런 예를 따르자면, 당신이 킁킁거리며 냄새를 맡아 그와 같이 좋고 두꺼운 책들의 진가를 알아채기 위해 예민한 후각을 발달시켜야 하고, 추적에서는 재빨라야 하고 공격을 함에 있어서는 대담해야 하며, 그다음에는 조심스러운 독해와 명상을 자주 함으로써 뼈를 부수어 열어서 실체적인(*sustantificque*) 골수를 찾아야 하는 것은 당연한 일이다."[12] 개의 이미지는 그 명칭이 *kunikos*(개와 같은)에서 유래한 키니코스학파(견유학파)인 디오게네스와 소크라테스가 애호하는 맹세인 "개에 맹세코"(*ma ton kuna*) 둘 다를 가리킨다.

실레노스적 텍스트의 모티브를 가장 독창적으로 표명한 것 중의 하나는 덴마크의 철학자이며 신학자인 쇠렌 키르케고르(1813–1855)에게서 유래한다.[13] 전체로서의 『향연』의 의미를 평가하면서, 그는 그의

---

10 Ecstasy, *ekstasis*는 전치사 *ek*('…으로부터')와 *stasis*('처지')로부터 유래하는 말인데, 글자 그대로는 '처지에서 벗어남' 그리고 비유적으로는 '황홀' 혹은 '놀람'을 뜻한다. *Ekstasis manikē*는 문맥에 따라서, '광기', '두려움', '황홀' 혹은 '술 취함'을 뜻할 수 있다.

11 Erasmus, 1971, 198쪽.

12 F. Rabelais, 2006, 207쪽.

일기에 다음과 같이 썼다. "우리가 『향연』에서 발견하는 것은 남자를 고귀하게 만드는 사랑의 힘 혹은 에로스를 통한 남자의 재탄생에 대한 말로 형언할 수 없는 놀라운 표상이다."[14] 『이것이냐, 저것이냐』(1843)는 문학과 철학에 대한 키르케고르의 첫 번째 의미 있는 기여이다. 플라톤과 북유럽의 인본주의자들에게서 영감을 받아서, 그는 수많은 익명의 저자들을 창조한다. 『이것이냐, 저것이냐』는 빅터 에레미타(은둔자 빅터, 비밀스러운 지식의 소유자)의 서술로 전개된다. 빅터는 가게에서 책상 하나를 발견하고 사지만 그것을 열 수가 없어서 손도끼로 부수어서 열게 되고, 거기서 문서 뭉치를 발견하게 되는데, 그는 이것을 두 그룹, 즉 '이것' (*Enten*)과 '저것' (*Eller*)으로 구분한다. 첫 번째 그룹은 'A'로 이름 붙여진 미학자이며 낭만적인 풍자 작가에 의해 작성된 미학, 사랑과 절망에 대한 7개의 일련의 논의들을 포함하는데, 이는 요하네스가 쓴 『유혹자의 일기』에서 발췌된 것이다. 두 번째 그룹은 판사 빌헬름으로 확인된 더 나이가 많은 결혼한 친구가 'A'에게 쓴 두 통의 긴 편지로 구성된데, 이것은 성숙한 결혼의 덕들을 찬양한다. 이것들에 유틀란트 반도의 주임목사의 설교가 덧붙여진다. 『이것이냐, 저것이냐』는 빗대어서 그리고 포착하기 어려운 방식으로 말하는 표현들로 가득하고, 모차르트의 『돈 조반니』, 괴테의 『빌헬름 마이스터』, 헤

13 1841년에 키르케고르는 『아이러니의 개념, 소크라테스를 한결같이 참조해서』라는 표제하의 주장을 옹호했다. 여기서 그는 낭만주의자들, 특히 Fichte, Tieck, Schlegel 같은 사람들에 의한 아이러니의 사용을 부정을 위해 부정하는 것으로서, 모든 지식을 무의미한 것으로 만드는 상대주의로 귀결되는 것으로서 공격한다. 그러나 소크라테스는 참되게 아이러니를 사용하는 사람의 좋은 예이다. 그는 그의 세계의 현실성을 부정하지만, 현실성을 전적으로 부정하는 것은 아니다. 이런 방식으로 참되게 아이러니를 사용하는 사람은 새로운 현실성을 위한 길을 열어 준다. 비록 그가 그것이 무엇인지 모른다 할지라도.

14 S. Kierkegaard, 1996, 134쪽.

겔의 『정신현상학』과 같은 다양한 작품들을 이용하고 있다. 그럼에도 가장 피상적으로 대략 보더라도, 헤르메스 상들(*hermai*), 실레노스적인 책상/텍스트, 연속된 미학적 에세이들, 그리고 유혹자에 대한 설명에서 『향연』이 반향을 일으키고 있다는 것을 분명히 볼 수 있다.

'이것' (*Either*)의 많은 부분은 『향연』의 아이러니한 전도로서 읽을 수 있는데, 여기서 에로스적인 것에 관한 것은 다른 방식이 아니라 미적인 것으로 생각되고 있다. 두 번째 에세이 '에로스적인 것의 직접적인 단계들 혹은 음악적이며 에로스적인 것' 에서 'A' 는 음악적 경험을 세 단계의 에로스적인 것으로 이루어진 것으로서 특징짓는데, 이것은 디오티마의 사다리를 거꾸로 한 것이다. 가장 낮은 단계는 (모차르트의 『피가로의 결혼』에 나오는) 케루비노의 것으로서, 그는 사랑의 욕망에 눈떴지만 그 대상을 갖지 못하고 있다. 두 번째로 (모차르트의 『마술피리』에 나오는) 파파게노는 한 대상에 대한 성적인 욕망을 갖고 있지만 이를 충족하지 못하고 있다. 그리고 마지막으로 (모차르트의 『돈 조반니』에 나오는) 돈 조반니는 만족하지 못하면서도 계속해서 여러 대상들과 사랑을 하는 욕망을 지니고 있다. 디오티마의 용어로 말하자면, 영원히 만족하지 못하고 개별자들의 사랑을 절대로 넘어설 수 없는 사랑하는 자들만이 우리에게 남아 있다. 『유혹자의 일기』는 거꾸로 하기(inversion)의 유사한 패턴을 따르는데, 여기서 요하네스는 그의 '연인' 코데리아의 내면성을 무시하고 겉모습으로만 파악하여 그녀의 아름다움과 정신을 가둔다.

4.3. 플라톤적인 사랑

'플라톤적인 사랑' (*Amore Platonico*)이란 표현은 피렌체의 철학자 마르실리우스 피치누스(Marsilius Ficinus: 1433–1499)에 의해 처음 만들어졌다. 그는 친구 알라만노 도나티(Alamanno Donati)에게 쓴 편지에서, 플라톤의 아카데미아 구성원들을 공동체로 결합시키고 궁극적으로는 신에게로 이끄는, 친구들 사이의 지적인 사랑을 나타내기 위해 이 표현을 사용했다.[15] 이로부터 우리가 플라톤적인 사랑을 육체적인 것을 함축하지 않는 순수한 정신적 사랑으로서 규정하는 좀 더 관습적인 현대적 사용 방식이 생겨났다. 동시에 많은 독자는 그것을 『파이드로스』와 『향연』에서 표현된 동성애에 대한 강한 공감과 연결한다. 실로, 피치누스 자신은 플라톤의 『향연』에 대한 그의 주석서인 『사랑에 관하여』(*De amore*, 1469)를 그의 친구이자 동료인 시인 조반니 카발칸티(Giovanni Cavalcanti: 1444–1509)에게 헌정했는데, 그는 이 시인을 자주 '나의 완전한 사랑 조반니' 라고 불렀다. 플라톤의 동성애는 신에 대한 헌신을 공유한 남자 친구들 사이의 순결한 관계로 '정화' 되었다. 피치누스의 견해는 피에트로 벰보(Pietro Bembo)의 『글리 아졸라니』(*Gli Asolani*, 1505)와 발데사레 카스틸리오네(Baldassare Castiglione)의 『정신론(廷臣論)』(*Il libro del cortegiano*, 1528)에 의해 대중화되었고 이성애로 바꾸어 표현되었다.

그럼에도 동성애와 동성애적 감정의 정당화는 중요한 흐름으로 남는다. 오스카 와일드(Oscar Wilde)의 '감히 그 이름을 부를 수 없는 사랑' 에 대한 유명한 옹호는 많은 사람의 견해를 표현하고 있다. "[그것

15 P. O. Kristeller, 1964, 285, 286쪽.

은] 데이비드(David)와 조너선(Jonathan) 사이에 있는 것과 같은, 나이든 남자가 더 나이 어린 남자에게 갖는 위대한 감정으로서, 플라톤이 바로 그의 철학의 토대로 삼았던 것 그리고 당신이 미켈란젤로와 셰익스피어의 소네트에서 발견할 수 있는 그러한 것이다." 그리고 그는 다음과 같이 덧붙인다. "그것은 아름답고, 훌륭하며 가장 고귀한 감정의 형태이다. 그것에 관해서 자연스럽지 않은 것은 없다. 그것은 지적인 것이며, 나이든 사람이 지성을 갖고 있고 젊은 사람이 그 앞에서 삶의 환희와 희망 그리고 황홀한 매력을 느낄 때 나이든 남자와 젊은 남자 사이에 언제나 반복적으로 존재한다."[16] 『구렁텅이에서』(*De Profundis*)에서, 와일드는 그의 사랑의 편지들은 "플라톤의 『향연』을 읽은 사람들 혹은 그리스 대리석 조각에 아름답게 구현된 어떤 엄숙한 정신을 파악한 사람들"에 의해서만 적절히 이해될 수 있다고 제시한다.[17] 동성애를 옹호하는 철학적 대화인 앙드레 지드의 1925년 작품 『코리동』(*Corydon*)은 사랑에 관한 소수의 진지한 이론가들에 속하는 사람들로서 플라톤과 그의 『향연』의 손님들을 인용한다.[18] 비슷하게 롤랑 바르트의 『사랑의 단상』(*A Lover's Discourse*, 1977)은 고독한 연인에 대한 그의 성찰에서 『향연』으로부터 수많은 구절을 인용한다. 바르트는 소크라테스의 이상함(*atopia*)에 대한 알키비아데스의 좌절을 반영하고 그것에 통찰을 덧붙이는 용어로 다음과 같이 쓴다.

> 혹은 다시, 다른 사람을 규정("그는 무엇인가?")하려고 하는 대신에, 나는 나 자신에게로 향한다. "나는 당신을 알고자 원하면서, 무엇을 얻고자 하

---

16 N. McKenna, 2005, 391쪽.

17 O. Wilde, 2000, 702쪽.

18 A. Gide, 2001, 32쪽.

> 는가?" 만일 내가 당신을 인간이 아니라 힘으로서 규정하기로 결정한다면 무슨 일이 일어날 것인가? 그리고 만일 내가 나 자신을 당신의 힘에 대립하는 다른 힘으로서 상정한다면? 다음과 같은 일이 일어날 것이다. 다른 한쪽의 나는 오로지 그가 나에게 주는 고통 혹은 쾌락에 의해서만 규정될 것이다(1977, 135쪽).

4.4. 좋은 것과 아름다운 것

플라톤은 중세 동안에도 전적으로 사라지지 않고 플로티누스(Plotinus: 기원후 205-270), 니사의 그레고리우스(Gregorius: 약 335-398), 성 아우구스티누스(St. Augustinus: 354-430), 프로클로스(Proklos: 410-485), 위-디오니시오스(Pseudo-Dionysius: 4세기 후반, 5세기 초반) 등의 작품들 속에 그 이름과 함께 현존해 있었지만, 마르실리우스 피치누스는 대화편들과 편지들을 번역하고 그의 중요한 작품인 『플라톤의 신학』(*Theologia platonica*, 1474)뿐만 아니라 많은 주석서를 집필함으로써 그를 서구 사유와 문화에 재소개하는 데 결정적인 역할을 했다. 그는 플라톤을 기독교화하려고 했고, 고전기의 이교도적 사유와 기독교 사이에 다리를 놓으려 했으며, 플라톤과 성 바울에서의 사랑 개념이 같은 것이었음을 논증하고자 했다. 더 나아가 그는 미의 가치를 진리와 선과 동일시하고자 했으며, 이를 통해서 수사학과 시에서 인간적인 관심을 정당화하고자 했다. 마지막으로 그는 시각 예술과 문학에 대한 기독교적 해석을 가능하게 했던 우의적(allegorical) 해석 방식을 재도입하는 데 이바지했다.[19] 그의 전반적인 영향력은 아리스토텔레스적인(스콜라학파적인) 사고방식에서 발견되는 중세 시대에 특징적인 사랑에 대한 자연주의적 개념을 르네상스에 특징적인 이상적인 아름다움에 대한 욕망으로서의 사랑에 대한 정신적인 개념으로 전환시키는 데 이바지했다. 피치누스의 기독교적인 플라톤주의의 영향을 받은 사람들 가운데 에라스무스와 존 콜렛(John Colet: 약 1467–1519)이 있다.

『향연』의 주석서인 피치누스의 『사랑에 관하여』(*De amore*)는 허구적인 철학적 향연의 형식을 취하고 있는데, 이것은 부분적으로는 플라톤에게서 그리고 부분적으로는 단테의 『향연』(*Convivio*)(이것은 그 자체로 플라톤의 향연에서 간접적으로 영감을 받은 것)에서 영감을 받은 것이었다. 식사 후에, 피치누스 자신과 카발칸티 그리고 시인 크리스토포로 란디노(Cristoforo Landino)를 포함하는 7명의 향연 참석자들은 『향연』의 연설들 중의 하나에 대해 논평을 한다. 결과적으로 이것들은 논평 자체라기보다는 사랑에 관한 다양한 생각들을 그리고 최종적으로는 피치누스 자신의 철학적 견해들을 개관하는 수단이 된다. 예를 들어 란디노는 아리스토파네스를 명시적으로 논평하면서, 육체는 지속적인 흐름의 상태에 있기 때문에 플라톤이 남자를 가리킬 때 영원하고 불변하는 영혼을 의미했음에 틀림없다고 논증한다.[20] 여섯 번째 연설에서 톰마소 벤치(Tommaso Benci)는 파우사니아스의 세속적인 사랑과 천상의 사랑(Venuses)을 디오티마의 페니아와 포로스에 연결하는데, 이것은 플로티누스에게서 영감을 받은 것이다.[21] 마지막 연설은 『파이드로스』에서 기술된 광기의 단계들에 관한 이야기를 되풀이하고 있지만, 다음과 같이 결론 내린다. "모든 [광기] 중에서 가장 강력하고 탁월한 것은 사랑의 광기이다. 다른 모든 것은 반드시 그것을 필요로 하기 때

19 C. Trinkaus, 1983, 30, 31쪽.

20 M. Ficino, 1985, 75쪽.

21 같은 책, 115–118쪽.

문에, 나는 그것을 가장 강력하다고 말한다. 왜냐하면 우리는 엄청나고 강렬한 열정, 신성에 대한 지칠 줄 모르는 경배 없이는 시나 신비나 예언에 도달하지 못하기 때문이다." 혹은 성 바울의 수사학적 리듬을 되풀이하여(고린도전서 13장 13절), "그러나 사랑 말고 무엇을 열정, 경건함 그리고 경배라고 부르겠는가?"라고 결론 내린다.[22]

4.5. 세속적인 사랑과 천상의 사랑

세속적인 사랑과 천상의 사랑 사이의 파우사니아스의 구분은, 페니아(빈곤)와 포로스(풍요)로부터 에로스의 탄생에 대한 디오티마의 우의적 설명과 자주 결합되어서, 수많은 사상가의 상상력을 사로잡았고, 사랑과 인간 심리의 애매성을 다루는 손쉬운 방법을 제공했다. 아풀레이우스(Lucius Apuleius)와 플루타르코스 같은 중기 플라톤주의자들은 에로스를 물리적 우주와 동일시한다.[23] 플루타르코스는 『이리스와 오시리스에 대하여』(*On Iris and Osiris*)에서, 신화에 대한 기술을 조화시키려고 하는 확장된 시도를 하면서, 에로스를 이집트의 신 호루스(Horus)와 동일시하고, 양자를 자연에 대한 상징적 표현으로서 연결한다.

---

22 같은 책, 171, 172쪽.

23 『소크라테스의 신에 관하여』(*De Deo Socratis*)에서, Lucius Apuleius는 다이몬에 관해 논의하면서 『향연』을 인용한다. 그는 다이몬을 "종류에 있어서는 생명체이고, 정신에 있어서는 이성적 창조물이고, 기질에 있어서는 감수성이 강하고, 몸체는 공기(*aer*)[물질과 에테르 사이의 투명한 요소]로 구성되어 있고, 시간에 있어서는 영속적인 것"으로 규정한다(Apuleius, 2001, 205쪽). 『황금 당나귀』(*The Golden Ass*)로 알려진 그의 '소설' 『변신』(*Metamorphoses*)에서 Apuleius는 큐피드(에로스)와 프시케(영혼)의 사랑과 고난 그리고 프시케가 계모인 비너스(아프로디테)가 부여한 시험들로 고투하는 것을 상상함으로써 디오티마의 우화에 대한 대안을 제공한다.

에로스/호루스는 질료인 페니아와 형상 혹은 로고스인 포로스의 산물이다. 다른 한편, 플로티누스의 신플라톤주의는 이런 견해를 거부하고, 에로스와 영혼의 비물질성을 주장한다. 예를 들어, 아도(Hadot, 1993, 48-63쪽)를 참조하라.

『엔네아데스』(*Ennead*) 3.5에서, 플로티누스(기원후 205-270)는 페니아와 포로스에 관한 디오티마의 우화에 대해 확장된 그리고 자주 불투명하기도 한 해석을 하고 있다. 처음에 천상의 아프로디테(단지 우라노스 혹은 크로노스의 딸 — 지성)와 세속적인 아프로디테(제우스와 디오네의 딸) 사이의 파우사니아스의 구분을 상기한 다음에, 그는 디오티마에게 나타난 것은 천상의 아프로디테임을 논증하는데, 이는 아프로디테 그리고 확장해서 에로스가 순수하고 초월적이며 물질적인 어떤 것과도 섞이지 않은 것임을 의미한다. 우주의 세속적인 영혼은 혼합된 본성을 소유한다. 페니아는 '지성에 의해 알 수 있는 것' (the intelligible)의 본성에 참여하고 '정신' (*Nous*, 플로티누스에서는 신성의 유출)을 직접 관조하지만, 형상화되지 않은 영혼으로서 자기 충족에 대한 모호한 욕망에 의해서만 활성화된다. 이것의 결과는 다음과 같다. "에로스는 그 자신 안에 비한정적이고 비이성적이고 끝없는 충동을 갖고 있기 때문에 순수한 이성적 원리가 아니다. 왜냐하면 에로스가 자신 안에 비한정적인 것의 본성을 지니고 있는 한, 그는 절대로 만족될 수 없을 것이기 때문이다."[24] 포로스의 술 취함에 의해 비유적으로 표현된 비이성적인 것은 "외적인 충족을 요구하는 욕망을 일깨운다"고 딜런(J. M. Dillon)은 주장한다. 그는 이것이 물리적 세계의 기원에 관한 플로티누스의 설명에서 그리고 참으로 초월적인 *Nous*가 존재의 낮은

24 Plotinus, 1967, 3.5 7.15 이하.

질서를 창조하려는 힘에 대한 설명에서 중심적인 것이라고 논증한다. "결과는 이중적이다. 물리적 세계를 창조하기 위해 영혼을 통해서 질료에 형상을 부여하는 에너지의 홍수가 유출되는 동시에, 각각의 존재 속에서 위로 향하려는 능력과 충동을 산출하는 신적인 힘인 에로스가 태어난다."[25] 이것은 우주적인 것에 투사된 디오티마의 '아름다운 것 안에서의 출산'과 비슷한 것으로 보일 것이다.

천상의 에로스와 세속적인 에로스 사이의 구분은 러시아 소설가 레오 톨스토이(Leo Tolstoy: 1828-1910)의 도덕 심리학에서 중요한 역할을 수행한다. 그 자신이 인정한 바에 따르면, 톨스토이는 플라톤과 『향연』의 깊은 영향을 받았다. 그는 1848년경 대화편들에 대한 세밀한 연구를 시작했고, 특히 『향연』과 『파이돈』(사랑과 죽음)에 이끌렸는데, 빅토르 쿠쟁(Victor Cousin)의 프랑스어 번역본들로 작업을 시작했고,[26] 1870년대에 이 두 작품을 다시 그리스어로 읽었다.[27] 플라톤에게 경의를 표하여, 톨스토이는 『전쟁과 평화』(1865-1869)에서 플라톤 카라타예프(Platon Karataev)라는 이름의 작지만 의미 있는 역할을 하는 등장인물을, 그리고 『안나 카레니나』(1873-1877)에서는 플라톤 포카니치(Platon Fokanych)를 포함시킨다.[28] 적절한 비유를 사용해서, 톨스토이는 그 자신의 철학을 끝도 없고 중간 혹은 시작도 없는 '원' 혹은 '구'로서 묘사하는데, 이는 플라톤의 아리스토파네스와 에릭시마코스

---

25 J. Dillon, 1969, 38쪽.

26 D. Orwin, 1983, 501쪽

27 I. Gutkin, 1989, 85쪽.

28 Robert L. Jackson은 『전쟁과 평화』에서 Platon Karataev의 오두막집의 가물거리는 불빛 속에서의 에피소드가 플라톤의 동굴의 비유를 암시할 수 있다고 본다. 비록 그것은 Karataev의 세계를 자기충족적인 이상으로 간주해야 하는지 아니면 환상으로 간주해야 하는지의 문제를 제기하지만 말이다.

를 상기시키는 표현들이다. “이런 견해의 진리 설득성(The persuasiveness of truth)은 그것의 내적인 일치, 그것의 조화에 달려 있다.”[29] 그는 1852년 11월 일기 첫 부분에 사랑에 대한 그의 견해를 다음과 같이 적었다. “나에게, 사랑의 주된 표시는 연인의 기분을 상하게 할지 모른다는 두려움 혹은 연인에 의해 사랑받지 못할 수 있다는 두려움 — 진정한 두려움이다.” 그는 동성애적 차원까지도 인정한다. “나는 남색의 가능성에 대한 그 어떤 이해를 갖기 전에 남자들과 사랑에 빠질 수 있었지만, 그것을 알게 된 다음에도 성교의 가능성에 대한 생각은 내 머릿속에 절대로 떠오르지 않았다.”[30] 이것은 “사랑하는 자의 편에서의 자발적인 도덕적 자제”[31]에 의해 특징지어지는 플라톤적인 사랑의 개념이다. 플라톤적인 사랑의 개념 이외에도, 톨스토이는 플라톤의 도덕 심리학과 예술과 미학에 대한 그의 견해에 이끌렸다. 『향연』은 『안나 카레니나』와 후기의 단편 소설 『크로이체르 소나타』(1889)에서 중요한 역할을 했다.

『향연』은 『안나 카레니나』에 직접적으로 삽입된다. 마음씨 좋은 콘스탄틴 레빈(Konstantin Levin)은 그의 연인 키티(Kitty Shcherbatsaya)에게 청혼하기 위해 페테르부르크에 왔다. 소설 앞부분에서, 그는 그의 친구인 방탕한 스티바 오블론스키(Stiva Oblonsky)와 저녁 식사를 하는데, 이 사람은 안나 카레니나의 오빠이고 키티의 자매의 남편이다. 이들은 우아한 레스토랑에서 만나서, 먹고 마시고 그리고 철학적 대화를 공유하는 일종의 향연을 벌인다. 대화는 키티를 향한 레빈의 사랑의 완전성에 대한 그의 믿음에 초점이 맞추어지는데, 이것은 세속적

29 D. Orwin, 1983, 511쪽.

30 같은 책, 502쪽.

31 같은 책, 504쪽 주 8.

인 사랑과 천상의 사랑 사이의 토론의 맥락 속에 주어진다. 레빈은 플라톤의 『향연』과 두 유형의 사랑을 분명히 상기한다. "두 종류의 사랑이 남자들에 대한 시금석 역할을 한다. 어떤 사람들은 단지 한 종류만을 이해하고, 다른 사람들은 다른 종류만을 이해한다. 단지 비-플라톤적인 사랑만을 이해하는 사람들은 비극에 대해 말할 필요가 없다. 그와 같은 사랑에서는 어떤 비극도 있을 수 없다."[32]

이레나 구트킨(Irena Gutkin)은 소설의 전개과정을 통해 육체와 정신, 그리고 세속적인 사랑과 천상의 사랑 사이의 긴장의 주제를 발전시키고 있는 일련의 향연들을 추적한다.[33] 참으로, 이러한 이분법은 『안나 카레니나』의 패턴을 규정하는 것들 중의 하나인데, 톨스토이는 안나와 브론스키의 건전하지 못한 세속적인 사랑과 키티와 레빈의 건전하지만 열정적인 사랑 사이를 변증법적으로 비교하고 대조하고 있다.

『크로이체르 소나타』는 『향연』을 더 섬세하고 더 복잡한 방식으로 사용하고 있다. 소설의 계기는 해설자에 의해 상기되고 있는 긴 기차 여행 중에 일군의 대화자들 사이에 있었던 대화이다. 대화가 현대적인 사랑과 결혼 문제로 향했을 때, 한 사람은 사랑은 정신적 친화성에 관한 것이어야만 한다고 논증하는 반면에, 다른 사람, 즉 '구시대적인 인물!' 은 "여성의 성은 적절히 억제되어야만 하고 그렇지 않으면 모든 것은 사라진다!" 고 주장한다.[34] 그러나 곧 포즈드니셰프(Pózdnyshev)라는 이름의 격렬하고 점점 더 흥분하는 사람이 대화를 지배한다. 마침내 그는 자신이 질투심으로 화가 난 나머지 그의 부인을 살해했지만, 정신적 강박 상태에서 행동했다는 근거로 결국 방면되었다고 고백한다. 밤

---

32 L. Tolstoy, 1970, 38쪽.

33 I. Gutkin, 1989, 88–90.

34 L. Tolstoy, 1978, 528쪽.

동안에, 그는 (향연의 와인 대신에) 진한 차를 마시면서 그의 이야기를 계속한다. 포즈드니셰프는 성적인 모든 관계가 육체적이며, 현대의 중산층의 문화가 남자와 여자들로 하여금 물질적이고 성적인 만족을 추구하도록 북돋는다고 불평한다. 그는 불건전한 감정을 자극하는 음악의 힘에 대한 특별한 비난을 계속한다. "음악은 그것을 작곡했던 사람이 처했던 정신적 상태로 나를 바로 직접적으로 데려간다. 나의 영혼은 그의 것과 하나가 되고 그가 한 상태에서 다른 상태로 변할 때 그와 함께한다."[35] 그는 사랑의 감정을 자극하는 것으로 특히 베토벤의 「크로이체르 소나타」를 뽑았는데, 정말로 포즈드니셰프에게 그의 부인의 부정을 확신하게 해 준 것은 그녀가 이 음악을 연주했다는 사실이다.

리츠 크나프(Liz Knapp)는 포즈드니셰프의 음악에 대한 논의가 『예술이란 무엇인가?』(1897)에서 톨스토이가 완성하고자 한 미학 이론을 논하려는 그 자신의 노력과 관계된다고 논증한다. 그녀는 톨스토이가 플라톤의 『국가』로부터 예술에 대한 비판을 인용하고 있다고 본다.[36] 우리는 포즈드니셰프의 고백과 알키비아데스의 고백 사이의 명백한 평행성을 간과해서는 안 되는데, 알키비아데스는 음악에 대한 불신뿐만 아니라 그가 소크라테스의 목소리에 매혹되었다는 것을 말했었다. 포즈드니셰프와 알키비아데스 두 사람에게 사랑은 음악 및 광기와 연관되어 있고, 격렬한 감정을 자극할 수 있는 것이다.

---

35 같은 책, 582, 583쪽.

36 L. Knapp, 1991, 27.

4.6. 디오티마, 부재, 그리고 대치

특히 디오티마의 부재-현존의 맥락에서 대치의 주제는 수많은 현대 사상가의 흥미를 끌었다. 프랑스의 영향력 있는 정신분석학자 라캉(J. Lacan: 1901-1981)은 플라톤의 『향연』을 중요하게 인용하고, 정신분석학적 이론과 공명하는 다양한 모티브들, 즉 자리매김할 수 없는 욕망-공간, 분열(*Spaltung*), 아포리아(*aporia*), 사랑의 변증법, 상(像: *agalma*) 등을 발견한다. 다른 작품들 가운데서도, 그는 그의 유명한 일련의 세미나 가운데 8번째 세미나(1960-1961) 전체를 『향연』에 대한 독특하지만 확장된 주석을 하는 데 바쳤고, 이것을 심리학적인 전이에 대한 논의를 위한 출발점으로 사용했다. 나는 『향연』에 대한 라캉의 관심이 지니는 의미를 밝히기 위해서 두 가지 주제에 한정할 것이다.

라캉에게, 디오티마란 인물은 언어의 상징적 질서의 본성을 주제화하기에 적합한 것이다. 라캉은 포로스와 페니아에 대한 디오티마의 신화에 주목하고, 여기서 욕망 본성의 상징화를 본다. 포로스는 '방도'를 뜻하고 페니아는 '곤궁'을 뜻하기 때문에, 페니아는 또한 아포리아(*aporia*: 글자 그대로는 '방도 없음')라고 불릴 수 있는데, 이 말은 철학적 난관을 지칭하기 위해 사용된 용어이다.[37] 라캉-프로이트적인 관점에서 볼 때, 아포리아-페니아는 "그녀의 규정적인 결핍, 즉 *aporia* 이외에는 줄 수 있는 어떤 것도 없는" 것이다. 이런 언급을 한 뒤에 그는 "그것은 타당한 설명을 제공함이 없이 설명을 하는 문제이다"라고 덧붙인다.[38] 이것은 소크라테스가 자명한 지식에 근거하는 앎(*epistē-mē*)으로부터 신화(*mythos*)로 이동하는 것과 밀접하게 관계된다고 라

37 J. Lacan, 2001, 149쪽.

38 같은 책, 150쪽.

캉은 제시한다. 사랑은 결핍(*manqué*)에서만 명확히 드러날 수 있다. 구조적으로 말해서 이것은 프로이트의 무의식의 발견과 관계되고, 라캉이 상징적 질서라고 부른 것이 어떻게 어떤 것을 지시하지 않고 언어로부터 주제를 창조하는지를 설명해 준다. 이런 관점에서, 디오티마의 '사랑의 사다리'는 욕망의 환유적 기능, 즉 하나의 이름이나 단어를 다른 것으로 끝이 없이 연속적으로 대치하는 것을 예시한다. 라캉의 견해에서, 욕망은 사랑에 대한 필요와 그것에 대한 요구 사이의 간격이나 차이, 그리고 욕망과 욕망을 만족시키는 능력 사이의 불일치로부터 나오는 것이다.[39] 사랑하는 자와 사랑받는 자, 주체와 타자 사이의 관계의 불균형은 필연적으로 주체가 실망할 것이라는 걸 의미한다. "이처럼 채우기 위해 타자에게 주어진 것, 그리고 엄밀히 말해 그것이 갖고 있지 않은 것, 그것 역시 존재를 결여하고 있어서, 사랑이라 불리는 것이지만, 그것은 또한 미움과 무지이다."[40] 이것은 소크라테스에 대한 알키비아데스의 관계를 잘 기술하고 있다.

소크라테스와 알키비아데스의 관계에서, 라캉은 주체들 사이의 '심오한', '근본적인', '신비스러운' 관계가 예시되어 있음을 발견하는데, 이들로부터 심리적 전이의 현상이 나타난다.[41] 『향연』에서, 소크라테스는 분석가의 위치에 있는 반면, 알키비아데스는 정신분석을 받는 자의 위치에 있다. "알키비아데스는 사랑의 현존을 보여 주지만, 이를 아는 소크라테스가 그것에 의해 속을 수 있는 한에서만 그리고 그것에 관해 속아서 그와 함께하는 한에서만 그러하다. 미끼는 상호적이다."[42] 알키

39 M. Bowie, 1991, 136쪽.
40 같은 책, 136쪽.
41 J. Lacan, 2001, 203쪽.
42 같은 책, 198쪽.

비아데스는 소크라테스가 '아갈마' (*agalma*)를 소유하고 있다고 믿기 때문에 그를 욕망하는데, *agalma*는 글자 그대로는 '장식물' 로서, 라캉은 이를 실레노스 안에 숨겨져 있는 아름다운 대상, 즉 소크라테스가 무지를 주장하면서 부정하고 있는 소유물로 해석한다.[43] 프로이트적인 관점에서 볼 때, *agalma*는 욕망의 대상, 즉 남근이다. 라캉은 그의 『에크리』(*Écrits*)에서 다음과 같이 쓰고 있다. "유혹자 알키비아데스가 소크라테스 안에 있는 *agalma*, 즉 그가 자신의 욕망을 고백하면서 소크라테스가 그에게 양도하기를 바라는 불가사의한 것을 찬양한 것은 그가 소크라테스의 남근을 보지 못했기 때문이다. 이 경우에 그가 자신 안에 지니고 있는 주체의 분열이 명백하게 인정되고 있다."[44]

벨기에 태생의 철학자이며 정신분석가인 뤼스 이리가레(Luce Irigaray)는 그녀의 1982년 강연 '마법사 에로스' ('L' amour sorcier')에서 후기구조주의자인 여성주의자가 디오티마와 『향연』에 어떤 입장을 취하는지 보여 준다. 해체와 여성 문학(*écriture féminine*)을 혼합시켜서, 이리가레는 디오티마의 변증술 사용과 소크라테스(플라톤)의 사용을 대비한다. 그녀의 견해에 따르면 소크라테스의 논증은 직선으로 움직이고 각각의 단계는 이전 단계의 논박에 근거하는 반면에, 디오티마의 변증술은 한계를 드러내면서도 보존한다. "중개자는 무오류적인 지식 속에서 절대로 없어지지 않는다. 모든 것은 언제나 운동 속에, 생성의 상태에 있다. 그리고 이 모든 것의 중개자는 무엇보다도 혹은 전형적으로 사랑이다. 절대로 충족되지 않고 언제나 생성되는 것."[45]

남지와 여지의 결합은 신성한 것, 즉 '죽게 마련인 생명체 속에 있는

43 같은 책, 167–182쪽.

44 J. Lacan, 1977, 322쪽.

45 L. Irigaray, 1993, 21쪽.

불사성의 현존' 이라는 디오티마의 주장을 숙고하면서, 이리가레는 사랑은 그 어떠한 출산보다도 언제나 앞선다는 것, 그것은 '다산성', '영매와 같은' 혹은 다이몬적인 가능성이라고 논증한다. 사랑은 아름다운 조화이고, 그와 같은 조화 없이는 어떠한 출산도 있을 수 없다. "아름다운 것도 출산이 아니며, 출산이 사랑의 목적을 구성하는 것이 아니다. 사랑의 목적은 사랑하는 사람들의 사멸성에서 불사성을 깨닫는 것이다."[46] 그것은 비-목적적인 목적 그 자체이다.

그러나 해체주의적 관점에서, 이리가레는 디오티마의 방법이 실패했으며, 육체에 대한 사랑과 영혼에 대한 사랑의 구분이 사멸성에서의 신성함과 연인들 사이의 동등함을 불명료하게 만드는 형이상학적 위계질서를 재도입한다고 주장한다. 대신에 사랑은 목적적인 것이 된다. "연인은 불사성을 얻으려는 의지, 의무이기도 하고, 수단인데, 연인들은 이런 불사성을 결코 얻을 수도 없고 그들 사이에서 열망할 수도 없다."[47] 이리가레는 라캉의 '상징적 질서' 에 의해 사랑과 성애의 위치를 정하는데, 이런 입장 때문에 안드레아 나이(Andrea Nye)는 그녀가 디오티마를 "철학적 정설에 반대해서 '올바른 방법' 을 주장하려고 애쓰는 일탈한 프랑스 여성주의자"[48]인 것처럼 판단하고 있다고 빈정거리게 되었다. 이리가레의 입장을 비판하면서, 안드레아 나이는 이리가레 방법론의 무역사성으로 말미암아 그녀가 디오티마를 아리스토텔레스, 플라톤, 그리고 칸트와 같은 철학자들과 구별하지 못하게 되었다고 제시한다. "디오티마의 사유 속에는 비난해야 할 어떤 위계적 논리도 없고, 해체시켜야 할 남성/현존과 여성/부재라는 구분도 없다."[49] 이 점에서

---

46 같은 책, 26쪽.

47 같은 책, 27쪽.

48 A. Nye, 1994, 200쪽.

그녀는 플라톤이 그녀를 재구성했던 방식을 정확히 파악하지 못했다.[50]

4.7. 철학자 시인들과 시인 철학자들

피치누스는 "플라톤적인 스타일은 철학적이라기보다는 시적이다"[51]라고 썼다. 플라톤이 『국가』에서 퍼부은 비난들과 대조적으로 『파이드로스』와 『향연』에서 시와 아름다움에 대한 그의 찬양을 가정하면, 철학적 성향을 가진 많은 시인 혹은 시인의 감수성을 지닌 철학자들이 그것들에 이끌린다는 것은 놀라운 일이 아니다. 나는 네 사람에게 초점을 맞출 것이다.

영국의 낭만주의 시인 셸리(P. B. Shelley: 1792 1822)는 그 자신을 플라톤주의자로 분명히 특징지었는데, 시인의 소명에 대한 그의 생각을 다음과 같이 밝히고 있다. "예술의 요람기에 있는 모든 사람은 이러한 최고의 환희를 선사하는 질서에 어느 정도 근접하는 것을 알아챈다. 그러나 이 사람들이 그 질서에 근접하는 정도는 인식할 수 있을 만큼 그렇게 큰 차이가 있는 것은 아니다. 아름다운 것에 근접하는 이런 능력이 매우 탁월한 경우는 예외이겠지만 말이다. 이런 능력이 뛰어난 사람들이 가장 보편적인 의미에서의 시인들이다."[52] 결과적으로, 참된 시인은 디오티마의 사다리를 가장 잘 올라갈 수 있는 사람이다. 노토풀로스(Notopoulos: 1969)가 셸리의 플라톤주의 연구에 대한 표준적인 출

49 같은 책, 203쪽,
50 같은 책, 212쪽.
51 M. Ficino, 1985, 17쪽.
52 P. B. Shelley, 1992, 517쪽.

발점이다. 또한 데이비드 오코너(David O'Connor)의 가치 있는 에세이(2006, 360–375쪽)를 참조하라.

무엇보다도 『향연』이 셸리에게 영감을 주었다. 그는 그것을 번역했을 뿐만 아니라, 그의 사랑 시에는 이 작품에서 끌어낸 비유적 묘사와 주제들이 많이 있다. 『향연』의 요소들과 셰익스피어의 소네트를 결합시킨 사랑 시 'Epipsychidion' 로부터 하나의 예를 살펴보는 것으로 충분할 것이다.

> 참된 사랑은 이 점에서 금과 진흙과 다르다.
> 구별해서 따로 떼어 내는 것이 아니다.
> 사랑은 많은 진리를 응시하면서 차츰 밝아지는
> 이해와 같은 것이다; 그것은 상상력의
> 빛과 같은 것이다. 상상력은 땅과 하늘로부터,
> 그리고 인간 환상의 심연으로부터,
> 마치 천 개의 프리즘과 거울로부터 채우듯이,
> 우주를 찬란한 빛으로 채우며, 그리고
> 오류를, 벌레를 죽인다. 그 반사된 번개의
> 숱한 빛과 같은 화살로.(160–169)

우리는 이 시에서 천상의 에로스와 세속적인 에로스의 구분, 계몽의 통로로서의 사랑의 역할, 그리고 보편적 진리를 지향하는 많은 진리를 조금씩 먹어서 진리를 획득한다는 것을 본다.

시인이자 철학자이고 수필가인 폴 발레리(Paul Valéry: 1871–1945)의 『고대의 대화들』(*Les Dialogues Antiques*)은 플라톤의 대화편들로부터 영감을 얻은 일곱 편의 산문시를 포함한다. 플라톤을 이용해서, 발레리는 행위에 의해 형태와 사유가 통합되는 통찰, 즉 예이츠(W. B. Yeats)의 "우리는 춤과 춤추는 사람을 어떻게 구별할 수 있는가?"라는 수사학적인 물음에 함축된 입장을 명확히 한다. 여러 대화는 『향연』과 일치한다. 「소크라테스와 그의 의사」('Socrate et son médecin', 1941)는 소크라테스와 에릭시마코스 사이의 대화에 중점을 두고 있고, 「영혼과 춤」('L'Ame et la danse', 1921)은 기진맥진할 때까지 발끝으로 계속 더 빨리 빙빙 돌고 있는 젊은 여성 댄서 아티크테(Athikté)를 보면서 소크라테스, 에릭시마코스 그리고 파이드로스가 향연에서 하는 이야기이다. "공명하고 반향을 일으키며 울려 퍼지는 세계에서, 육체의 강렬한 축제가 우리의 영혼 앞에서 빛과 환희를 제공한다"고 소크라테스는 말한다.[53] 「에우팔리노스, 혹은 건축가」('Eupalinos, ou l'architecte', 1921)는 일반적으로 『고대의 대화들』 가운데 걸작으로 간주된다. 이것은 지하 세계에서 소크라테스와 파이드로스의 유령들 간의 만남을 그리고 있다. "당신은, 내가 모든 사람 가운데 가장 찬양하는 사람"이라고 파이드로스는 말한다. "당신은, 가시적인 것들 가운데 가장 아름다운 것보다도 당신 삶을 통해서 더 아름답고, 당신의 죽음을 통해서 더 아름답다. 위대한 소크라테스, 숭배할 만한 추함, 독약을 불사성의 연금약액으로 변화시키는 전능한 사유"란 말은 아름다움은 삶과 분리될 수 없다는 파이드로스의 절망감을 표현한다.[54] 유용한 것을 욕망하도록 강제하는 육체, 아름다운 것을 요구하는 영혼, 그리고 '견고함'과 '영속성'을 추구하도록 강제하는 세상이라는 3중의 구분을 소크라테스는 상정하고서, 그는 우리가 난시 제작함, 건축에서만 이러한 법칙들에 대한 형식과 형태를 발견한다고 논증한다.[55] 하이데거를 예상

53 P. Valéry, 1989, 59쪽.

54 같은 책, 79쪽.

하게 하는 표현으로, 소크라테스는 마음속에서 신을 추구하기보다는 오히려 "행위 속에서 그리고 행위들의 결합 속에서 우리가 신의 현존의 가장 직접적인 느낌을 발견해야 한다는 것"[56]을 인정한다.

플라톤과 『향연』은 독일 낭만주의 시인 프리드리히 횔덜린(F. Hölderlin : 1770–1843)[57]의 사유와 작품에서 중요하다. 개인적인 차원에서, 그는 그의 고용주의 부인인 주제테 곤타르트(Susette Gontard)와 열렬하고 상호적인 '플라톤적인' 관계를 발전시켰고, 그녀를 수많은 시와 편지들에서 디오티마로 불렀다.[58] 그리고 정말로, 디오티마란 이름의 등장인물은 그의 서간체 소설 『휘페리온 — 그리스의 은둔자』(*Hyperion, oder Der Eremit in Griechenland*, 1797–1799)에서 사랑의 대상이다. 주제적으로, 『휘페리온』은 플라톤에게서 깊은 영향을 받았다. "시 없이는, [아테네인들은] 사실상 절대로 철학적 민족이 되지 못했을 것이다!"라고 제목과 같은 이름의 영웅은 선언한다.[59] 순수한 아름다움의 효과를 느꼈던 사람만이 인간의 한계와 인간 사유에서의 결함들과 그것이 불일치한다는 것을 의식할 수 있다. 그를 철학적인 회의주의자로 만드는 것은 '결함 없는 아름다움의 조화'에 대한 통찰이다. "그는 단지 신들의 식탁에서 비밀스럽게 연회를 즐기기 때문에 선의의 인간

---

55 같은 책, 128, 129쪽.

56 같은 책, 145쪽.

57 횔덜린은 나중에 독일관념론 철학의 주도적 인물들이 될 헤겔 그리고 셸링과 함께 튀빙겐에 있는 루터 신학교의 기숙사 동료였다. 종교적 회의 때문에, 횔덜린은 결코 성직에 취임할 수 없었고, 그래서 가정교사, 번역가 그리고 시인으로서 생계를 유지했다. 고대 그리스 문화에 대한 그의 열렬한 찬양은 그의 복잡한 종교적 회의와 그가 마음속 깊이 느끼고 있는 경건함을 화해시키는 데 도움을 주었다. 그는 결국에는 정신장애를 겪었고 1806년부터 죽을 때까지 병원에 수용되었다.

58 W. Kranz, 1926, 327쪽.

59 F. Hölderlin, 2008, 108쪽.

이성이 그에게 제공하는 마른 빵을 경멸한다.[60]

횔덜린의 짧은 시, 「소크라테스와 알키비아데스」는 직접적으로 『향연』을 언급한다. 처음 4행시는 소크라테스에게 왜 그가 알키비아데스와 같은 사람을 그렇게 사랑스럽게 바라보는가를 묻는다. 두 번째 4행시가 대답한다.

> 가장 심오한 것을 사유한 자는 가장 생동하는 것을 사랑하고,
> 세상을 넓게 경험한 사람이 최상의 청춘에 관심을 갖는 것은 당연하며,
> 현명한 자 끝에 이르러
> 아름다움에 종종 마음 끌리는 법이다.
>
> Hölderlin(2004, 105쪽)[61]

횔덜린의 송가, 「라인 강」('Der Rhein')은 『향연』에 대한 복잡한 반응을 보여 준다. 여기서 그는 라인 강을 다이몬(半神)으로 비유적으로 표현하는데, 이 강은 그 수원인 알프스, 즉 자족적인 신과 사멸적인 인간 사이에 위치한다. 그러나 그는 디오티마의 사다리의 방향을 거꾸로 한다. 인간이 초월적인 것으로 올라가는 대신에, 하강할 필요가 있는 것은 신들이다. 그들의 불사성 때문에, 신들은 느낄 인간을 필요로 한다. (릴케의 『두이노의 비가』와 키츠의 후기 송시들과 재미있는 비교를 끌어낼 수 있다.) "가장 복된 자들은 스스로 아무것도 느끼지 못한다 / 다

---

60 같은 책, 109쪽.

61 하이데거는 '사유'에 대한 그의 논의에서 이 시에 주석을 단다. 하이데거에게 진리는 그 자신을 은폐하고 있는 것의 드러남을 의미하며, 우리가 아름다움이라고 부르는 것은 시적인 진리이다. "아름다움은 기쁘게 하는 것이 아니라 영원히 분명치 않은 따라서 보이지 않는 것이 가장 찬란할 정도로 분명한 외양을 취하게 될 때 생겨나는 운명적 진리의 선물에 속하는 것이다"(M. Heidegger, 1968, 19쪽).

른 자는 … 신들의 이름으로 대신 느끼고, / 그리고 그들은 그를 필요로 한다…."[62] 다이몬은 중간적 위치에서 우리를 움직인다. 그것은 "달콤한 선물." "술의 신과 같이 바보스럽게 신성하게 / 그리고 법칙도 없이 베푼다. / 훌륭한 자에게만 이해될 수 있는 가장 순수한 자의 언어를"(507쪽). 그와 같은 신의 선물들은 난해하기는 해도 가장 심오한 이해의 대상이다.

> 견디기 어려운 것은
> 불운이지만, 행운은 더 어렵다.
> 비록 현명한 사람은 한낮부터 한밤중까지 그리고
> 하늘이 밝아진 아침까지
> 향연에서 충분히 깨어 있을 수 있었지만.
>
> Hölderlin(2004, 511쪽)

소크라테스는 다이몬적인 사상가로서 위치한다. 독일 철학자 마르틴 하이데거(Martin Heidegger: 1884-1976)는 1934/1935년의 일련의 강의에서 「라인 강」을 해석한다. 강은 인간 현존재(*Dasein*)의 중심이다. "땅을 형성하는 그것의 흐름은 처음으로 인간 존재의 거주의 기초를 놓을 가능성을 창조한다. 강은 단지 비교에 의해서가 아니라 그 자체로 창설자이며 시인이다."[63] 이 모든 것은 철학자를 일종의 시인으로 그리고 (가장 심오한) 시를 사유의 한 방식으로 보는 하이데거의 개념으로 인도하는데, 이것은 『향연』과 일치하는 주제이다. 예를 들어, 하이데거의 『형이상학 입문』(*An Introduction to Metaphysics*, 1961, 12쪽)과

62 F. Hölderlin, 2004, 505쪽.
63 J. A. Davis, 2006, 236쪽.

「왜 시인인가」('Why poets', 2002, 200-241쪽)를 참조하라.

1950년 그의 부인 엘프리데(Elfriede)에게 쓴 편지에서 하이데거는 자신의 강한 열정을 고백하면서, 다음과 같이 설명한다. "내가 나의 사유에서 실질적인 진전을 이루어 발길이 닿지 않았던 곳으로 과감히 나아갈 때 [에로스의] 날갯짓이 나를 언제나 건드린다. 오랫동안 추측되었던 것이 말할 수 있는 것으로 되어야만 할 때 그리고 오랫동안 이야기되었던 것이 고독하게 남아 있어야만 할 때, 그것은 나를 아마도 다른 것들보다 더 강하게 그리고 더 신비스럽게 건드린다."[64] 비록 하이데거는 이 편지에서 에로스가 가장 오래된 신이라는 파르메니데스의 권위를 인용할지라도, 『향연』의 현존은 명백하다. 일반적으로 하이데거는 『향연』을 간접적으로 참조하는 경향을 보여 주는데, 이것은 횔덜린에 대한 그의 독해에 의해 매개되거나 혹은 다른 대화편들, 특히 『파이드로스』와 플라톤과 일생에 걸친 싸움의 한 부분을 이루고 있는 『국가』에 대한 그의 확장된 논의와 관련해서 이루어진다.[65] 나는 하이데거의 사유와 『향연』이 교차하는 세 가지 점에 초점을 맞출 것이다. 마이클 겔번(Michael Gelven)이 '이해의 성애'(erotics of Understanding)로 부른 것, 에로스(*erōs*)와 '마음 씀'(*Sorge*)의 평행성, 그리고 '시적인 거주'(poetic dwelling)가 그것들이다.

하이데거는 그의 철학적 목표는 플라톤의 형이상학을 '극복하는' 것이며, 플라톤은 진리를 현존재(*Dasein*) 자체의 드러냄이 아니라 형이상학적 실체들(형상들/이데아들)에 근거를 두었다고 주장했다. 플라톤이 '존재'는 영원하고 불변적이며, '진리'(*alctheia*)는 발견될 수 있는 이데아라고 생각했던 것에 반해, 하이데거는 '존재'(*Dasein*, 글자 그대

---

64 G. Heidegger, 2005, 264쪽.

65 M. Heidegger, 1979, 167쪽.

로는 '거기에-있음' 혹은 '세계-내-존재')는 인간들과 그들을 둘러싼 세계 사이의 관계, 경향 혹은 태도라고 주장한다. 이런 점에서 '진리'는 우리의 다양한 존재 방식들을 '드러냄' 혹은 '밝혀냄'에 관한 것이다. 즉 존재하는 것이 무엇을 의미하는지에 대해 우리가 이해하는 것을 알 수 있게 해 주는 구조 속에서 어떻게 이런 존재 방식들이 나타나는가를 묻는 것이다. 달리 말해서, 존재는 인간의 앎과 관계해서 존재자들의 드러냄에 묶여 있는 것이다. 나는 두 가지 점을 부각시키고 싶다. 첫째로, 하이데거에 있어서 인간 앎의 이러한 드러냄은 언어적인 해석적 작용을 포함한다. "논의하기 혹은 말하기는 '세계-내-존재'의 가지성(可知性: intelligibility)을 우리가 '의미 있게' 명확히 하는 방식이다.[66] 언어는 우리가 무엇을 이해하는지를 스스로 알 수 있게 해 주는 방식이기 때문에, 언어는 사물의 본성을 드러내기도 하고 감추기도 한다. 이러한 드러냄의 본성이 언어를 현존재의 존재 구성 요소로 만들고, 언어는 시간과 공간에 의해 조건 지어지기 때문에, 현존재는 플라톤의 영원한 형상들과 달리 역사적 성격을 갖는다. 둘째로, 하이데거에 있어서 현존재는 '마음 씀'(*Sorge*)에 의해서 그 자신을 가장 충분히 드러낸다. '세계-내-존재'는 본질적으로 마음 씀이다. 그것은 다른 것들에 대한 나의 관심, '손 안의 존재'(ready-to-hand)에 대한 나의 마음 씀 그리고 가장 근본적으로는 존재 그 자체의 현시를 위한 나의 마음 씀이다.[67] 마음 씀은 "인간 존재를 의미 있게 만드는 것, 인간의 삶을 나타나게 하는 것"이라고 조지 스타이너(George Steiner)는 쓰고 있다. 스타이너는 데카르트를 흉내 내서 "나는 마음 쓴다. 그러므로 나는 존재한다"고 덧붙인다.[68] 이를 배경으로 해서, 우리는 하이데거와 『향연』

66 M. Heidegger, 1962, 204쪽.

67 같은 책, 244-256쪽.

을 좀 더 분명하게 살펴볼 수 있다.

겔번은 플라톤과 하이데거가 모두 지식 그 자체보다는 구별의 원리에 근거해 우리가 이해하는 방식에 관심을 갖고 있다고 논증한다. 플라톤에서, 이 원리는 잘 행해진 것과 잘못 행해진 것 사이를 구별하는 능력, 내가 현실성을 가능성으로부터 구별할 때 의존하는 이상적인 완전성이다. 사랑에 대한 디오티마의 설명에서, 사랑하는 자로 하여금 어떤 것이 무엇이고 그것이 무엇일 수 있거나 무엇이어야 하는지를 알게 해주는 것은 아름다움에 대한 추구이다. 사랑하는 자는 부재와 필요에 대한 앎에 의해 욕구를 갖게 된다. 유사하게 우리는 다양한 가능성들을 기투(企投: project)함에 의해서 우리의 존재 방식들을 안다고 겔번은 제시한다. 이러한 가능한 기투들은, 그 기투가 우리 자신을 본래적으로 혹은 비본래적으로 이해할 수 있도록 해 주느냐에 따라 존재를 의미 있게 만드는 방식으로 존재하는 것 혹은 그렇지 않은 방식으로 존재하는 것 사이에서 존재를 드러내거나 숨긴다. "의미는 어떤 것이 존재한다는 자각으로부터만 도출될 수는 없기 때문에, 그것은 대상의 현실성을 넘어서는 것을 함축해야 한다. 하이데거에 있어 이것은 가능성들의 기투에 의해서, 그리고 플라톤에 있어서는 이상화(idealizing)를 통해 이루어진다"고 겔번은 쓰고 있다.[69] 사랑과 기투 둘 다 우리를 있는 것과 있을 수 있는 것 사이에 매달려 있게 한다.

하이데거에 있어서, 에로스는 존재를 향한 가장 진정한 노력이다.[70] 바로 이러한 노력이 "존재자들에 대해 애쓰는 사람의 태도에 척도와 법을 제공하고, 전체로서의 존재자들의 근거로부터 실존을 가능하게

---

68 G. Steiner, 1978, 101쪽.

69 M. Gelven, 1973, 131쪽.

70 M. Heidegger, 2004, 155쪽.

하는 것"[71]이다. 사랑하는 자는 존재자들의 한가운데 실존하는 존재로서 있다. 사랑하는 자는 소유하기를 추구하지 않는다. 오히려, "존재자들은 현존재로서의 그에게 지시되고, 그는 그 존재자들에게 지시되며, 그래서 그는 존재를 갈망하는 과정에서 그 자신의 현존재를 갈망하는데, 이 현 존재에서 존재자들이 생성되거나 생성되지 않거나 한다."[72] 한편, "존재가 인간에게 드러나는 상태에서 그것이 '사랑의' 힘을 끌어낼 수 있는 정도로만, 인간은 존재에 관해 사유할 수 있고 존재에 대한 망각을 극복할 수 있다."[73] 그 밖의 곳에서 그는 다음과 같이 쓰고 있다. "에로스에서 가장 사랑받고 갈망의 대상이 되는 것, 그래서 근본적인 관계를 맺는 이데아는 가장 눈부시게 나타나면서 빛을 발하는 것", 즉 아름다움이다.[74] 이런 점에서 아름다움은 정확히 우리를 존재에 대한 빛나는 통찰로 이끌어 가는 것이고, 그 때문에 우리를 가장 끌어당기는 것이고 우리를 해방시키는 것이다.[75] 요약해서 말하자면, "진리가 본질적으로 가져오는 것, 즉 존재의 드러냄, 바로 그것이 아름다움이 가져오는 것이다."[76] 이 모든 것은 디오티마의 '아름다운 것 안에서의 출산' (206b)과 어느 정도 닮아 보인다. 사랑에 관한 것과 마음 씀을 비교하는 것, 혹은 사랑하는 자가 사랑받는 자에 대해 취하는 태도를 구조화하면서, 사랑에 관한 것을 일종의 마음 씀으로 보는 것은 어렵지 않다. 하이데거는 아름다움을 영원하고 자족적인 것으로 상정하는 플라톤 혹은 디오티마의 생각을 거부하는 반면에, 에로스가 우리로 하여

71 같은 책, 155쪽.
72 같은 책, 156쪽.
73 M. Heidegger, 1979, 194쪽.
74 같은 책, 167쪽.
75 같은 책, 194쪽.
76 같은 책, 198쪽.

금 현재의 현실성을 넘어선 것으로 향하고 추구하도록 해 준다는 플라톤의 생각에 동의한다.

고대 그리스 문화에서, 우리는 예술에 대한 세 가지 개념을 구분할 수 있다고 하이데거는 주장한다.[77] 첫 번째 것은 기량이 뛰어난 노하우(know-how)를 갖는 것이고, '기술'(*technē*)이란 말로 표현된다. 두 번째 것은 일종의 '습득된 능력'(*meletē*) 혹은 '고려의 세심함'(*epimeleia*)이다. 그것은 "믿음들에 대한 차분하고 결연한 개방성의 숙달, 즉 '마음 씀'이다"(164쪽). 세 번째 것은 '산출의 과정' 속에서 제시되는 것인데, 그는 이것을 만듦(*poiēsis*)과 관계시킨다. 플라톤이 예술과 진리의 관계를 논의할 때, 그는 일차적으로 세 번째 종류의 것, 즉 말에 의해서 제시되어진 것의 관계와 그것이 이상적인 것과 맺는 관계에 관심을 두고 있다고 하이데거는 제시한다. 예술과 시적인 사유에 대한 그 자신의 견해는 두 번째 종류의 예술 개념, 즉 믿음들에 대한 차분하고 결연한 개방성 혹은 그가 그 밖의 곳에서 '시적인 거주'라고 부른 것에 더 밀접하게 닮아 있다. 언어의 공간적-시간적 한계를 이해하고 있는 시인들은 재현하는 데 관심을 두지 않고, 존 카푸토(John Caputo)의 말로 하자면 세계를 창설하는 데, 즉 "그 안에서 모든 역사적 시대가 살고 거주하는 의미의 기반을 드러냄"[78]에 관심을 둔다. 하이데거에 있어서, 횔덜린과 릴케 같은 시인들은 '사려 깊은 시적 작업'(Thoughtful poetizing)[79]에 종사하는데, 이것은 존재의 진리에 대한 경험으로부터 한 걸음 물러나서 시를 쓰는 작업, 즉 우리 인간의 거주 장소의 방향성을 잡고 그것을 드러내는 과정이다. 하이데거는 주목하지 않았지만, 시

77 같은 책, 164, 165쪽.

78 J. Caputo, 1978, 235쪽.

79 M. Heidegger, 1975, 12쪽.

적인 거주를 뒷받침하는 "믿음들에 대한 차분하고 결연한 개방성의 숙달"과 한없이 지혜를 사랑하면서 '아름다움의 큰 바다'를 "그곳에서 힘을 얻어 자라나서 어떤 단일한 종류의 앎을 직관할 때까지"(210d-e) 관조하라는 디오티마의 요청 사이에 강한 유사성이 있을 수 있다.

앎의 성격은 다르지만, 행위는 같다. 정말로, 하이데거는 플라톤 작품의 영속적인 힘은, '개방성'과 '마음 씀'에 있다는 것을 인정하는데, 이런 태도는 언어의 한계를 인정하고 독자가 될 사람을 시인-철학자로 만들어서 우리가 이해하는 방식을 전념해서 드러내도록 강제한다. "플라톤의 대화편은 후대 사람들이 그리고 후대 사람들이 내놓은 변화해온 이해 방식들로 다 드러낼 수도 없을 뿐만 아니라, 그것은 그 본성상 그 자체로 다 드러낼 수도 없는 것이다. 그리고 이것은 영원히 모든 창조성의 특징이고, 이 창조성은 물론 경외할 수 있는 사람에게만 생긴다"고 하이데거는 쓰고 있다.[80] 플라톤의 『향연』을 철학과 문학의 불후의 작품들 중의 하나로 만든 것은 바로 다 드러낼 수 없음, 창조성 그리고 경외의 이러한 혼합이다.

---

80 M. Heidegger, 1968, 72쪽.

더 읽어야 할 책들

1차적 텍스트와 번역서

Aeschylus (1998), *The Oresteia*, trans by D. R. Slavitt. Philadelphia: University of Pennsylvania Press.

Apuleius (2001), *Rhetorical Works*, trans by S. Harrison, J. Hilton, and V. Hunink. Oxford: Oxford University Press.

Aristophanes (1923), *The Lysistrata, the Thesmophoriazusae, the Ecclesiaszusae, the Plutus*, trans by B. B. Rogers. Cambridge: Harvard University Press.

_____(1924), *The Peace, The Birds, The Frogs*, trans by B. B. Rogers. Cambridge: Harvard University Press.

_____(2007), *Fragments*, trans by J. Henderson. Cambridge: Harvard University Press.

Aristotle (1960), *The Rhetoric of Aristotle*, trans by Lane Cooper. New York: Appleton-Century-Crofts.

_____(1983), *Rhetorica ad Alexandrum*, trans by H. Rackham. Cambridge: Harvard University Press.

_____(1985), *Nicomachean Ethics*, trans by T. Irwin. Indianapolis: Hackett Publishing.

Capellanus, Andreas (1960), *The Art of Courtly Love*, trans by J. J. Parry. New

York : Columbia University Press.

Dante Alighieri (1973), *Vita Nuova*, trans by M. Musa. Bloomington : Indiana University Press.

_____(1986), *The Divine Comedy of Dante Alighieri : The Paradiso*, trans by A. Mandelbaum. New York : Bantam Books.

Demosthenes (1949), *Demosthenes* VII*: Funeral Speech* LX, *Erotic Essay* LXI, *Exordia*, *Letters*, trans by N. W. and N. J. DeWitt. Cambridge : Harvard University Press.

Diogenes Laertius (1972), *Lives of Eminent Philosophers*, trans by R. D. Hicks. Cambridge : Harvard University Press.

Dionysius of Halicarnassus (1985), *Critical Essays*, vol 2, trans by S. Usher. Cambridge : Harvard University Press.

Erasmus (1967), *Erasmus on His Times : A Shortened Version of the Adages of Erasmus*, trans by M. M. Phillips. Cambridge : Cambridge University Press.

_____(1971), *Praise of Folly and Letter to Martin Dorp 1515*, trans by B. Radice. London : Penguin Books.

Ficino, Marsilio (1985), *Commentary on Plato's Symposium on Love*, trans by S. Jayne, 2nd ed. Dallas, TX : Spring Publications.

Gorgias of Leontini (2003), "Encomium of Hellen," in *The Greek Sophists*, trans by J. Dillon and T. Gergel. London : Penguin Books, pp. 76–84.

Hesiod (1988), *Theogony* and *Works and Days*, trans by M. L. West. Oxford : Oxford University Press.

Hippocrates (1959), *Hippocrates*, 4 vols, trans by W. H. S. Jones. Cambridge : Harvard University Press.

Hölderlin Friedrich (2004), *Poems and Fragments*, trans by M. Hamburger. Oxford: Anvil Press.

_____(2008), *Hyperion*, trans by R. Benjamin. Brooklyn: Archipelago Books.

Homer (2003), *The Homeric Hymns*, trans by J. Cashford, notes by N. Richardson. London: Penguin.

Ibn Hazm (1953), *The Ring of the Dove: A Treatise on the Art and Practice of Arab Love*, trans by A. Arberry. London: Luzac Oriental.

Johnson, D. M. (2003), *Socrates and Alcibiades: Four Texts*. Newburyport, MA: Focus Publishing.

Kahn, C. H. (1981), *The Art and Thought of Heraclitus: An Edition of the Fragments with Translation and Commentary*. Cambridge: Cambridge University Press.

Kierkegaard, Søren (1992), *Either/Or: A Fragment of Life*, trans by A Hannay. London: Penguin Books.

_____(1996), *Papers and Journals: A Selection*, trans by A. Hannay. London: Penguin Books.

Methodius of Olympus (1958), *The Symposium: A Treatise on Chastity*, trans by H. Musurillo. Westminster, MD: The Newman Press.

Mirandola, Giovanni Pico della (1986), *Commentary on a Poem of Platonic Love*, trans by D. Carmichael. Lanham, MD: University Press of America.

Montaigne, Michel de (1991), *The Essays of Michel de Montaigne*, trans by M. A. Screech. London: Penguin Press.

Petronius (1969), *Petronius*, trans by M. Heseltine, ed by E. H. Warmington. Cambridge: Harvard University Press.

Phillips, M. M. (1967), *Erasmus on His Times: A Shortened Version of the "Adages" of Erasmus*. Cambridge: Cambridge University Press.

Pindar (1969), *The Odes of Pindar*, trans by C. M. Bowra. Baltimore: Penguin Books.

Plato (1901), *Platonis Opera* II, ed by J. Burnet. Oxford: Oxford University Press.

_____(1961), *The Collected Dialogues of Plato*, ed by E. Hamilton and H. Cairns. Princeton: Princeton University Press.

_____(1973), *The Symposium of Plato*, ed by R. G. Bury. Cambridge: W. Heffer and Sons.

_____(1974), *The Republic*, trans by G. M. A. Grube. Indianapolis: Hackett Publishing.

_____(1980), *The Symposium*, ed by K. Dover. Cambridge: Cambridge University Press.

_____(1989), *The Symposium*, trans by A. Nehamas and P. Woodruff. Indianapolis: Hackett Publishing Co.

_____(1995), *The Phaedrus*, trans by A. Nehamas and P. Woodruff. Indianapolis: Hackett Publishing.

_____(1998), *The Symposium*, ed by C. J. Rowe. Warminister: Aris and Phillips.

_____(1999), *The Symposium*, trans by C. Gill. London: Penguin Books.

Plotinus (1967), *Plotinus*, 6 vols, trans by A. H. Armstrong. Cambridge: Harvard University Press.

Plutarch (1954), *Le banquet des sept sages*, trans by J. Defradas. Paris: Librairie C. Klincksieck.

_____(1954), *Plutarch's Lives*, 11 vols, trans by B. Perrin. Cambridge: Harvard University Press.

_____(1957), *Plutarch's Moralia*, 15 vols, trans by F. C. Babbitt. Cambridge: Harvard University Press.

Rabelais, François (2006), *Gargantua and Pantagruel*, trans by M. A. Screech. London: Penguin Books.

Rūmī, Jalāl al-Dīn (2001), *The Pocket Rumi Reader*, trans by K. Helminski. Boston: Shambhala.

_____(2004), *The Masnavi* I, trans by J. Mojaddedi. Oxford: Oxford University Press.

Shelley, P. B. (1992), "A defense of poetry," in *Critical Theory since Plato*, ed by H. Adams. New York: Harcourt Brace Jovanovich, pp. 516–529.

_____(2002), *The Symposium of Plato: The Shelly Translation*, ed by D. K. O'Connor. South Bend: St. Augustine Press.

Tacitus (1970), *Dialogues*, trans by W. Peterson and M. Winterbottom. Cambridge: Harvard University Press.

Thucydides (1954), *The Peloponnesian War*, trans by R. Warner. London: Penguin Books.

Tolstoy, Leo (1970), *Anna Karenina*, trans by A. Maude, ed by G. Gibian. New York: W. W. Norton.

_____(1978), *The Portable Tolstoy*, ed by J. Bayley. New York: Viking-Penguin.

Valéry, Paul (1989), *Dialogues*, trans by W. McCausland Stewart. Princeton: Princeton University Press.

Wheelwright, P. (1966), *The Presocratics*. New York: Odyssey Press.

Wilde, Oscar (2000), *The Complete Letters of Oscar Wilde*, ed by M. Holland and R. Hart-Davis. New York: Henry Holt and Company.

Xenophon (1923), *Memorabilia, Oeconomicus, Symposium, Apology*, trans by E. C. Marchant and O. J. Todd. Cambridge: Harvard University Press.

2차 문헌

Allen, R. E. (1991), "Comment," in *The Symposium: The Dialogues of Plato*, vol 2. New Haven: Yale University Press, pp. 3-109.

Anderson, D. E. (1993), *The Masks of Dionysos: A Commentary on Plato's Symposium*. Albany, NY: State University of New York Press.

Armstrong, A. H. (1980), "Platonic *Eros* and Christian *Agape*," 79, 105-121.

Averil, C. (1969), "Petronius and Plato," *The Classical Quarterly*, 19, (2), 367-370.

Bakhtin, M. M. (1981), *The Dialogical Imagination*, ed by M. Holquist, trans by C. Emerson. Austin: University of Texas press.

_____(1984), *Problems of Dostoevsky's Poetics*, trans by C. Emerson. Minneapolis: University of Minnesota Press.

_____(1985), *Rabelais and His World*, trans by H. Iswolsky. Bloomington: Indiana University Press.

Barthes, R. (1977), *A Lover's Discourse: Fragments*, trans by R. Howard. New York: Hill and Wang.

Benedict, R. (1967), *The Chrysanthemum and the Sword: Patterns of Japanese Culture*. Cleveland: Meridian Books.

Berg, S. (2003), "On Socrates' speech in Plato's *Symposium*," in E. A. Velásquez (ed), *Love and Friendship: Rethinking Politics and Affection in*

Modern Times. Lanham: Lexington Books, pp. 1–35.

Bowie, A. M. (1997), "Thinking with drinking: wine and the *Symposium* in Aristophanes," *The Journal of Hellenic Studies*, 117, 1–21.

Bowie, M. (1991), *Lacan*. Cambridge: Harvard University Press.

Burger, R. (2008), *Aristotle's Dialogue with Socrates: On the Nicomachean Ethics*. Chicago: University of Chicago Press.

Burkert, W. (1985), *Greek Religion*, trans by J. Raffan. Cambridge: Harvard University Press.

Burnyeat, M. F. (1977), "Socratic midwifery, Platonic inspiration," *Bulletin of the Institute of Classical Studies*, 24, 7–16.

Cameron, A. (1969), "Petronius and Plato," *Classical Quarterly*, 19, (2), 367–370.

Caputo, J. D. (1978), *The Mystical Elements in Heidegger's Thought*. Athens: Ohio University Press.

Chateau, J–Y. (2005), *Philosophie et religion: Platon Euthyphron*. Paris: J. Vrin.

Chen, L. C. H. (1983), "Knowledge of beauty in Plato's *Symposium*," *Classical Quarterly*, 33, (1), 66–74.

Cornford, F. M. (1950), *Unwritten Philosophy and Other Essays*. Cambridge: Cambridge University Press.

_____(1971), "The doctrin of eros in Plato's Symposium," in G. Vlastos(ed), *Plato II: Ethics, Politics, and Philosophy of Art and Religion*. Garden City: Anchor Books, pp. 119–131.

Corrigan, K. and Glazov–Corrigan, E. (2004), *Plato's Dialectic at Play: Argument, Structure, and Myth in the Symposium*. University Park: Pennsylvania State University Press.

Davidson, J. N. (1998), *Courtesans and Fishcakes: The Consuming Passions of Classical Athens*. New York: St. Martin's Press.

Davis, J. A. (2006), "Need delimited: the creative otherness of Heidegger's demigods," *Continental Philosophy Review*, 38, 223–239.

Derrida, J. (1981), *Dissemination*, trans by Barbara Johnson. Chicago: University of Chicago Press.

Des Places, E. (1981), "Platon et la langue de mystères," *Etudes platoniciennes, 1929–1978*. Leiden: Brill, pp.83–98.

Despland, M. (1985), *The Education of Desire: Plato and Philosophy of Religion*. Toronto: University of Toronto Press.

Dillon, J. (1969), "*Enn*. III 5: Plotinus' exegesis of the *Symposium* myth," *Agōn*, 3. 24–44.

Dodds, E. R. (1951), *The Greeks and the Irrational*. Berkeley: University of California Press.

Dover, K. J. (1974), *Greek Popular Morality in the Time of Plato and Aristotle*. Berkeley: University of California Press.

_____(1980), *Greek Homosexuality*. New York: Vintage Books.

Eliade, M. (1978), *A History of Religious Ideas I: From the Stone Age to the Eleusinian Mysteries*, trans by W. R. Trask. Chicago: University of Chicago Press.

Festugière, A. J. (1950), *Contemplation et vie contemplative selon Platon*. Paris: J. Vrin.

Foucault, M. (1990), *The Use of Pleasure*, trans by Robert Hurley. New York: Vintage Books.

Friedländer, P. (1958), *Plato: An Introduction*, trans by H. Meyerhoff. New York: Harper and Row.

Frye, N. (1971), *Anatomy of Criticism: Four Essays*. Princeton: Princeton University Press.

Gager, J. G. (1992), *Curse Tablets and Binding Spells from the Ancient World*. Oxford: Oxford University Press.

Gelven, M. (1973), "Eros and projection: Plato and Heidegger," *Southwestern Journal of Philosophy*, 4, 125–136.

Gide, André (2001), *Corydon*, trans by R. Howard. Urbana: University of Illinois Press.

Gleason, J. B. (1989), *John Colet*. Berkeley: University of California Press.

Gould, T. (1963), *Platonic Love*. New York: Free Press of Glencoe.

Guthrie, W. K. C. (1969), *A History of Greek Philosophy* III: *The Fifth–Century Enlightenment*. Cambridge: Cambridge University Press.

_____(1975), *A History of Greek Philosophy* IV: *Plato the Man and His Dialogues: Earlier Period*. Cambridge: Cambridge University Press.

Gutkin, I. (1989), "The dichotomy between flesh and spirit: Plato's *Symposium in Anna Karenina*," in H. McLean (ed), *In the Shade of the Giant: Essays on Tolstoy*. Berkeley: University of California Press, pp. 84–99.

Hadot, P. (1993), *Plotinus or the Simplicity of Vision*, trans by M. Chase. Chicago: Chicago University Press.

Halperin, D. M. (1990), *One Hundred Years of Homosexuality and Other Essays on Greek Love*. London: Routledge.

Heidegger, G. (2005), *"Mein liebes Seelchen!": Briefe Martin Heideggers an seine Frau Elfride, 1915–1970*. Munich: Deutsche Verlags–Anstalt.

Heidegger, M. (1961), *An Introduction to Metaphysics*, trans by R. Manheim. Garden City: Anchor Books.

_____(1962), *Being and Time*, trans by J. Macquarrie and E. Robinson. New York: Harper and Row.

_____(1968), *What is Called Thinking*, trans by F. Wieck and J. Gray. New York: Harper and Row.

_____(1975), *Poetry, Language, Thought*, trans by A. Hofstadter. New York: Harper and Row.

_____(1979), *Nietzsche* I: *The Will to Power as Art*, trans by D. Krell. New York: Harper and Row.

_____(2002), *Off the Beaten Track*, ed by and trans by J. Young and K. Haynes. Cambridge: Cambridge University Press.

_____(2004), *The Essence of Truth: On Plato's Allegory and Theaetetus*, trans by T. Sadler. London: Continuum.

Hunter, R. (2004), *Plato's Symposium*. Oxford: Oxford University Press.

Irigaray, L. (1993), *An Ethics of Sexual Difference*, trans by C. Burke and G. Gill. London: Althone.

Irwin, T. (1995), *Plato's Ethics*. Oxford: Oxford University Press.

Jackson, R. L. (1978), "The second birth of Pierre Bezukhov," *Canadian-American Slavic Studies*, 12, (4), 525–542.

Kahn, C. H. (1996), *Plato and the Socratic Dialogue: The Philosophical Use of a Literary Form*. Cambridge: Cambridge University Press.

Knapp, L. (1991), "Tolstoy on musical mimesis: Platonic aesthetics and erotics in the 'The Kreutzer Sonata,'" *Tolstoy Studies Journal*, 4, 25–42.

Kofman, S. (1998), *Socrates: Fictions of a Philosopher*, trans by C. Porter. Ithaca: Cornell University Press.

Konstan, D. and Young-Bruehl, E. (1982), "Eryximachus' speech in the Symposium," *Aperion*, 16, 40-46.

Kranz, W. (1926), "Diotima," *Die Antike*, 2, 313-327.

Kristeller, P. O. (1964), *The Philosophy of Marsilio Ficino*, trans by V. Conant. Glouchester, MA: Peter Smith.

Lacan, J. (1977), *Écrits: A Selection*, trans by A. Sheridan. New York: W. W. Norton.

_____(2001), *Le séminaire*, book 8, *Le transfert, 1960-1961*, ed by J.-A. Miller. Paris: Éditions du Seuil.

La Charité, R. C. (1984), "Rabelais and the Silenic Text: the Prologue to *Gargantua*," in Raymond C. La Charité (ed), *Rabelais's Incomparable Book: Essays on His Art*. Lexington, KY: French Forum Publishers, pp. 72-86.

Lissarrague, F. (1987), *The Aesthetics of the Greek Banquet: Images of, Wine and Ritual*, trans by A. Szegedy-Maszak. Princeton: Princeton University Press.

Luce, J. V. (1952), "Immortality in Plato's Symposium," *The Classical Review*, 2, (3/4), 137-141.

Lukinovich, A. (1990), "The play of reflections between literary form and the sympotic theme in the *Deipnosophistae* of Athenaeus," in O. Murray (ed), *Sympostica: A Symposium on the Symposion*. Oxford: Clarendon Press, 1990, pp. 263-271.

McKenna, N. (2005), *The Secret Life of Oscar Wilde*. New York: Basic Books.

Miles, L. (1962), *John Colet and the Platonic Tradition*. London: George Allen & Unwin.

Moravcsik, J. M. E. (1971), "Reason and Eros in the "ascent"— passage of the *Symposium*," in J. P. Anton, G. L. Kustas (eds), *Essays in Ancient Greek Philosophy*. Albany: State University of New York Press, pp. 285–302.

Morgan, M. L. (1990), *Platonic Piety: Philosophy and Ritual in Fourth-Century Athens*. New Haven: Yale University Press.

Nails. D. (2002), *The People of Plato: A Prosopography of Plato and Other Socratics*. Indianapolis: Hackett Publishing.

_____(2006), "Tragedy off-stage," in J. Lesher, D. Nails, F. Sheffield (eds), *Plato's Symposium: Issues in Interpretation and Reception*. Cambridge: Harvard University Press, pp. 179–207.

Neumann, H. (1965), "Diotima's concept of love," *American Journal of Philology*, 86, (1), 33–59.

Nightingale, A. W. (1995), *Genres in-Dialogue: Plato and the Construct of Philosophy*. Cambridge: Cambridge University Press.

Notopoulos, J. A. (1969), *The Platonism of Shelley: A Study of Platonism and the Poetic Mind*. New York: Octagon Books.

Nussbaum, M. C. (1986), *The Fragility of Goodness: Luck and Ethics in Greek Tragedy and Philosophy*. Cambridge: Cambridge University Press, pp. 165–199.

Nye, A. (1994), "Irigaray and Diotima at Plato's Symposium," in N. Tuana (ed), *Feminist Interpretations of Plato*. University Park: The Pennsylvania State University, pp. 197–215.

Nygren, A. (1953), *Agape and Eros*, trans by P. S. Watson. Philadelphia: Westminster Press.

Nykl, A. R. (1946), *Hispano-Arabic Poetry and its Relations with the Old Pro-*

vençal Troubadours. Baltimore [printed by J. H. Furst Co].

O'Brien, M. C. (2002), *Apuleius' Debt to Plato in the Metamorphoses*. Lewiston: Edwin Mellen Press.

O'Brien, M. J. (1984), "Becoming immortal in Plato' s *Symposium*," in D. E. Gerber (ed), *Greek Poetry and Philosophy: Studies in Honour of Leonard Woodbury*. Chico: Scholars Press, pp. 185–205.

O'Connor, D. K. (2006), "Platonic selves in Shelley and Stevens," in J. Lesher, D. Nails, F. Sheffield (eds), *Plato's Symposium: Issues in Interpretation and Reception*. Cambridge: Harvard University Press, pp. 360–375.

Ortega Y Gasset, J. (1957), "The nature of the novel," *Hudson Review*, 10, (1), 11–42.

Orwin, D. (1983), "Freedom, responsibility, and the soul: the Platonic contribution to Tolstoi's psychology," *Revue Canadienne des Slavistes*, 25, 501–517.

Osborne, R. (1985), "The erection and mutilation of the *Hermai*," *Proceedings of the Cambridge Philological Society*, 31, 47–73.

Pater, W (1928), *Plato and Platonism: A Series of Lectures*. London: MacMillan.

Pender, E. (1992), "Spirtual pregnancy In Plato' s *Symposium*," *Classical Quarterly*, 42, (1), 72–86.

Ranasinghe, N. (2000), *The Soul of Socrates*. Ithaca: Cornell University Press.

Robin, L. (1929), *Platon: Le Banquet*. Paris: Le Belles Lettres.

Rosen, S. (1987), *Plato's Symposium* (2nd ed). New Haven: Yale University Press.

Rowe, C. (2007), *Plato and the Art of Philosophical Writing*. Cambridge: Cambridge University Press.

Scott, D. (2000), "Socrates and Alcibiades in the *Symposium*," *Hermathena*, 168, 25–37.

Screech, M. A. (1980), *Erasmus: Ecstasy and the Praise of Folly*. London: Penguin Books.

Seigel, J. E. (1968), *Rhetoric and Philosophy in Renaissance Humanism: The Union of Eloquence and Wisdom. Petrarch to Valla*. Princeton: Princeton University Press.

Sheffield, F. (2006), "The role of the earlier speeches in the *Symposium*: Platonic endoxic method?," in J. Lesher, D. Nails, Frisbee Sheffield (eds), *Plato's Symposium: Issues in Interpretation and Reception*. Cambridge, MA: Harvard University Press, pp. 23–46.

Smith, D. E. (2003), *From Symposium to Eucharist: The Banquet in the Early Christian World*. Minneapolis: Augsburg Fortress Press.

Sontag, S. (1966), "Notes on 'Camp'," in *Against Interpretation and Other Essays*. New York: Farrar, Straus and Giroux, pp. 275–292.

Spelman, E. V. (1994), "Hairy cobblers and philosopher–queens," in Nancy Tuana (ed), *Feminist Interpretations of Plato*. University Park: The Pennsylvania State University, pp. 87–107.

Stehle, E. (1997), *Performance and Gender in Ancient Greece: Nondramatic Poetry in its Setting*. Princeton: Princeton University Press.

Steiner, G (1978), *Martin Heidegger*. Chicago: University of Chicago Press.

Strauss, L. (1978), *The City and Man*. Chicago: University of Chicago Press.

Tecusan, M. (1990), "*Logos Sympotikos*: patterns of the irrational in philosophical drinking: Plato outside the *Symposium*," in O. Murray (ed),

Sympostica: A Symposium on the Symposion. Oxford: Clarendon Press, pp. 238–260.

Trinkaus, C. (1983), *The Scope of Renaissance Humanism*. Ann Arbor: University of Michigan Press.

Usher, M. D. (2002), "Satyr play in Plato' s *Symposium*," *American Journal of Philosophy*, 123, (3), 205–228.

Vlastos, G. (1981), *Platonic Studies*, 2nd ed. Princeton: Princeton University Press.

_____(1991), *Socrates, Ironist and Moral Philosopher*. Ithaca: Cornell University Press.

White, F. C. (1989), "Love and beauty in Plato' s *Symposium*," *Journal of Hellenic Studies*, 109, 149–157.

Wider, K. (1986), "Women philosophers in the ancient Greek world: donning the mantle," *Hypatia*, 1, (1), 21–62.

Zuckert, C. H. (1996), *Postmodern Platos: Nietzsche, Heidegger, Gadamer, Strauss, Derrida*. Chicago: University of Chicago Press.

찾아보기

|ㄹ|

|ㅁ|

|ㅂ|

|ㅅ|